真正的教育是以情激情，以智启智，情智共生。

——孙双金

·教育家成长丛书·

孙双金
与情智教育

SUNSHUANGJIN YU QINGZHI JIAOYU

中国教育报刊社·人民教育家研究院 组编

孙双金 著

北京师范大学出版集团
BEIJING NORMAL UNIVERSITY PUBLISHING GROUP
北京师范大学出版社

图书在版编目（CIP）数据

孙双金与情智教育/孙双金著；中国教育报刊社人民教育家研
究院组编 . —北京：北京师范大学出版社，2015.10（2025.3 重印）
（教育家成长丛书）
ISBN 978-7-303-19129-1

Ⅰ.①孙…　Ⅱ.①孙… ②中…　Ⅲ.①小学语文课—教学研究
Ⅳ.①G623.202

中国版本图书馆 CIP 数据核字（2015）第 134728 号

出版发行：北京师范大学出版社 https://www.bnupg.com
　　　　　北京市西城区新街口外大街 12-3 号
　　　　　邮政编码：100088
印　　刷：北京虎彩文化传播有限公司
经　　销：全国新华书店
开　　本：787 mm×1092 mm　1/16
印　　张：21.75
字　　数：340 千字
版　　次：2015 年 10 月第 1 版
印　　次：2025 年 3 月第 4 次印刷
定　　价：68.00 元

策划编辑：伊师孟　　　　　责任编辑：王　林
美术编辑：焦　丽　　　　　装帧设计：焦　丽
责任校对：陈　民　　　　　责任印制：马　洁

教育家成长丛书

编委会名单

总　顾　问：柳　斌　顾明远

顾　　　问：叶　澜　田慧生　林崇德　陈玉琨

编委会主任：杨春茂

编　　　委：（按姓氏笔画为序）

于　漪　王瑜琨　方展画　田慧生

成尚荣　任　勇　刘可钦　齐林泉

孙双金　李吉林　杨九俊　杨春茂

吴正宪　汪瑞林　张志勇　张新洲

陈雨亭　郑国民　施久铭　徐启建

唐江澎　陶继新　龚春燕　程红兵

赖配根　鲍东明　窦桂梅　魏书生

主　　　编：张新洲

副　主　编：赖配根　王瑜琨　汪瑞林

总　序

　　教育是国家发展的基石，教师是基石的奠基者。古人云："国将兴，必贵师而重傅。"兴国必先强教，强教必先重师。党中央、国务院高度重视教师队伍建设。2013 年教师节，习近平总书记在给全国广大教师的慰问信中指出："百年大计，教育为本。教师是立教之本、兴教之源，承担着让每个孩子健康成长、办好人民满意教育的重任。"2014 年，在第 30 个教师节前夕，习总书记到北京师范大学视察并发表重要讲话，指出："一个人遇到好老师是人生的幸运，一个学校拥有好老师是学校的光荣，一个民族源源不断涌现出一批又一批好老师则是民族的希望。"《国家中长期教育改革和发展规划纲要（2010—2020 年）》也明确提出，"有好的教师，才有好的教育"，要"努力造就一支师德高尚、业务精湛、结构合理、充满活力的高素质专业化教师队伍"。"倡导教育家办学"，要创造有利条件，鼓励教师和校长在实践中大胆探索，创新教育思想、教育模式和教育方法，形成教学特色和办学风格，造就一批教育家。"两个一百年"奋斗目标的实现、中华民族伟大复兴中国梦的实现，归根结底要靠人才、靠教育，而支撑起教育光荣梦想的，是千百万的教师。

　　时代呼唤好老师。有一流的教师，才有一流的教育；有一流的教育，才有一流的国家。出名师、育英才、成伟业，是时代赋予我们教育战线的神圣使命。"所谓大学者，非谓有大楼之谓也，有大师之谓也。"好学校、好教育的最重要标准，就是要有好老师。一所学校、一个地区，乃至一个国家，如果教师有理想、有爱心、有学识、有高超的教育艺术，那么即使硬件设施有些简陋，家长、学生也会心向往之。教师是中国梦的奠基者。教师的重要使命，就是为每个孩子播种梦想、点燃梦想，并帮助他们实现梦想。每一间平凡的教室，每一节朴实的课，都不仅是知识的传递，而且是人类文明精神的接续、人生梦想的起航。正是有亿万个孩子梦想的放飞、绽放，中国梦才更加光彩夺目。如果说中国梦最坚实的土壤是学校，那么教师就是最伟大的"筑梦师"，他们用默默无闻、孜孜不倦的智慧劳动，让每一颗年轻的心灵都与中国梦激情相拥。

倡导教育家办学，造就一批好老师，首先要尊重、珍惜我们的本土智慧、本土创造。教育家不是凭空产生的，而是扎根于自己的民族文化土壤，同时吸收人类文明成果，从而创造出独特而生动的教育实践、教育智慧和教育文明。五千年源远流长的中华文明，不但形成了有我们民族特色的教育理论体系，而且涌现出了千千万万优秀的教育家，有被推崇为"大成至圣先师""万世师表"的孔子，有"匹夫而为百世师，一言而为天下法"的韩愈，有"捧着一颗心来，不带半根草去"的人民教育家陶行知，等等。改革开放40年来，随着教育改革的不断深入，教育战线涌现出了一大批杰出教师。他们痴情于教育事业，坚守理想信念和教育良知，在三尺讲台上默默耕耘、刻苦钻研，同时以敢为天下先的精神大胆创新，不断进取、不断超越，形成了各具特色的教育思想和教学风格。正是他们的成功探索和实践，创造了具有中国风格的教育经验，丰富了具有中国特色的教育理论宝库。原由教育部师范教育司组织编写，现由中国教育报刊社人民教育家研究院组织编写的"教育家成长丛书"，就是要向这些宝贵的本土创造性的教育经验致敬。

当前，教育领域综合改革正在深入推进，考试招生制度改革的大幕已经拉开，立德树人、培育和践行社会主义核心价值观成为大中小学教育的头等任务。可以预见，中国教育将发生深刻的变革，将从"中国制造"向"中国创造"转变。"没有革命的理论，就没有革命的运动。"没有适合中国土壤、具有中国智慧的教育理论，就不可能为未来的中国教育改革提供有效的指导。我们的教育要向"中国创造"飞跃，必然要首先创造属于我们自己的教育理论，而不是"言必称希腊"或者老是贩卖欧美的教育理论。170 多年前，美国思想家、诗人爱默生发表了著名演说《美国学者》，号召美国知识界："我们依赖旁人的日子，我们师从他国的长期学徒期时代即将结束。在我们周围，有成百上千万的青年正在走向生活，他们不能老是依赖外国学识的残余来获得营养。"由此，美国迈入精神立国阶段。

如今，我们也面临与爱默生同样的情形。随着我国 GDP 已从世界第二向第一迈进，我们要自觉养成强烈的"中国意识"，独立的中国文化品格，并由此去环视世界，去改造本土实践，去创造属于我们自己的精神养料——这在教育界显得尤为紧迫。"教育家成长丛书"，旨在把我们本土教育实践中蕴含的中国智慧提炼出来，从而形成具有时代意义的中国特色的教育话语体系，再以此去观照、引领、改造中国的教育实践，为伟大的教育改革提供经验、理论支持，也为未来的教育家提供丰富、可资借鉴的精神养料。

让我们为中国教育的伟大未来一起努力吧！

张敏强

2018 年 3 月 9 日

前　言

　　见证着中国基础教育半个世纪的春华秋实，代表着中国基础教育教学成果的最高成就——"首届基础教育国家级教学成果奖"，闪耀着李吉林、窦桂梅、吴正宪、张思明、洪宗礼、唐江澎、邱学华、于永正、孙双金、薄俊生、龚春燕等一大批优秀教师的名字。而上述这些教师杰出代表恰恰都是《人民教育》"名师人生"栏目中最受读者喜爱的名师，都是"教育家成长丛书"的作者。

　　"教育家成长丛书"（以下简称"丛书"），是在第20个教师节前夕，为了研究、总结、宣传和推广我国众多优秀中小学教师的先进教育思想和鲜活宝贵的教育教学经验，培养造就一大批德才兼备的优秀教师和杰出的教育家，促进教师队伍整体素质的提高，根据教育部党组安排，由师范教育司组织编写的一套凝聚着一大批教育家成长智慧的大型教育丛书。

　　"丛书"自2006年问世以来，不但得到国务院和教育部领导同志的高度重视，而且先后印刷多次尚不能满足广大读者的需求。这其中的奥秘何在？

　　当你翻开"丛书"，每一部著作都讲述着一位教育家成长的故事。这些著作主要从"成长历程""思想概述""课堂实录"和"社会反响"等方面全景式反映其教育思想、教育智慧、专业精神和专业人格的形成过程与教学实践过程。这是教育家成长的基本素质所在。

　　当你沿着教育家成长的足迹走近他们的时候，你会融入这些带有"草根色彩"、扎根中华教育实践大地、充满田野芳香的真实感人的教育故事中。

当你从"丛书"中，从这些当年和自己一样的普通教师，成长为今天受人尊敬的教育家的成长过程中受到启迪，当你触摸着自己的心，把学生的成长和祖国的未来紧紧连在一起的时候，你会真切地感受到教育家离我们并不遥远。

当你用整个身心蘸着自己的生活积累去品味"丛书"中的每一部著作的"成长历程"时，在一位位名师不断学习、不断超越自我、不断超越学科教学的求索足迹中，你会读懂"教育是事业，其意义在于奉献"的丰富内涵。

当你研读"丛书"中的每一部著作的"思想概述"，和每一位名师展开心灵对话的时候，都会深深地感受到，一名教师对教育独立的理解与执着的追求有多么重要。从一名普通的教师成长为受人尊敬的教育家的过程中，你会读懂"教育是科学，其价值在于求真"的深刻含义。透过"丛书"，你会看到一代代教师用爱与智慧塑造民族未来的教育理想。

随着我们从"知识核心时代"走向"核心素养时代"，教师教育教学活动的视野已拓展到人的生存与发展的方方面面。教师要结合自己的教学实践去感悟"教育理念是指导教育行为的思想观念和精神追求"，应该把爱化为自己的教育行为，让爱充盈课堂，触摸到一个个灵动的生命，让爱产生智慧，让爱与智慧在学生心中留下岁月抹不去的美好回忆，让教育者和受教育者都感受到教育的幸福。这是"丛书"给我们的启示，也是每位教师应有的胸怀和视野。

时代呼唤教育家。为了进一步把我们本土教育实践中蕴含的中国智慧提炼出来，从而形成具有时代意义的中国特色的教育话语体系，以此去观照、引领、创新中国的教育实践并在更大范围加以推广，"丛书"将由中国教育报刊社人民教育家研究院继续组织编写，希望能够在更广大教师的心田中播种教育家成长的智慧，从而出更多的名师，育更多的英才，成就中华民族复兴的伟业。这是时代赋予广大教育工作者的神圣使命。如果广大教师能在每位教育家成长、探索教育智慧的过程中受到启迪，形成自己的教育智慧，则实现了我们编辑这套"丛书"的初衷。

"教育家成长丛书"
编委会
2018 年 3 月

目 录
CONTENTS
孙双金与情智教育

社会反响

附　录

我的成长之路

——我的追求，我的梦

小马丁·路德金的《我有一个梦》曾像一阵春雷响彻在世界的上空。

　　"我有一个梦"成了每个人心中挥之不去的情结。

　　我的梦想是做一名优秀的教师，让学生沉醉在我的课堂！

　　我的梦想是做一名杰出的校长，让校园充盈人文光芒，让每一位师生在我们的校园幸福地成长！

　　为了这一梦想，我曾呕心沥血，我曾披星戴月，我曾上下求索……

一、自我成长篇

——做最好的自己

题记：

未经省察的人生是没有价值的人生。

——苏格拉底

2009 年 12 月 29 日，江苏省教育厅在南京东郊宾馆隆重召开"江苏省人民教育家培养工程"首批培养对象开班典礼。与会对象除了首批评选出的 50 位"人民教育家培养对象"外，还有中央教科所原所长朱小蔓教授、中国教育部中学校长培训主任陈玉琨主任、上海教科院副院长顾泠沅研究员、特级教师李吉林等 22 位作为培养对象指导专家的著名学者，以及江苏省副省长曹卫星、江苏省教育厅沈健厅长及各大市教育局局长和人事处处长。在开幕式上，我作为培养对象代表作了题为《志存高远，无愧时代》的发言。一下讲台，徐州市教育局曹局长就向我索去发言稿。会议期间，朱小蔓教授、李吉林老师对我的发言也给予了高度评价。十多位培养对象要我把发电子稿传给他们学习。如果说我的发言得到了大家的高度认可，那它正是我几十年教育工作的心声和发自肺腑的感慨。

（一）学而时习之

教育家，是多少教育人梦寐以求的境界啊！仰望人类历史长河中的伟大教育家：孔子、孟子、朱熹、王阳明、陶行知、苏格拉底、卢梭、杜威、苏霍姆林斯基……就像仰望天空璀璨的星月。怎么就能成为教育家了呢？教育家最大的特质是什么呢？孔子是举世闻名的大教育家，他曾说："十室之邑，必有忠信如丘者焉，不如丘之好学也。""吾非生而知之者，好古，敏以求之者也。""吾尝终日而不食，终夜不寝，以思，无益。不如学也。"看来，好学、勤学、乐学是教育家的首要特征啊！"学而不厌"，这是教育家区别教书匠的第一标志。

讲到学习，我的思绪不由地又飞到了二三十年前的一幕幕场景……

1979年，我在高中毕业时以乡镇第一名的成绩考取了师范学校。在师范学校几年的读书生涯中，学习就是我的唯一。每逢节假日，图书馆成了我乐园。我读中外名著，我读报纸杂志、我读人物传记、我就像一块海绵，如饥似渴地吮吸知识的甘露，不知疲倦，如痴如醉。

1981年，我作为优秀毕业生被分配到丹阳师范附小工作。工作伊始，我又一头扎进了图书堆里。逢年过节，我就借一大堆书回家。父亲看到了我背了这么多书回来，担心地说："人家做老师的放假回来，不是打牌，就是钓鱼，你带这么多书回来，不要成为书呆子啊。"

1984年春节，我拜完年回家，兴致勃勃地捧起《红楼梦》阅读起来。"笃，笃，笃"有人敲门。我打开门一看，呀，是我高中的同学到我家来拜年。我连忙请他们进家，沏茶，剥茶叶蛋。他们看到我手里还拿着《红楼梦》，开玩笑说："老同学，你现在是老师，还这么认真呀！你想把我们同学甩多远啊？"我哈哈一乐，"哪里，哪里，我没事可做，捧一本书打发时光嘛！"

1988年，在省教研室朱家珑先生的倡导下，江苏首先在全国举行省级青年教师评优课比赛。我开始尝到"博观约取，厚积薄发"的甜头了。在学校，我以《小站》一课获得出线权；在丹阳市，我以《中国琼浆——丹阳封缸酒》获第一名；在镇江市，我执教的《迟归》一课摘得桂冠；在江苏省，我的一曲《小溪流的歌》技压群雄，毫无争议地夺得冠军。1989年，我代表江苏省参加全国首届中青年教师阅读教学大赛，获得一等奖，且名列前茅。有人问我："你何以一路过关斩将，力拔头筹？"其实，我心中最清楚：台上一分钟，台下十年功。陆游曾赋诗曰："汝果欲学诗，功夫在诗外。"我能够在各级大赛中取得佳绩，主要得益于我从1979—1989这十年的潜心读书。读书，丰富了我的知识；读书，扩展了我的视野；读书，涵养了我的性情；读书，滋润了我的心灵；读书，提升了我的境界；读书，改变了我的人生。

有人问我，做老师的应该读哪些书？我个人体悟：

第一，要读本专业的书。专业是立身之本，是自己的饭碗。一个人如果没有自己的专业特长，要想立足社会，立足当代是比较困难的。我是教小学语文的，我心中有一个信念：既然做了语文老师，就一定要做最好的语文老师！因此，凡是语文教育方面的好书籍，好文章，我尽量去学习，去揣摩，去实践。像《叶圣陶语文教育文集》《年轻的教育改革录——魏书生》《李吉林情境教育》等语文教育大家的书籍我不止读了一遍。有的经典的文章我会反复阅读，反复体悟，取其精髓，化为已有。

第二，要读大教育的书籍。要想成为教育家，必然要有大的教育视野。"学愈博，思愈远"，学问愈是博大，教育的视野就愈加开阔、深远。随着自己水平的提升，我读书的视野慢慢变得开阔了，中国教育家孔子、老子、孟子、朱子的著作都纳了我的范围，外国教育家苏格拉底、柏拉图、培根、卢梭成了我的好友。读教育家的书籍把我带到了教育的顶峰，让我豁然开朗，视界广大。

第三，要读哲学书籍。周国平先生在《教育的七条箴言》中这样说道："何为教育，教育究竟何为？教育中最重要的原则是什么？古今中外的优秀头脑对此进行了许多思考，发表了许多言论。我发现，关于教育中最中肯，最精彩的话往往出自哲学家之口。专门的教育家和教育学家，倘若不同时拥有洞察人性的智慧，说出的话便很容易局限于经验，或拘泥于心理学的细节，显得肤浅，琐碎和平庸。"哲学是一切学问的学问。哲学教人爱智慧、教人明人生、教人察人性。哲学是心灵的学问，它能让人活得潇洒，活得快乐，活得幸福，活得有价值、有意义。读哲学，才能过上真正意义上的人生！

（二）我思故我在

法国科学家、思想家帕斯卡说："思想形成人的伟大。""人只不过是一根苇草，是自然界最脆弱的东西；但他是一根能思想的苇草。""我们全部尊严就在于思想。"有一次，我和周德藩先生到南通去讲学，周先生给我讲了这样一个故事。他说：我有一次给教师讲座，一开始我说，'伸出你们的右手，摸一摸自己身体最上面的东西，那是什么？'老师们回答：'是我的头。'我接着发问：'那是你的头吗？如果说是你的头，请问你说过几句属于自己的话呢？请不要把自己的脑袋变成别人思想的跑马场。'周先生的故事给我留下了深刻的印象，教师要成为教育家，第二个重要的标志是有自己的思想，要成为教育的思考者。

不喜人云亦云，有自己的思考，有自己独立的人格，是我的天性呢，还是后天在读书出涵养成的，我就说不清楚了。我只记得这样的性格陪伴了我几十年。

记得高二那年的高考前夕（当时高中读两年），号召高中生报考飞行员。我们知道飞行员的报考标准相当高，我当时眼睛已近视了，根本不符合飞行员的报考要求。但班主任老师一定要我带头报名，因为当时我是班级的团支部书记。要去报名必须放弃一天学习时间，况且我去报考纯粹是陪考，没有任何意义。经过痛苦的思想斗争，我决定不去报考。事后，班主任老师发动全班同学对我作了一次深刻的批评，还罢免了我团支部书记的职务。这件事发生在"文化大革命"刚刚结束不久，"左"的思想还根深蒂固地禁锢着人们思想之时。现在想想，当时作为十六七岁的少年何来这么大的勇气？恐怕当时的想法很简单：我已近视了，报普通兵都通不过，何况要求极严的飞行员呢？老师的要求显然是不近情理的嘛！这是不是独立人格的萌芽呢？

改革开放初期，有一部分人富了起来，富起来的是什么人呢？是那些胆大的，钻政策空子的人。当时流行"拿手术刀的不如拿杀猪刀的，造原子弹的不如卖茶叶蛋的"。新一轮的读书无用论又重新抬头。青年教师人心浮动，纷纷想下海挣钱。在那样的环境中，还能安心读书的青年教师真是少之又少！有一次，我和学校一位副校长谈心，我说："现在人心浮动，不能安心读书，如果我们能趁此时机，抓紧读书，充实自己。等到时代风气一变，人们再感到读书重要时，我们不是走在人们的前面了吗？"那位校长听了此言，不住地称赞："说得对，说得好。"我从他眼神读到了赞许，也读到了感佩。也许他在内心深深叹服：小小年纪有如此的远见，不简单！不跟风，不追时髦，不求时尚，认定目标，锲而不舍，这就是我的性格。

这次省教育厅召开教育家培养对象会议，教育厅给我们每个小组确定了导师团队。北师大褚继宏教授、省教院杨九俊副院长、南师大哲学系金教授、小教系主任吴永军教授、江苏省荣誉教授袁浩先生是我们小学校长组的导师。在会上，导师们对我们个人的五年发展规划一一作了点评，并对2010年计划做了详细安排。杨院长借用海明威的名言"要寻找属于自己的句子"勉励我们，给我以很大启迪。但也有的教授一味强调搞自己课题，形成自己的体系，尤其是理论体系，对此，我有自己不同的观点。记得当时我曾问某教授："请问您对哪些中国教育家有研究？"他回答："我研究不多。"我接着问："那您推崇哪位教育家呢？"他想了一下，回答我："我比较推崇陶行知。"我接着问另一位教授："请问陶行知的理论体系是什么？"那位教授脱口而出："陶行知如果在今天，连副教授都评不上！"我追问："为什么呢？"他说：

"陶行知没有发表过一篇像样的论文。他的文章都是大白话。"我发问了："为什么在今天连副教授都评不上的人，会被大家公认为伟大的教育家，而那些有所谓理论和体系的人不能成为教育家呢？孔子的理论是什么？体系是什么呢？为什么孔子会成为全世界公认的思想家、教育家呢？"这是我心中的困惑，也是当今评价体系下无法解答的困惑！我们现在是"人民教育家培养对象"，我们到底该向哪里前行，以谁为榜样？是以大学教授所谓的建构自己的理论体系，专心搞课题为方向，还是面向火热的实践，面向现实的问题，以研究问题，解决问题为己任呢？我心中一个声音一直在问自己：你是谁？你的优势是什么？你往哪里走？你想成为谁？你能成为谁？这个声音千百次地在问我，我的心中也有一个声音千百次地呼应：我不能成为谁，我只能成为最好的自己！

（三）认识你自己

"认识你自己！"——这是铭刻在希腊圣城德尔斐神殿上的著名箴言，希腊后来的哲学家都喜欢引用这句话来规劝世人。可是要认识自己又何其难也！周国平先生说："每个人都是一个宇宙，每个人的天性中都蕴藏着大自然赋予的创造力。""每个人在地球上都有一个最适宜自己的位置，每人要找到那最适合自己的位置。""你要自己在生命的土壤中扎根。你要在人生的大海上抛下自己的锚。"周先生在《每个人都是一个宇宙》一文中有一段十分精辟的言论，我愿与有志者分享："也许没有一个哲学家不是在实际上试图建立某种体系，赋予自己最得意的思想以普遍性形式。声称反对体系的哲学家也不例外。但是，大千世界的神秘不会屈从于任何公式，没有任何一个体系可能够万古长存。幸好真正有生命力的思想不会被体系的废墟掩埋，一旦除去体系的虚饰，它们反以更加纯粹的面貌出现在天空下，显示出它们与阳光、土地、生命的坚实联系，在我们心中唤起亲切的回响。"说得多好啊，我认为孔子、老子这些伟大的思想家，就是这样让我的心灵时时唤起亲切和温暖回响的巨人。

我作为全国首届语文赛课一等奖获得者，作为语文特级教师，作为名校——北京东路小学校长，我的追求是什么呢？

我要在语文教育上有所贡献，因为我是语文教师。我想建构当下小学语文教育新体系。语文教育少慢差费被人诟病已久，语文教育的探讨在历史上泛起一次又一次的波澜，为什么？因为语文教育不理想，不满意，不科学。批判人人都会，只要识几个字的都可以对语文教育指手画脚。但是建构却很难！我在2009年暑假，组织我校语文教师，聘请了部分学者专家，编就了一套语文校本教材。以国学经典、诗歌经典和儿童文学经典为三大板块，作为现行语文教科书的重要补充，建构13岁以前小学语文教育的课程体系。2009年《人民教育》21期发表了我的文章《13岁以前的语文——重构小学语文教育体系》，引起了小语界的广泛关注，被一些学者专家称为是"小学语文教育的一场变革"。

我要在办学思想上有所追求，因为我是学校校长。我追求的教育是"心心相印，情智共生的情智教育"。教育是培养人的事业，人是由一撇一捺组成的，人的一撇上应写上五个大字，"高尚的情感"，一捺上应写上五个大字，"丰富的智慧"。这才是站立的大写的人。在当前唯知识化时代，唯科技化时代，唯电脑化时代，我们更应呼唤情感教育！因为唯有情感才是人的重要标志。有知无情，崇知乏情的人都是不完整的人，是所谓的"半个人"，这样的人是可怕的，危险的。同样有知无智的人，是纯应试的人，是缺乏创造的，也要被时代淘汰。今天的教育，追求的是"情智共生，有情有智"。要破解钱学森之问，我个人认为，我们培养的人才要能达到古今皆通、文理皆通、中西皆通、情智皆通的境界！唯有此，才能真正造就中国自己的杰出人才！这是我们教育人的使命，更是教育家的重任！

二、课堂探索篇

——我魂牵梦萦的课堂

从教33年，我虽然已担任校长多年，但从未离开过我魂牵梦萦的课堂。

我的梦中常常出现上课的情景。我梦中的课堂，学生小脸通红、小眼发光；学生小手直举、小嘴常开；学生兴趣盎然、兴致勃勃；学生思接千载、浮想联翩；学生如沐春风、如痴如醉。学生沉浸在美的画面，诗的境界，爱的怀抱之中。这大概就是我苦苦追寻的、诗意的课堂教学境界吧。为了这一境界，我曾"独上高楼，望尽天涯路"，我曾"为伊消得人憔悴"，我曾"众里寻他千百度"。请让我用拙劣之笔记下我的追求、我的苦恼、我的成长、我的欢乐……

（一）昨夜西风凋碧树，独上高楼，望尽天涯路

故事一：大约是我上初中二年级吧，学校调来一位非常年轻漂亮的女教师。她身材苗条，皮肤白嫩，鹅蛋形的脸上一双眼睛特别明亮。听说她是下放知识青年。学生都喜欢漂亮的老师，一听说她教我们班的物理，我们都暗自高兴了一阵。一天，她教"作用力和反作用力"一章，讲到桥面对桥墩有作用力，同时桥墩对桥面有一反作用力时，可笑无知的我们当时怎么也不明白下面的桥墩怎么会对上面的桥面有反作用力，于是我们就和她争论起来。我清楚地记得，女教师那雪白的脸急得满脸通红，但就是讲不明反作用力来自何方。我们这一帮争强好胜的少年就嚷着吵着到学校教导处，要求教导主任换一位有真才实学的老师教我们物理……

这个片断在我的脑海里烙下了深深的印痕，它给我的影响太深了。朦胧中，我少年的心里萌生了一个念头：将来我当老师的话，我一定要把知识讲得清清楚楚、明明白白，绝不能让自己急得满脸通红，而学生仍然是稀里糊涂的。这恐怕是我第一次在心中萌生了当教师的念头吧。

也许是天随人意，也许是心想事成，"长大后我就成了你"，我真的考上了师范学校，成了"文化大革命"后走上教师岗位的第一批师范毕业生。1981 年暑假，18 岁的我怀着对未来的无限憧憬和希望走上了小学教师工作岗位。20 世纪 80 年代初期，是教育战线的又一个春天，教学改革的浪潮一浪高过一浪。"加强双基，发展智力，培养能力"是那个年代的主旋律。公开教学活动此起彼伏。我是正规师范学校的毕业生，不容分说，公开课的担子落在了我身上。

故事二：星期三下午政治学习时间，全校教师济济一堂坐满了三（1）班教室。初出茅庐的我站在讲台上，面对 50 多位教师进行"空试教"。这是怎样的"试教课"呀！没有学生，我必须把教学环节的每一句话像面对有学生那样讲出来。这真是为难我了。有时刚讲了几句，老校长就打断说："停下来！这里不应该那样提问，应该这样问……"啊，漫长的 40 分钟终于结束了，老师们对我这堂课的评价是：教学语言平淡，没有起伏和高潮，不能激发学生的情感，拨不动学生的心弦。课尽人散，只有我孤零零地站在空荡荡的教室里。当时，我脑子里一片空白，脊梁上如有凉风

吹过，似有无数的小虫在蠕动，伸手一摸，内衣居然已经湿了。

这堂公开教学前的"空试教"给我的刺激太大了。我曾作为优秀的师范生留在附小，我曾作为300名师范生的代表在师范学校上过公开教学，可是走上工作岗位的这堂试教课却令我终生难忘。它逼着我静下心来认真反思：优秀的教师语言应该充满魅力，我行吗？优秀教师应有深厚的文化底蕴，我的底蕴厚吗？优秀教师应当有丰富的人文情怀，我具备吗？优秀教师应当具备扎实的教学基本功，我有吗？我离优秀教师的标准还相差十万八千呢。是甘居平庸，还是追求卓越？生性好强的我毅然选择了后者。

从此，寂静的校园内出现了一位晨读者，那就是我。伴着冉冉升起的朝阳，闻着淡淡的月季花清香，我吟诵着唐诗宋词，美文佳篇。我字正腔圆地读，激情澎湃地诵，入情入境地吟。渐渐地，我的朗读有感染力了，我的演讲有号召力了。我参加了县市组织的演讲比赛，屡屡获胜而归，我的自信心也渐渐增强了。

从此，我办公室的黑板上多出了一块练字栏。我临柳体金戈铁骨，我仿欧体圆润端庄。办公室的老师都成了我的书法老师，一下课，我就拽着一手好字的陈老师、王老师对我的字"评头论足"。从间架结构到字体神韵一一进行指点。渐渐地我感到自己的字写得像样了，有神气了，有精神了。

从此，我的办公桌上、枕头边上出现了古今中外的文学名著、教育名著。伴着教学名著，我逐渐登上了教育的山峦，我在山顶结识苏霍姆林斯基，拜访巴班斯基，和人民教育家陶行知对话，与语文教育大师叶圣陶交流。我体会到教育的最大技巧是"爱"，教育的最终目的是促进学生的最优化发展，"教是为了不需要教"，"千教万教教人求真，千学万学学做真人"。教育的最高境界是："捧着一颗心来，不带半根草去。"

中秋佳节，校园内人去园空，我独坐桌前，徜徉在教育的海洋里。

新春佳节，拜见长辈和亲友后，我闭门读书，沉浸在《红楼梦》的虚幻中。

我思索、我探寻、我迷惘，我在寻找语文教育的真谛，我在苦苦地追求教书育人的"秘诀"……

（二）衣带渐宽终不悔，为伊消得人憔悴

故事三：1985年的秋天，能容纳500多人的学校大礼堂内济济一堂，来自省内

各大市的教学骨干正在听我执教古诗《春望》。诗圣杜甫《春望》一诗集中体现了诗人沉郁顿挫的诗风。诗人为"国破山河在，城春草木深"而见花落泪，闻鸟心惊。为了突出诗人忧国忧民情怀，我补充了诗人"平生第一快诗"《闻官军收河南河北》，诗人为平复叛军而喜，为收复失地而狂，为结伴返乡而歌。两首诗一忧一喜，一首是忧极而惊，一首是喜极而狂，正反对照，突出诗人与祖国人民共呼吸，共命运的崇高人文情怀。我详教《春望》，略带《闻官军收河南河北》，一悲一喜，一详一略形成鲜明的对比，给学生以强烈的情感震撼。诗歌打动了听课的教师，我的教学也同样感染了听众。课毕，礼堂内响起热烈的掌声。

　　《春望》是我第一堂赢得广泛声誉的公开课。课毕，我静坐反思，这堂课之所以成功，我认为归功于三点。一是教者对教材深入地把握。为了上好这堂课我整整参阅了十多本教学书籍，研究了诗人杜甫的诗歌风格，阅读了杜甫的生平事迹，查找了这首诗的时代背景，深入地阅读了这首诗的分析文章，进而把握了这首诗的深蕴内涵，我为了吟好这首诗闭门练读了两天。二是教者大处着眼，小处着手的教学设计。对比式教学是大处着眼，而何处讲解，何处设问，何处吟诵，何处留下空白这是小处着手，正是战略上的藐视，战术上的重视，为教学的成功奠定了扎实的基础。三是教者入情入境的渲染、描述、吟诵。"情感是诗歌的生命"，没有情感就没有诗歌，同样情感也是课堂教学的法宝。没有情感的教学是平淡乏味的教学，没有情感的教学是游离文本的教学。"夫缀文者情动而辞发，夫观文者披文以入情。"在课堂打动学生是情，感染学生的是情，震撼学生的依然是情！我仿佛领悟到了教学的"真谛"：要上好课，一要有扎实的功底；二要有精彩的设计；三要有真挚的情感。

　　故事四：1988年年底江苏仪征化纤，江苏省举办首届青年语文教师大赛。我作为镇江大市的代表参加了省级比赛，执教的课文是课外读物，著名童话作家严文井的童话《小溪流的歌》。面对斯霞、李吉林、袁浩、顾美云等一大批全国著名的特级教师评委，我沉着走上讲台，转身在黑板上写下一行清秀的大字：小溪流的歌。返身问："同学们，小溪流是什么呀？你看到过吗？"根据同学们的回答，我用黄色粉笔在黑板上画了几座峰，然后用蓝色粉笔画了一条清澈的小溪流。随着教学进程的推进，黑板上依次出现了枯树桩、小村庄和小河、海洋。到课文学完，黑板上又出现了一幅色彩鲜艳的小溪流从小到大的彩色图画及相关文字。我的课毫无争议地获得了一等奖。赛后，《江苏教育》在封面上这样评价我："孙双金老师在讲台前风度翩翩，光彩照人。他出众的才技、缜密的思维和学生间特有的默契把教学活动引入了艺术的殿堂，听他的课是一种艺术享受。"

《小溪流的歌》产生的反响是权威刊物把我的课提升到艺术的高度。我追问自己：艺术是什么？艺术是音乐，艺术是画面，艺术是构思，艺术是语言，艺术是情感，艺术是魅力，艺术是享受。语文教学是一门综合艺术，语文教学也是一门永远保有遗憾的艺术。从此我走上了研究语文教学艺术的道路。我研究语文课堂教学的艺术特征，包括形象性、情感性、独创性。我研究课堂教学的"空白艺术"，追求此时无声胜有声的艺术效果。我探索如何在朗读后留空白、在设问后留空白、在板书中留空白，在作业中留空白。我研究教学设计艺术，强调教学设计应有主线贯穿始终，讲究教学结构的张弛有度，训练密度的疏密有间，追求先声夺人的教学效果，营造言有尽而意无穷的教学意境。我研究教学高潮的艺术，讲究逐层递进、层层剥笋、众星拱月、跌宕起伏。我研究教学细节的艺术，追求导入语、过渡语和结束语的优美动人和出人意料。

潜心研究教学艺术使我在1989年参加全国首届中青年教师教学大赛又一次荣获一等奖，使我这个县城的青年教师从此走向了全国语文教学的大舞台。

但是不久我发现我的教学存在问题：什么问题呢？同一篇课文的教学设计、详细教案，我在此地上课上得很生动，甚至很轰动，而到彼地可以上得很沉闷、甚至很吃力。这是怎么回事呢？我一时陷入了深深的苦恼中，迟迟找不到问题的答案。有一阵，我谢绝了讲学邀请，重新静心反思、潜心学习，在课堂实践中探索；在理论书籍上思索。有同事和我开玩笑："孙老师，你已在全国获得一等奖了，难道你还要到联合国去拿奖吗？何苦和自己过不去呢？"是呀，在一般人看来，我仿佛已功成名就，可以歇一歇、喘口气了。但是我一歇下来，几天不看书，几天不研究语文教学，心里就感到空得慌、闷得慌。看来我和语文教学已结下不解之缘了，这辈子恐怕也无法离开语文教学了，语文教学已融进了我的血液，已和我的生命融为一体了。

经过一阵的闭门沉寂，经过一阵的痛苦思索，我发现原来我追求是教师自己所谓的教学艺术，忽略了对学生学习主体的研究。学生心中有什么疑问我没有去问，而去琢磨如何设计高明的问题；学生学习的兴趣如何激发不去研究，而去琢磨如何"先声夺人"的效果；学生学习方法不去考虑，而去琢磨教师如何运用巧妙的教法让学生学得有趣……我走入了只研究教师、只研究教材，而忽视了学生主体研究的方向。反省之后，我案头上关于学生主体研究的书籍多起来了，备课时我再也不闭门造车，"运筹帷幄"，更多的是走近学生，倾听童声。倾听儿童的问题，倾听儿童的见解，倾听儿童的心声。走进儿童，让我的教学又走入了新的天地。

（三）众里寻他千百度，蓦然回首，那人却在，灯火阑珊处

故事五：1999 年下半年开学第一周，我到五年级办公室和教师聊天。五年级一位教师向我说："孙校长，有些传统性教材没有什么意味，比较难教，你能否上给我们看看呢？"我问："你认为哪篇课文比较难教？"她说："这一册的《落花生》，就比较难教，你就上这一课吧。"第二周周三下午正好是业务学习时间，我把全校教师集中在阶梯教室，借班连上两节课。我运用问题教学方式，结束课文之前搞了类似《实话实说》栏目，以"现代社会，你是想做落花生式的人，还是想做苹果式的人"为话题展开辩论。课上学生畅所欲言，各抒己见，课堂上学生情感的闸门不断被开启，学生智慧的火花不断被点燃。

《落花生》一课就像在热油锅里撒了一把盐——炸开了。有老师说："孙校长，你这堂课的风格和你以前的课风格不同了。"我反问："有什么不同呢？"他说："你以前的课最大的特点是严谨，你今天的课最大的特点是洒脱。""洒脱是一种境界，那是教师从关注预设的教案，走向关注生成的课堂，是教师课堂教学炉火纯青的体现。"另一位教师议论道。开始提议我上《落花生》的老师问我："孙校长，你在备课上花了多少时间？"我说："我真正花在这篇课文备课的时间不超过一小时。"回答着老师们的提问，我自然就联想起苏霍姆林斯基在《给教师的一百条建议》一书中举的案例：有一次苏霍姆林斯基去听一位历史老师的课。听课时他总有一个习惯，记下执教教师教学环节，在课后给予点评。可那堂课讲课教师一下子就把他吸引住了。直到下课他笔记本上没有记下一个字。那课太吸引人了。课后他问那位执教老师："你备这堂课花了多长时间？"老师回答："我花在备课上的直接时间是 15 分钟，但我一辈子都在备这堂课的。"那位历史老师的回答给我以极深的印象。多么富有哲理的话语，正因为他一辈子都去准备，所以他才能在短短的 15 分钟备出如此精彩的课。是否应验了"功夫在课外""台上一分钟、台下十年功"的至理名言呢？

教师要想在课堂上挥洒自如，"潇洒走一回"，那么，就应该做有思想、有文化、

有情感、有艺术的教师。

教师是学生人生道路上的思想导师。教师应用自己思想的火种去点燃学生思想的火把。一位有思想的教育者要引导学生去思考科学、思考人生、思考社会、思考未来。教师只有认真阅读了古今中外教育家的思想后才能逐步形成自己的教育思想。

教育一个很主要的功能是向下一代传承人类几千年光辉灿烂的文化。教师理应成为文化人，要有深厚的文化底蕴。书籍应成为教师终身的伴侣。要有一天不读书，就像一天不吃饭那样难受的感觉。教师既是一位博览群书的"杂家"，又是一位熟读本专业书籍的"专家"。有文化才有底蕴，有底蕴才有底气，有底气在课堂上才有灵气。

教育全部技巧就是一个字——爱。对教育事业的爱，对教育对象的爱。只有当教师具有博大深厚的爱心，教师才能在课堂上真正尊重学生：尊重学生的人格，尊重学生的见解，尊重学生的差异；才能真心宽容学生：宽容学生的偏激，宽容学生的缺点，宽容学生的错误；才能真正欣赏学生：欣赏学生的优点，欣赏学生的缺点，欣赏学生的个性。

教学是一门科学，也是一门艺术。艺术是相通的，我们的教学艺术就应向一切的艺术学习。学习音乐艺术的灵动，学习诗歌艺术的灵秀，学习电影艺术的综合……把教学当作艺术，就不会把教学当作技术，仅仅在如何导入新课、如何过渡衔接，如何结束课文，如何运用电教媒体上捣鼓。

有思想、有文化、有情感、有艺术的教师是大师，大师的课堂就会充满灵动、充满情趣、充满智慧、充满诗意。

在听专家报告时，我突然萌生了自己的好课观：书声琅琅，议论纷纷、高潮迭起、写写练练。

在随课堂听课时，陡然闪现充满生命活力的好课标准：一堂好课应上得学生"小脸通红，小眼发光、小手直举，小嘴常开"。

在听别人执教《鸟的天堂》过程中，脑中忽然闪过一念：如果说大榕树是鸟的天堂的话，那课堂应该成为师生精神的天堂！学生在课堂上应该是自由的、充实的、快乐的、幸福的。

一篇篇产生反响的文章就在不经意间，在蓦然回首之中产生了。

"昨夜西风凋碧树，独上高楼，望尽天涯路"是迷惘中的追求！

"衣带渐宽终不悔，为伊消得人憔悴"是痛苦中的执着！

"众里寻他千百度，蓦然回首，那人却在，灯火阑珊处"是苦思冥想后的豁然开朗，也是播种后的收获！

有追求，有迷惘，有执着，有痛苦，有播种，有收获，这就是我平凡而充实的人生。

作为全国推动读书人物代表参加十周年庆典活动

三、办学特色篇

——走自己的路方能形成特色

走自己的路？世上谁不是在走自己的路，难道还走别人的路吗？但是，世上又有几个人是在真正地走自己的路？

20世纪80年代初，18岁的我走出了师范学校大门，踏上了神圣的讲台。我做了6年班主任，6年教导主任，30岁时，我走上了校长岗位，在校长岗位上我已干了整整21个年头。回顾自己的成长历程，真正在办学过程中，形成自己的办学思想，走自己的路的时间还真不长。

（一）迷惘
——人人打篮球就是特色？

1992年8月中旬的一天，我刚走上校长岗位，参加市里组织的校长培训班。班主任老师组织我们新校长和中老年校长开展一次沙龙活动，主题是"学校的办学特色"。心直口快的马校长第一个发言："我姓马，我来一马当先。我认为学校特色就是人无我有，人有我优，人优我精。"市重点高中的李校长个性沉稳，发言也慢条斯理："我认为学校特色要兼顾学校办学历史，校长本人学术所长以及学校教师队伍的特长来综合考虑。"素来冷静的实验小学冷校长一字一句地说开了："我认为什么是好学校呢？就是学校样样都好，即学校方方面面都按党的办学方针，全面实施素质教育，学生得到全面发展。学校样样都好，就是学校的办学特色。"……听着校长们侃侃而谈，我陷入了沉思。

曾记得90年代初期，江苏省上上下下开展了素质教育大讨论，许多校长急于把自己的学校办成特色学校。有的学校自编了篮球操，让所有学生在课间开展篮球活动，因此自诩为"篮球特色学校"。有的学校因为有一名老师会踢毽子，于是乎全校上下学生人手一毽，开展毽球运动，学生毽子踢得有声有色，于是乎自诩为"毽子特色学校"。有的学校因为作文教学有一定的影响，给学生拍摄了"娃娃讲作文"系列，于是乎"作文特色学校"便横空出世。看着一所所"特色学校"层出不穷，年轻的我陷入了迷惘：全校学生都打篮球，那不喜欢篮球的学生怎么办呢？学校特色到底是学生个个有不同特长，还是每个学生都有同一特长呢？我到书本上寻找答案，但找不到现成答案。我和班子成员探讨这个问题，大家公说公有理，婆说婆有理，莫衷一是。"办学特色"成了我心中的一个结，始终解不开，理不清。

（二）摸索
——开发潜能方显智慧

1999年10月的一天，市教育局人事科科长来我校检查工作。检查工作后，我们闲聊起了校长办学。她递给我一本书，说："孙校长，我觉得这本书写得很好，建议你有空看一看，或许会对你有所帮助。"我接过书一看，书名是《成功潜能学》，上下两册。送走科长之后，我认真阅读起来，书中的案例和分析给了我极大的启发。

古人讲："天生我材必有用。"《成功潜能学》的作者认为每人的身体内都蕴藏着巨大的潜能，需要教育工作者具备一双特殊的慧眼去发现，去开发。因为每人的潜能各不相同，有人可能是语言潜能强，有人可能是数学潜能强，有人可能是音乐潜能强，有人可能是绘画潜能强……我感到这一提法比较科学，符合人的发展与教育规律，符合"因材施教"的原则。因此，我在全校大力推崇"潜能教育"，在校园内树起"开发潜能，培育人才"八个大字，成立了"儿童潜能开发"研究课题，这一课题报教育部审批成了江苏省两个跨世纪特级教师专项课题中的一个，并获得2.5万元课题经费。

随着课题的开展，一大批富有创造潜能的学生脱颖而出。学校数学兴趣小组的学生两度代表镇江市组队参加全国华罗庚金杯赛获得一银一铜的好成绩。学校文学社学生文学创作热情高涨，创作的童话、故事、小说连连获奖发表，学生作品展出后在市内引起强烈反响。学校文艺队连续6届获市小学生文艺会演总分第一名，一大批文艺特长生被高一级学校录取。多名学生在市内举办个人画展，学生作品多次在日本、澳大利亚展出。

随着办学特色的明晰，学校知名度，校长知名度也不断提升，到校参观学习的人络绎不绝。记得苏州吴中县教育代表团来我校参观后，代表团领队发表了这样的感慨："山不在高，有仙则名；水不在深，有龙则灵。丹阳师范附属小学，因为了校长孙双金而闻名远近，这再一次印证了校长是学校的灵魂！"

（三）坚定
——"情智教育"走出自己的路

也许是我办学有方，也许我名声在外，2003年8月南京市玄武区教育局把我作为人才引进，调我到著名的南京市北京东路小学任校长。踏进北小大门，只见庭院深深，绿树葱茏，廊回路转，墙上学生书画作品清新雅致，文化气息迎面扑来。时任教育部部长的陈至立同志曾在视察北京东路小学后称赞"北京东路小学是我看到的全国最好的小学之一"。登上行政楼楼梯，柳斌同志的题词"含爱生情怀，有育人智慧"一下子映入眼帘，让我眼前一亮，心里为之一颤。一个"情"字，一个"智"

字仿佛是"众里寻他千百度，蓦然回首，那人却在，灯火阑珊处"，正可谓"踏破铁鞋无觅处，得来全不费功夫"。"情智教育"四个字一下子跃入了我的心中。

经过一个学期的了解与熟悉，我找每一位行政领导促膝谈心，走进每一位教学骨干的课堂深入听课研讨，和学生座谈，找家长沟通，追寻北小发展的轨迹，我研究前任校长的办学思想，"情智教育"的办学思想在我心中越来越清晰，在北小高举"情智教育"旗帜的决心越来越坚定了。

"情智教育"指教育者运用自己的情感和智慧作用于被教育者，让受教育者的情感和智慧和谐共生。我"情智教育"的思路是从情智管理、情智课堂、情智校园、情智活动着手，培养情智教师和情智学生。

我"情智管理"的原则是"三重"：重发现，校长要有一双发现的慧眼，要多发现教师身上的优点和长处；重关怀，关怀出真情，关怀出效益，关怀出凝聚力；重激励，在激励中鼓舞教师，在激励中鞭策教师，在激励中培养教师。我的情智管理策略是：以情换情，用校长的真情换教师对学生的真情，用校长的人格感染教师的人格，用校长的善良、正直、诚信、奉献赢得教师对教育事业爱的感情；以智启智，用价值导向启迪教师，用文化力量感化教师，用头脑风暴点燃教师，用外在智力催化教师；情智交融，培养教师的乐业情怀、反思意识、读书精神，提升教师研究氛围。

我们的"情智课堂"追求的目标是：课堂上学生"小脸通红，小眼发光，小手直举，小嘴常开"。"小脸通红"说明学生兴奋，"小眼发光"说明学生思维的大门开启了，智慧的火花被点燃了。"小手直举，小嘴常开"说明学生全过程、全身心参与到学习中去了，他们充分地表达所感、所思、所疑、所见、所闻。

我们的情智课堂追求的是"登山式课堂"，课堂中让学生经历思维情感攀登的过程，经历由"山脚—山腰—山顶"的攀登体验过程，让学生登思维的高山、情感的高山、文化的高山。

"情智教育"产生了一大批"情智型教师"。家长会后，一批家长的感谢信塞满了"校长信箱"，盛赞教师的爱心和奉献精神。一批教师在全国、全省赛课和论文比赛中屡屡获奖，金灿灿的奖杯堆满了荣誉柜。"情智教育"培养了更多"情智型学生"，帮助希望小学、聋哑学校，孩子们献出的衣服堆积如山；北京东路小学"快乐小队"被评为全国文明小队；娃娃科学院小院长赴北京人民大会堂得到了中央首长接见。

2004年12月23日，南京市小学青年骨干校长在我校举行"校长办学思想"论坛，我介绍的"情智教育"在会上引起了强烈反响，校长们纷纷称赞："北京东路小学情智教育找到了教育的真谛，是一项具有强大生命力的特色教育。"

"情智教育"，这是我找到的一条属于自己的教育之路，我将坚定不移地走下去，一直走到那光辉灿烂的理想王国！

（四）执着
——心心相印，情智共生

弗洛伊德说：现代文明从它诞生的那天起就是残疾人。尼采在 100 多年之前就预言：现代社会已步入了虚无主义时代。现代社会，当代城市人生活浓缩为一个字就是"忙"。学生忙于练习，起早贪黑，而不是忙于读书；教师忙于批改，披星戴月，而不是忙于育人；公务员忙于开会，东奔西走，而不是忙于服务……可是，我们智慧的祖先在造字之初就告诫我们："忙"字，是竖心旁加上一个"亡"，人太忙了，心就会死了！何况我们现在忙得还不在点子上呢！

你看我们现在的校长有多忙：忙于开各种各样的会议，快赶上华威先生了；忙于跟社会各界交往，快成了社会活动家了；忙于筹集办学经费，快赶上武训办学了；忙于处理校园伤害事故，几乎赶上半个律师了……可就是忙得快没有时间抓教学了；没有时间走进课堂听课了；没有时间研究教育规律了。忙得迷失了校长的本分了。这恐怕就是尼采在 100 年前说的虚无主义的本质吧。

面对这纷繁复杂、眼花缭乱、五彩缤纷的现代文明，现代教育，我们做校长如何让自己一颗浮躁的心静下来，沉下来，"闲"下来，看看天，看看云，看看书，"仰望天空"，审视人性，观照心灵，研究规律呢，这恐怕是当下最要紧的事情了。

面对当下的文化，面对当下的文明，面对当下的教育，面对当下的现状，我认为可以采取以下三个管理策略。

1. 让教师"闲"下来，不扰"民"

现在老师太忙了，太苦了，太累了。易中天先生说："方向错了，停止就是进步。"我们恐怕都知道现在学校教师忙得很多东西不在点子上，许多时间、精力被形式主义的东西消耗了。怎么在当下尽量不扰"民"呢？（1）减少会议次数，能不开的会尽量不开，开会尽量开短会，短平快。（2）改革备课制度，改变每年从头备课的做法，旧教案可以重复使用，但必须二次、三次备课，体现与时俱进。不同年龄层次，不同教学水平的老师备课要求各不相同。有的备详案，有的备中案，有的备简案。（3）尽量少做哗众取宠、华而不实的表面文章。不做形象工程，不求轰动效应，不媚上，不媚俗，也不取悦媒体，不取悦不懂教育的少数家长，扎扎实实地按教育规律办事，按教师成长规律管理，按学生发展规律搞教育。

让教师闲下来干什么呢？第一，引导教师读书。教书人不读书那是天大的笑话，可现在这样的笑话太多了。读书滋养人的精神，提升人的人性，修炼人的德行。古人讲"腹有诗书气自华"，教师是"学高为师，身正为范"。读什么书呢？首先是读本专业的书，引导教师走"专家"之路；其次是读文学、哲学、美学、经济学、政治学等方面的书籍，教师走"杂家"之路。只有集"杂家"与"专家"为一身的人才可能成为"大家"。第二，引导教师走科研之路。科研是什么？就是研究问题，解决问题。现在教师忙，忙什么？忙于事务，没有时间，没有精力，没有心情搞研究。我们做校长的要引导教师做研究，从小研究做起，解决实实在在教学工作中的一两个问题，让教师尝到甜头，感到搞研究并非高不可攀，并非是高校教师的专利。这样一点一点，一步一步把教师引导到科研成长的康庄大道。

2. 让教师爱起来，不负"民"

让教师爱起来，爱什么呢？当然是爱学校、爱学生、爱教育。要让教师爱起来，首先校长要爱起来。只有校长爱教师，让教师走进校园有走进家园的感受，教师才可能真正从内心爱学校、爱学生、爱教育。北京东路小学是一所名校，她有优良的校风。因为曾经有一位十分杰出的名校长在此引领把舵。学校教师群体团结协作、敬业爱岗、为人师表、默默奉献，尤其是团队精神特别突出。

我来到北小之后，在情智化管理上有意识地强化，延续和光大学校的优良传统：

（1）生日系列套餐。走进北小，我做的第一件事就是请总务主任给我汇总一份全校教职员工的生日表。每逢教师生日那天，我亲自手写一份温馨的生日贺卡，手捧鲜花和书记一起亲赴教师办公室贺生日快乐。第二年，改为生日送上生日蛋糕祝贺。第三年，变为每月校长室、党支部、工会和当月过生日的教师集体聚餐，共庆生日之喜。第四年，换成教师生日当天，赠上一家共庆生日的烛光晚餐的餐券，让三口之家同祝生日，共享天伦……教师生日庆贺每年都在变化，但变化是形式，不变的是情感，是爱心。

（2）改善办公条件。受历史的影响，学校教师原来的办公条件十分简陋，一个年级组八九个人挤在一个小间房子里，仅有一台电脑，办公桌椅比较陈旧。看到作为名校的北小教师办公条件如此简朴，我深受感动。感动之后是不安，作为校长，我要尽我所能改善办公条件，让教师在北小舒适的环境下工作。我多方奔走筹资，在领导面前为教师呼吁。精诚所至，金石为开，筹得经费后，我首先为教师添置现代的办公桌椅，给每位教师配置了液晶电脑。办公条件改善后，学校又投入 6 万多元为教师购买了系列健身器材，为女教师聘请瑜伽教练，为男教师聘请专业太极教练，保健教师的身体。邀请南师大心理学教授、南京保健所所长、专业美容专家来校给教师作心理保健和美容讲座。学校还积极改善食堂伙食，早餐提供牛奶、鸡蛋；中午餐后提供水果；春秋两季组织教师走进自然，踏青舒心；每到六一儿童节，学校还给教师子女赠送礼物，为教师子女就读好学校提供绿色通道……总之，想方设法为教师提供生活、工作上的优越条件，让教师内心真正有家的感觉。校长爱教师，影响教师爱学校、爱学生；教师爱学生，影响学生爱他人、爱社会，这就是校园的爱的传递，也是教育的爱的传递。

3. 让教师成长起来，不误"民"

我认为，作为校长最大的成功是成就教师。教师第一，教师至上，是我作为校长管理学校的核心理念。因为我深知，教师成长了，成功了，就能通过自己让学生成长，成功。我内心有一条根深蒂固的信念：名师出高徒！一流的教师才能教出一流的学生。能力只有靠能力培养，品性只有靠品性感染，智慧只有靠智慧启迪，才干只能靠才干锻造，舍此没有他途。

怎么让教师成长呢？

在上课中学会上课。会上课，能上课是教师的第一责任。教师每天有相当的时间都是在课堂中度过的，教师教书育人的主阵地就是课堂。学生每天在校 6 小时，绝大部分时间也是在课堂中度过的，学生生命质量的高低就取决于我们教师课堂质量的高低。高等教育扩招后，很多师范学校都在追求学校的学术性，而逐步放弃了师范的示范性，于是近年的大学毕业生做教师的素养有下滑现象，年轻教师上课的能力更是令人担忧。教会青年教师上好课已成为每所学校校长面临的迫切任务。

　　我们学校在这方面采取了一些常规和非常规的措施：一是师徒制。给每一位新上岗的教师配两位师傅，其一是班主任师傅；其二是学科教学师傅。二是导师制。学校聘请学科带头人、特级教师、教研员作青年教师导师，一位导师带 2～3 位教师，手把手地指导引领。三是赛课制。每年举办青春风采杯比赛，搭建舞台，让青年教师同台竞技，竞争发展。四是磨课制。由学校领导和骨干教师每学期帮青年教师精心打磨几堂精品课，在磨课中锤炼教学技艺。五是赏课制。要求青年教师每学期仔细品赏一至两位名师的精品课，在品味、剖析、欣赏名师精品课的过程中入门得道，悟得好课的精髓。

　　在写作中学会写作。写作是知识分子，脑力劳动者的重要标志。写作让人思考，写作使人深刻，写作促人学习。如果我们承认教师是知识分子的话语，那么写作应为教师的重要工作之一。哲人说："我思故我在。"思考是脑力劳动者，创造性工作者的第一特征。教师不能让知识的洪流淹没自己的大脑，教师不能总是用自己的嘴说别人的话。教师更不能因为忙于事务而疏于思考，懒于写作。现在一个令人不安的现象是一提写教学论文，教师就皱眉，就叹气，就茫然。这里有两方面原因，一是平时没有做教学研究的有心人，没有研究，没有实践，没有东西可写。二是有很多东西，不知如何组织成文。第一方面原因固然最为重要，但做了就行。第二方面原因则是困扰教师写论文的重要因素。如果让教师尝到了论文发表的成功乐趣，就会极大地激发其写作的热情，有时就会出现一发而不可收，论文频频见诸报端的喜人局面。

　　怎么让教师学会写作？我们做了些尝试：首先请写作高手，现身说法。我们就曾请张齐华给教师现场讲解写作的"奥秘"，如何开头，怎么引经据典，如何举例、如何分析、如何阐述……给教师切切实实的帮助。其次，请写作高手，手把手地帮助青年教师修改处女作，帮其获得论文发表的喜悦。最后是定期展开写作沙龙，让教师相互交流写作体会，相互启迪，共享快乐。

　　学校管理千头万绪，但我紧紧抓住教师发展这一件大事，通过做好这一件大事，去带动学校千万件事。以一反三，以一当十，就这是我的管理哲学。

案例

第一篇：此时无声胜有声

　　2005 年 10 月 20 日早晨，我校青年教师支名媛在上班途中被电动自行车撞了。

当时只觉膝盖处一阵疼痛，但好像并没有太影响行走，支老师就让撞她的人走了。但到第二天，支老师膝盖处就肿了一大块，行走十分不便。为了不影响班级学生的正常学习，支老师仍每天一瘸一拐地走进校园坚持上班。

每每看到支老师行走在校园内不方便的身影，我内心总会涌起阵阵感动。至于如何表扬这样优秀的教师，弘扬对这种精神，我决定换一种方式。11 月 17 日，我在学校校园网上发了一篇文章：《老师，你让我感动》。

最近，每天早晨 7 点多钟，每当我在校门口或校园内和支名媛老师碰面时，我内心都会涌起阵阵感动。

前一阵，支老师在下班路上被一辆电动自行车撞了。当时没有多大感觉，善良的支老师就让撞她的人走了，什么也没追究，什么也没留下。

第二天，她发现膝盖处肿胀，行动十分不便。去医院检查之后，医生让她在家静养。但支老师在家休息几天后就躺不住了，她放不下她牵挂的班级，放不下她心中的学生。她支撑着身子回到了学校，回到了班级。

近一个月过去了，支老师的腿仍没有痊愈，每天我都能在校园里看到支老师行动不便的身影。

多好的老师！没有一句抱怨，没有一声叹息，没有一丝责怪。就是那么默默地工作，默默地奉献。北小有多少像支老师这样的好老师啊！她们就像满天的星星，虽然没有月亮那么夺目，那么皎洁，但她们却用自己的星光点缀了美丽的天空，使天空更加璀璨，更加迷人。

我并不是提倡教师生病了不休息，该休息的还是要休息的。今天的休息，是为了明天更好的工作。我是被教师的精神所感动，被教师的情怀所感动。

老师，请多加保重。老师，我为你骄傲！

文章在校园网上发布后，很快在教师中产生了反响，教师们纷纷点击阅读。支老师的行动在老师们心中产生了很好的效应。达到了"此时无声胜有声"的效果。

表扬实在是领导艺术中十分有效而又敏感的东西。有时轻轻的一句表扬，胜过声嘶力竭的批评；有时积极准备的表扬，反而会挫伤一大批教师的积极性。善用表扬，慎用表扬，让表扬达到应有的效果，这确实是校长应认真研究的话题。

我曾经把学校教师群体比作《西游记》里去西天取经的唐僧、孙悟空、猪八戒和沙和尚这个团队。一校之长仿佛就是唐僧，他率领这个团队克服千难万险，奔赴万里之遥的西天。他目标明确，意志坚定，纵有千难万险，妖魔鬼怪，也难以动摇其信念。任何团队中都有"孙悟空"式的人物，他们是学校的各类骨干，是学校的台柱，是学校的形象。公开课由他们上，论文大赛由他们拿，他们为学校赢得了众多荣誉。当然他们也是校长表扬最多的人物。这类人在学校大约占五分之一至十分之一的比例。

但学校群体占的比例更高的人群是"沙和尚"的人物，他们默默无闻，埋头苦干，不求名，不争利，用他们的勤奋和奉献撑起了学校大半边天。这一类人，因为他们默默无闻，因为他们不显山露水，所以常常被校长疏忽，被校长怠慢，常常成了"被遗忘的角落"。其实呀，冷静想一想，如果没有他们，学校工作怎么可能正常运行，他们是学校这艘破浪前行航船的"水手"，他们是不该疏忽的群体。我写《老师，你让我感动》的真正用意就在于此。

学校团队还有一类"猪八戒"式的人物，他们是学校的活跃分子，风趣、幽默。在学校团队中起到了一定的润滑关系，调节气氛的作用。对这类人群校长也应予以充分的关注。通过他们去了解校情，协调关系，去调动气氛。

表扬时既要关注表扬的对象层次，也要关注表扬的方式方法，这大概就是校长表扬艺术的两个方面。

在英国考察和孩子合影

四、情智校园篇

——讲述我们自己的故事

走上校长岗位后，盘绕在我心中最多的问题是：我将营造怎样的校园，我将引领学校走向何方？我怎样才能让学校的师生幸福地成长？有时骑车行驶在路上，想着，想着，突然咯到一块碎石，车身一颠，一下子把我拉回到现实之中。有时走在路上，边走边想，思想早已像春天的风筝飞得老高老高。对面走来一位熟识的朋友，直到他连唤我三五声后，我才仿佛如梦初醒，连忙致歉："对不起，对不起，我没有听到。"学校啊，就像我的初恋情人，让我如痴如醉，如梦如幻……

（一）让每个孩子插上想象的翅膀

1999 年的春天。一天，我到教师办公室走动，了解教师们教学情况。我走到五年级办公室，发现马老师办公桌上放着一叠学生作文本。我发现作文本上不是写的普通的命题作文，而是学生创作的小说，我惊喜万分。我又打开一本，也是学生创作的小说，我更激动。一连打开几本，全是学生自己创作的作品，我越看越激动。

下课了，马老师回到办公室，我迫不及待地问："马老师，你班学生在写小说吗？"

一听我的问题，马老师高兴地来不及洗去手上的粉笔灰，兴奋地告诉我："上个月，我们学校请著名儿童作家祁智到校给学生讲《芝麻开门》之后，学生们就嚷着要自己创作小说，我们没有阻止他们，而是鼓励他们大胆尝试，结果一个月来全班 52 人有 46 人在创作小说。"

"那请你选 5 本作文本，让我带回家仔细看看。"

马老师选了 5 本作文本，一回到家我就迫不及待地看了起来。有的是校园生活小说，把本班师生作为原型编入小说之中，写得充满生活情趣；有的是科幻小说，小作者展开丰富的想象，写得情节曲折离奇，引人入胜；有的是侦探小说，故事惊险刺激，叫人读得欲罢不能……

读着孩子们的作品，我深深陷入了沉思：我以前太不相信孩子们了，如果不是我亲眼所见，我简直不敢相信这是出自小学五年级学生之手的作品！在传统思维模式中，小学生嘛，懂什么？什么都要老师父母教给他们。其实，今天的孩子，绝对不再是一张白纸，他们通过家庭、社会、课外阅读、网上阅读已获取了大量的信息，他们的知识面在某些方面已超过教师和家长。

反思之后，我坚定了两点认识：第一，小学阶段是人的想象能力发展的黄金阶段，我们的教育绝不能错过这一黄金时期。过了童年少年期，到了青年期再去培养孩子的想象能力为时已晚！第二，小学阶段是人记忆的黄金阶段。小学阶段要让学生大量阅读经典名著，尤其对古诗文和名家名篇要熟读成诵，牢记在心！

鉴于此，我在学校内开展了两项活动，一是中华古诗文诵读活动，要求学生在小学阶段每年背诵 50 篇古诗文，6 年下来就 300 篇，真正做到"熟读唐诗三百首，不会作诗也会吟"。二是改革全校作文教学，"双轮驱动"，以语文书上的命题作为一个轮子，做好写实作文训练；另一个轮子为低年级以创作童话为主，中年级以创作儿童故事为主，高年级以创作儿童小说为主。这一做法，我在丹阳师范附小任校长时曾在学校全面推行，收到了很好效果，江苏教育出版社为我校学生出版了《移植记忆的故事》一书。到了南京市北京东路小学任校长后，我又把这一做法在北小推广，受到了学生、家长极大的欢迎。学生佳作迭出，在省会南京产生轰动效应。江苏卫视、江苏少儿电视台、南京电视台、南京少儿频道、扬子晚报、金陵晚报、南京晨报等均报道了我们的做法。我校学生还多次到少儿频道作客，介绍自己的创作体会。学校五（1）班两位学生儿童文学创作已近 10 万字，江苏少儿出版社还将为他们出版个人作品专集呢。

（二）到人民大会堂去演出

2004 年 5 月 30 日，南京市人民大会堂披上了节日的盛装。大门口，大型充气横幅上写着"南京市北京东路小学庆祝六一大型文艺演出"，特别引人注目，左右两边两个大气球下分别挂着两条竖幅标语，一幅上大书"享受童年"四字，一幅上写着"情智教育"一词。舞台上方"放飞童年的歌"在灯光的映照下分外醒目。

虽然天公不作美，阴沉着脸，但北小 1500 多名孩子个个身着盛装，喜气洋洋，早早来到了大会堂。2800 多人的大会堂座无虚席，省市领导赶来祝贺，家长代表赶来祝贺，兄弟学校的领导和教师代表也赶来祝贺了！

8：30分，庆祝大会正式开始。我代表北小1600多位师生致开幕词：六一儿童节到了，怎样让孩子们度过快乐的节日？一位家长的话给了我十分深刻的印象，他曾说：孙校长啊，我从小有一个梦，那就是有朝一日能在南京人民大会堂舞台上演出。我小时的梦没有实现，我希望我的孩子能实现我儿时的梦想。今天，我们在南京人民大会堂举行庆祝活动，就是为了圆梦，圆家长儿时的梦，圆小朋友平时的梦！童年就是充满梦想的季节，我希望每一位小朋友的心中都能有梦，不仅要梦到南京人民大会堂，还要争取到北京人民大会堂，到世界更大的舞台上去展示自己的才华，展示中国人的风采！冰心老人曾经说过：世上最大的是儿童，除了宇宙外，剩下的还是儿童！儿童是祖国的明天，是祖国的未来。我祝愿所有同学身体更健康，学习更优秀，品德更高尚。祝同学们六一节快乐！

开场的是一、二年级200百人的古诗朗诵，台幕一拉开，200名小朋友身穿红肚兜的样子一下子把大家逗乐了，哗哗哗……，一阵热烈的掌声潮水般地涌起。"小娃撑小艇……"稚嫩的童音回响在礼堂上空。在激情澎湃的《满江红》诵读中，低年级的百人诵读赢得了满堂喝彩。

接下来校艺术团舞蹈队《向前冲》，校艺术团老园丁合唱团《我们同在一起》，艺术团书画队、器乐队《书画情韵》轮番上场。礼堂内的掌声一阵响过一阵。校艺术英语剧队的表演唱《DO RE MI》，采用台上台下互动形式，把整台节目推上了高潮。

整台节目既有活泼动感的舞蹈，富有古情雅韵的艺术表演；又有大胆创新的童话剧，富有特色的黄梅戏，还有激情飞扬的疯狂英语；而充满亲情的家庭表演和青春动感的教师健美操更是为表演增色不少。全场演出气氛热烈，台上台下都成了歌的海洋。孩子们在欢庆节日，展示才艺的同时，也接受了一次精神洗礼。

观看我们整台节目的前线歌舞团杨扬政委激动地对我说："孙校长，我没有想到一所小学准备的节目这么精彩。我建议你们这些节目录像不仅要在江苏台播出，还要力争到全国台去播出。"

这台演出结束的当天，学校校园网上BBS留言板上热闹非凡，激动的家长在留言板上写下了热情洋溢的语句：

①放飞童年的歌这台节目，让北小的孩子放飞了自己的理想，放飞了对北小的热爱，也让我们家长重温了童年的快乐。相信这美好的东西将永留在我们大家的心中。

在节目中最让我这个家长感动的是老师们的朗诵，我特别喜欢诗句中的话语，请问能在哪儿找到朗诵词？

附《放飞童年的歌》

放飞童年的歌
一串七彩的音符
一束娇艳的鲜花
一段欢快的旋律
一支动听的歌……
童年——欢乐　童年——欢歌
要知道，欢乐的童年从不缺乏音乐
洋溢着音乐的岁月才充满欢乐！
童年生机无限
它是广袤的原野，盎然的森林
它是叮咚的小溪，奔流的江河。
童年美好而充满音符
山是歌，江水是歌
蓝天是歌，白云是歌
童年的一切都是歌的旋律
童年是一首动听而奔放的歌谣
它幸福地飘荡在我们心底
童年是一个缤纷的梦
带着欢歌，带着笑语，徜徉在春天的明媚里；
童年是一首令人振奋的交响曲，
载着希望，载着梦想，飞向未来的天际。
啊，童年的歌，让我们展开双臂真诚地拥抱你！
拥抱你的天真活泼，发掘你的生机灵气，
欣赏你的独特禀赋，善待你的天资唯一，
请允许我们——走进你们的世界

在这里，一切的人平等相待，真诚相处；

尊重是交往的起码准则，

爱是充盈心灵的点点雨露。

在这里，没有嘲笑，没有责骂，

我们放飞自由的灵魂；

在这里，我们每一天都心存感激；

感激圣洁的自然哺育万物生灵；

感激你我相遇共度朝夕。

我们默默执着，努力去实现一个梦想——

创造一个无拘无束的舞台

提供一方多姿多彩的天空，

让童年放歌，让童年欢畅，

让童年活泼地燃烧我们每一颗不老的童心！

②三（6）班陆清宇爸爸妈妈回复：我们和许多家长一起观看了"放飞童年的梦"这台精彩演出，激动的心情久久不能平静，感谢北小的领导和老师，为孩子们的童年添上了绚丽多彩的画页。相信孩子在一生中，都不会忘记，曾经的童年，曾经的北小，曾经的自己，在人民大会堂舞台上，放飞过童年的梦想。

我们的孩子和其他三十多个孩子一起，一个多月以来，坚持参加了"绿色的家园"集体舞的排练、演出，付出了辛勤的汗水。有时候，孩子下午放学回到家，筋疲力尽，洗了澡，靠在床上就睡着了，家长不忍心叫醒，早上六点钟，孩子又一骨碌爬起来赶紧做作业，早上到学校，继续参加排练，不叫一声苦。比赛成绩教育了孩子，有付出就会有回报，要想成功就要付出比别人多的辛劳。

全市比赛一等奖已经给了孩子最好的奖励，学校的演出，又让全校的学生和家长给了这些孩子热烈的掌声。

有汗水，有劳累，有成绩，有掌声，孩子在短短的一个多月，增添了人生经历，童年，也因此而更加美丽。

感谢北小，感谢一切为了孩子的老师和领导。

陆清宇妈妈回复：建议学校将演出的录像制成光碟，愿意收藏的家长可以来购买。

③二（5）班李谦谦家长回复：今天上午参加了学校的六一儿童节庆祝活动，非常兴奋，非常欢乐。首先是欣赏了一台孩子和老师们高质量的文艺表演，感受了北小素质、文化以及北小教育的无限风光；其次是看到了自己的孩子以及其他同学有机会以这样的方式、在这样的舞台欢度如此愉快的节日，真的为他们感到高兴；更值得一提的是：这个庆祝会不但放飞了孩子们的童年，同时也让我们这些家长飞回到自己童年的节日。这种感觉二三十年前有过，今天又回来了。孩童的兴奋是最纯洁、最欢快的，感受它是幸福。难忘这个六一。

感谢学校领导和全体老师的辛勤劳动，谢谢。

读着家长们发自肺腑的火热语言，想到孩子们在舞台上那灵动的脸庞，我的心醉了。

有谁曾知道我们这一台节目仅仅准备了22天，有谁知道6月份我们就将面临全南京市教学质量调研的压力。在决定是否举办如此规模的文艺演出的校行政会上，有领导曾为此担心，为此犹豫过。可我想的是，我们应该让学生的童年时代留下一笔永远难以忘怀的纪念。要让他们长大之后，回想起童年时光，能自豪地说："小学时代，我曾到人民大会堂舞台上演出过！"

我就是要举办这种令学生终生难忘的活动，我就是要在学生童年的底色上画上浓重的一笔！

那一年，我校在南京市语文、数学、外语三门学科成绩调研中独占鳌头。这恐怕是对全面实施素质教育并不会影响考试成绩最好的注脚吧！

（三）穿出我们的丰采

2005年4月25日上午，南京电视台《十八频道》几位年轻的记者和《成长导报》记者在我们校园内不断地对着学生身上的新校服拍摄。同学穿上崭新、漂亮的校服，一个个兴奋得喜笑颜开。

"我喜欢这校服，这衣服太漂亮了！"在选择校服式样时，我们曾让一名女生试穿，这女生就喜欢得舍不得脱下了。

"这校服真漂亮，我真羡慕他们，可惜我上小学的时候没有这么好的校服穿。"

来校采访的二十几岁的女记者边拍摄边感叹。

"孙校长，你们为什么设计这样的校服，你们当初是怎么想的？"主持人手持采访话筒询问我。

"校服代表着学校的文化，代表着学校的形象，更代表着学校的个性和风采。我看到南京绝大部分的校服是运动服，实用是很实用，但缺少个性，缺少文化，缺少品位。我想，我国已进入小康社会，老百姓已解决温饱问题，在衣着上更追求文化和品位。经济的发展为我们设计有特色、有品位的校服奠定了经济基础。于是，我们在广泛调查的基础上，选择了这么一套富有时代特色并同国际接轨的校服。从今天穿着的效果看，学生满意，家长满意，我们更满意。"对着镜头，我简要阐述了我的设计理念。

校服，要说爱你不容易！有钱人追求档次，没钱人追求实用，真是众身难调。

在温饱阶段，大多数学校是一套校服穿三季，春秋冬都能穿，运动衫穿着方便，实惠，耐磨，于是运动衫成了学校校服的首选。

进入 21 世纪，如何选择校服？这恐怕也成了摆在校长面前的一道难题。

穿校服的好处，谁都能说上一两条：避免孩子攀比心理，穷孩富孩在校服面前人人平等；校服是学校的形象，能规范学生的行为，时时提醒自己是一名在校学生；校服是一种服饰文化，承载学校的文化追求……

穿校服好处多多，可选择一套合适的校服，难呀！

为了选择好校服，我整整历时近一年，选择的校服厂家不下 10 家，看过的样品也有上百件。

为了选择好校服，我让全校教师观看样服，大家举手表决，选出最受大家欢迎的样式。

为了选择好校服，我们把校服式样挂到校园网上，让家长评头论足。

"千呼万唤始出来"，就这样层层筛选，选出了我们满意的校服。就这样左挑右拣，选出了孩子们喜爱的校服；就这样货比十家，选出了新闻记者感兴趣的校服。

附《成才导报》文章《北京东路小学学生全部换上新校服》：

1. 北京东路小学学生全部换上新校服

"原来一直觉得自己长得不漂亮。新校服让我看上去洋气了，仿佛换了个人，现在，我感觉很自信。"4月25日清晨，刚刚穿上校服的王佳面对记者的采访，毫不掩饰内心的喜悦。作为南京市北京东路小学三年级学生，这一天，她和其他近1500名孩子同时穿上了学校新定做的校服。

2. 新校服给菁菁校园增添无限生机

北京东路小学是江苏省首批省级实验小学和省级模范学校。学校非常重视校园文化建设，去年年底，在江苏省首次试行教师校服，曾引起广泛关注。时下校服讨论中，该校也为换什么样的校服动了不少脑筋。经多次讨论和广泛考察比较，最终选择了现在国际上流行的款式。4月25日，换新校服的第一天，记者第一时间一睹新校服的芳容。

新式校服给人的第一感觉就是特别靓：男生是白衬衫，打领结，"哈利·波特"式毛背心，西式长裤。女生是开襟毛衫，长袖白衬衣配领结，米色裙子，与青春活泼的校园非常协调。

该校的孙双金校长介绍说："开学前后共有七八家校服公司送来校服，我们师生看了都不喜欢。直到兰诗国际服饰公司送来的春装样服，学生穿到身上，高兴得很，相比而言，这套校服有品位，个性鲜明，基本上与国际学生服总体趋势一致，学生、家长、老师都很满意。"

3. 这样的校服我们喜欢

孩子们换上新校服后感觉如何？记者随即采访了几位同学。

魏同学（二年级）：以前的校服清一色运动服，不管合适不合适，人人一套，而且常年穿到尾，感觉特别扭，特难受。新校服样式好看，也适合我们青少年，不但学校里可以穿，而且平时在家里或上街、走亲戚也可以穿。

李同学（六年级）：我们常看日、韩的电视剧，那里面的学生也穿校服，可他们的校服挺漂亮的，哪像我们过去的，总是运动服，而且是很过时的式样。现在这套新校服就做到了这一点，很精神、很漂亮，比如，男生穿白衬衫、西服、打领带，女生穿白衬衫、小西服，下面套白褶裙，既青春活泼，又满足了我们这个年龄的学生爱漂亮的心理。

章同学（四年级）：校服应该是一个学校的校园文化的一部分。比如我们学校，从学校各方面打造自己的品牌，品牌就该有自己的特色，而校服就是其中一样。漂亮、合身的校服穿在身上，就像校徽一样，有种自豪感。校服应该是我们的制服、礼服，不是便服，它是我们的精神象征。现在同学们穿上新校服多了几分优雅、端庄的气质，大家都喜欢。

4. 要做就做最好的

在采访中，记者了解到北京东路小学已经 5 年没做校服了。为校服的事，孙校长没少烦恼。他说，学校一直也想做校服，可是，选了几家也没有合适的。不是运动服，就是工作服，校服款式太单一了，缺乏个性。孙校长说：目前南京的校服以运动装居多，其优点是价格便宜，季节性不强，便于运动，实用！缺点是没品位，千篇一律。他说校服一般可以穿几年，应该显示小学生朝气蓬勃，活泼向上的特点。否则，统一的意义就不大了。校服是校园文化的体现，个性化的校服是一种文化的追求，可以反映学校的特点、品味和层次。现在，我们选择的这套校服应该是达到了这一点。我认为要做就做最好的。要让孩子有种自豪感，有种约束力，同时又避免学生之间的攀比，体现一种平等。

5. 讲述我们自己的故事

怎样让我们的小学教师成为研究者、思考者？这是一直萦绕在我心中的问题。

曾几何时，中国的教育研究走入一狭窄的小道。仿佛只有像化学家、物理学家在科学实验室内精确地观察、分析、统计，最后得出一大堆科学数据才是教育研究；仿佛非得引用国内外教育家理论的文章才是教科研论文；仿佛只有在高校象牙塔内撰写出来的才叫教育理论。

那一阵，我曾陷入苦恼之中。

但是谬误终究是谬误，乌云终究遮不住太阳，遮不住的！

柳斌同志曾说过这样深情的话语："教育科研是教改的先导，要教改就要先认真地开展教育科学研究。但是教育科学研究的主要对象，我觉得应该是未成年人，是中学、小学和幼儿园阶段；教育科研的主阵地是中小学、幼儿园。不管同志们对这一点是不是有异议，我不从理论上去议论。我认为，出教育思想、出教育家主要在基础教育阶段。从教育史上的一些资料看，这个结论大体上是正确的。"柳斌先生这一番话语就像一股强劲的春风，吹散了弥漫在基础教育工作者心中的迷雾。

怎样寻找一条适合小学教师开展教育研究的道路呢？一次和我校副校长聊天，

她讲的一则故事给了我灵感。她说："在我国上海举行国际教育学术会议上，各国代表争相上台交流。我国某著名高等学府代表大谈特谈某某国际教育大师的理论，而来自美国西部名不见经传的一所小镇上的小学校长，自豪地说着他们自己办学故事，引起了与会代表极大的兴趣，言毕，全场响起了热烈的掌声。"

说者无意，听者有心。听了这则故事，我陷入沉思。是呀，什么叫"只有民族的，才是世界的"？只有是自己独特的，鲜活的，才是最具有生命力和感染力，才是最具有价值的。我们教师整天和学生打交道，我们身边每天都发生着形形色色的故事，这些五彩斑斓的故事中不正蕴含着教育的真谛吗？我们为什么要骑着马儿找马，守着黄金挨饿呢？何不编一本我们自己的书，书名就叫《讲述我们自己的故事》！

主意一定，说干就干。我立即组建了编委会，着手筹备编书一事。

编委会商定，这本书围绕的主题是我校的教育特色——情智教育，围绕情智教育，把平常教育教学实践中感动你的事，给你启迪的事，让你高兴的事，让你伤心的事写下来，然后品味出这些事中给你的感悟，给你的启发。

2004年7月4日，是全校教师放假的第一天，我们便召开了编写前的准备会议。户外艳阳高照，知了在树上不停地欢唱。七月的南京俨然已经是一幅盛夏的景象，参加活动的老师们似乎并没有因烈日而却步，而是充满热情地参与进来。大家尽情地你说我说，说说我们北小人自己的故事。

刚开始，大家对如何写教育故事有些摸不着边际。要求我先说一个故事，给大家启发启发。我首先给大家讲了一个《学生可畏》的故事：

人们常说："后生可畏"，我说"学生可畏"。

2001年10月26日，江苏常熟莫城中心校通过原《小学青年教师》杂志社李捷主任邀请于永正和我去讲学。我教的课文是《我的战友邱少云》，这篇课文10年前我曾在常熟实验小学讲过。今天再来上这篇课文，我根据新的课程标准作了较大的调整。

第一课时，在学生充分读课文的基础上安排了让学生提问的环节，我说："现在让大家提出自己不理解的问题。古人讲'学贵有疑，小疑则小进，大疑则大进。'我看谁能提出大的问题。如果你提的问题老师也回答不出来，那我就拜你为师！"在我话语的鼓动下，学生们纷纷在书上圈圈画画，都想一试身手。

一会儿，一位叫黄菲飞的女生站起来，不慌不忙地说："我有三个问题不太清楚。"

"你说"。我用鼓励的目光望着她。

"课文第二小节说'我们趴在地上必须纹丝不动，咳嗽一声或者蜷一下腿，都可能被敌人发觉'。第五小节又说'我忽然闻到一股浓重的棉布焦味，扭转一看，哎呀！火烧到邱少云身上了！'我的问题是：前面说必须'纹丝不动'，后面作者怎么能'扭转头一看'，这样做会不会被敌人发现呢？"

哎哟，好厉害的问题，我心里不禁一惊。下面听课的老师也兴奋起来，都用目光注视着我，心想，看你怎么处理。"你很会提问题。"我先称赞黄菲飞，然后转向同学们："她这叫从上下文联系中发现问题，值得我们大家学习。谁能回答她的问题？"我一脚把"皮球"踢给了全班同学。

同学们埋头看起书来，都想从书上找到答案。

一男生站起来说："扭转头一看，动作是很小的，敌人不会发现。"

"噢，这是你的理解。黄菲飞，你满意他的回答吗？"我问。

"不满意。"黄菲飞摇着头。

又一男生站起来说："燃烧弹烧着之后有烟雾，在烟雾的掩护下我扭转一下头，敌人是看不到的。"

"真聪明！"我欣喜地称赞学生，然后问"黄菲飞，你满意吗？"

"我满意。"黄菲飞点着头说。

我暗自出了一口气，从心里感谢第二位男同学帮我解了围。

"老师，我的第二个问题是：燃烧弹烧着之后，为什么只烧邱少云一人，而不烧'我'和其他战士呢？"

啧啧，听课教师中传来赞叹声，大家情绪更高了，气氛更活跃了。

"好，有水平！"对这一问题我事先已有考虑，但是我不急于作答，我又转向同学们："你们谁能给她一个满意的答案。"

教室里一下子安静下来，静得连一根针掉在地上都能听见。听课的老师也都在默默地思考。

"老师，我知道。"一位女同学举起了手，"因为邱少云周围有茅草，我们周围没有。"

"不对，课文第二小节讲我们都伏在茅草丛里。"黄菲飞耐不住反驳道。

教室又安静了，半天没人举手。"你们联系风想一想看。"我轻轻启发道。

"噢，我知道了。可能邱少云趴在下风，我们趴在上风，火往下风烧，所以没有烧到我们。"一男孩兴奋地说。听课的老师情不自禁地鼓起掌。

我仍然转向黄菲飞问"你满意没有？"

"我满意了。"黄菲飞高兴地说。我刚松一口气，黄菲飞又说："我的第三个问题是：课文第九小节写'黄昏时候，漫山遍野响起了激动人心的口号：'为邱少云同志报仇！'其他人是怎么知道邱少云被烧死的呢？"

好一个黄菲飞，看来她是非要让我拜她为师不可了！听课的老师脸上都现出兴奋的神采，我知道这些问题也都是他们没想到的，他们也都想看看我这个"代表全国最高水平"的特级教师如何处置。这个问题又出乎我意料！怎么办？抛给学生。"同学们，你们谁能回答这个问题，回答出来的同学就可以做黄菲飞的老师。"我也用上了狠招——激将法！

邻桌的同学都窃窃地议论起来，我站在讲台上用充满期望的目光扫视大家，静静地等待精彩的回答。

"老师，因为战友看到火在燃烧，知道邱少云牺牲了，所以都喊起了'为邱少云报仇'的口号。"一男生迫不及待地想充当小黄的老师。

"火烧了，怎么就知道烧的一定是邱少云呢？你的回答我不满意。"黄菲飞毫不客气予以反击。

"是我看到之后告诉战友们的。"又一学生站起来说。

"我潜伏时怎么能告诉呢？这不是违犯纪律吗？"旁边的同学不同意了，嚷嚷起来。

这时一个高个子女同学站起来说："老师，我是这样认为的，可能是我先喊出了'为邱少云报仇'，大家听了知道是邱少云牺牲了，所以漫山遍野都响起了这口号声。"

哗……同学们、听课的老师不约而同地鼓了掌。这是对提问者的鼓励，这是对答问者的赞扬，这是对师生教学智慧的肯定！

课后，常熟实验小学校长、特级教师薄俊生对我说："孙老师，这堂课我的收获最大。十年前听您的课觉得十分精彩。十年后再听您的课觉得更加精彩。您的课中充分体现了新的课程标准的内涵，充满教学机智，值得我们细细回味，慢慢品尝。孙老师，明年我再次邀请你来常熟实小讲学。"我欣然接受了薄校长的邀请。

晚上，我反顾白天的两节课，越发加深了我的体会：学生可畏。可畏之一：他们能发现教师发现不了的问题。可畏之二：他们不迷信教材，不迷信权威，不惧怕师威，敢于向书本和教师挑战。可畏之三：他们不仅能提出教师提不出的问题，更能回答教师回答不了的问题。谁说学生不如师？青出于蓝胜于蓝！

这堂课也带给我诸多启示。首先，学生身上蕴含着巨大的潜能，教师一定要相信学生、尊重学生，充分调动学生学习的主动性，开发他们的创新潜能。古人讲："弟子不必不如师，师也不必贤于弟子"，我们要放下师道尊严的架子，虚心地向学生学习，这样才能真正"教学相长"。其次，《我的战友邱少云》是一篇传统教材，我教了不下十几遍了，但没有提出像黄菲飞这样具有挑战性的问题，说明教师的批判思维意识不够。从另外角度去看，课文写得也不够严密，对有些问题没有交代清楚，例如"为什么大火只烧邱少云而没有烧到'我'和其他战士？"

建议教材修订时给予必要的交代。再次，教师要在课堂上留充分的时间给学生质疑问难，不要让提问走过场，也不要害怕学生提出问题教师回答不了。如果问题出乎教师的意料，可发挥学生群体智慧的力量，让学生回答学生的提问。如果师生均不能给予圆满答案，教师可坦诚地说："我现在也不能给予满意回答，等课后我们一起查找资料。"这样非但不会降低教师的威信，相反让学生感受到了教师的坦诚和民主，更激发学生课外查找资料的兴趣，更符合时代对教学的要求，甚至比给予现成答案更为巧妙，更为有效。

故事说得真是一波三折、跌宕起伏、抑扬顿挫，把教师们深深地吸引住了，大家跟着我的故事时而欢笑、时而紧张、时而舒缓，原来这就是教学故事啊。

当大家还沉浸在我的故事中时，蔡校长也娓娓地为教师们讲述了一个她在教育学生中的故事：一个有着偷窃行为的孩子连家长都对其丧失了信心，在老师的帮助下是怎样一步步改正了缺点，成为一个好孩子的故事。在蔡校长讲述中大家屏息凝神，被故事中的一个个情节感染了、打动了。

这两则故事讲完后，教师们感同身受，产生强烈的共鸣，如此熟悉的环境、如此亲切的语言，这些就在我们的身边，原来，真实的故事最能打动人，只要大家有一双善于发现的眼睛就一定能捕捉到很多被我们忽视的故事，我们的情感和智慧无处不在。

校长的故事大大地鼓舞着大家，大家打开了话匣子，你一言我一语、说你说我、说我们自己的故事。于是，会场的气氛热烈、民主，我对于老师们的发言总是认真倾听、详细记录，其间还有不少金点子、好方法……几个小时悄悄流过，我们却浑然不觉。

最后，大家信心满怀地走出会议室，带着一份憧憬、一份热情，大家都认为这个暑假不一般、这个暑假有意义，更相信我们北小人自己的故事会因为散发着情感和智慧而感染着每一个读者！

暑假结束后，老师们纷纷交上了自己精彩的教育故事，有的两篇，有的三篇，最多的写了十几篇。经过筛选润色，江苏人民出版社为我们出版了《情智教育——讲述我们自己故事》。现我摘录两则故事献给大家。

6. 反贴画的秘密（王淼）

下节美术课要画动物了，孩子都很高兴，我让每个人回家后先试着自己画一画喜欢的动物并带来。

课堂上我问他们："昨天的作业有困难吗？"

"有，画了半天总是画不像。"孩子们直率地说。

"那是你们没掌握方法，干什么事，都要动脑筋，找窍门，画画也一样，让我们一起来研究一种既省事又快捷的画法吧！"

我让孩子们将画好的动物外形沿边线小心地剪下，收上来后，都反贴在黑板上（只留有外轮廓的白纸）。孩子们觉得好奇，老师到底要干什么呢？

"下面我们来猜猜黑板上有哪些小动物？"话音刚落，孩子们已瞪大眼睛，仔细观察起来，不一会儿就高高举起了小手。

"那是长颈鹿，脖子那么长，我一下就能认出了来。"周献坤果然答对了，兴奋的小脸像绽开的花朵。

"我是看到了长耳朵的外形，所以猜一定是小兔。"我将画正过来，伊歌也猜对啦！孩子们高兴地拍起手来。

"我觉得这像鼻子的轮廓，又长又弯很明显，可能是大象？"小强边指边分析，他敏锐的观察，正确的判断，赢得了同学们又是一阵欢呼声……

转眼，乌龟、兔子、大象、长颈鹿、骆驼这些外形有特点的画都"正"了过来，可是黑板上还有一些反贴画就不那么容易看不出来了，孩子们开始焦急起来。

刘睿也要试一试，他跑到黑板前，又认真的辨认了一遍，然后指着一张较有把握的画说："这像脑袋，圆圆的，上面还长着半圆形的耳朵，下面可能是肚子部分，鼓鼓的……是……是小熊。"

"你确定吗?"我像综艺节目的主持人一样再次询问,现场气氛紧张起来,刘睿点点头,我将画正过来一看,啊!原来是只大青蛙,圆圆的脑袋大肚皮,那半圆形的也根本不是什么耳朵,那是青蛙的两只大眼睛,还有青蛙的大嘴巴,美丽的花纹,可爱极了,可是从反面看是不会感受到的,大家都哈哈大笑起来。

我不失时机地问道:"为什么有的反贴画能猜出是什么动物,有的却猜不出来呢?你们想一想,相互讨论一下吧!"

孩子们个个兴趣十足,激烈地议论起来……很快,他们便自悟出了答案:画动物的关键不是五官,而是要抓住他们的外形特征,更要突出、夸张,大的更大,长的更长,才能使动物的形象栩栩如生……不需要老师再归纳和提醒,他们一下子就理解了本节课的绘画要领,接着我引入了基本形,运用概括法,孩子们又快又好地画出了动物外形,抓住了动物的特征,画得比原来要生动多啦。

7. 丰盛的午餐 (何义田)

时间:2004年8月13日中午

地点:北京东路一家雅致的小饭店

人物:孙双金校长和《讲述我们自己的故事》编委会成员

事由:编委会加班吃工作餐

镜头回放:

"我要借你们的头脑使一使"

从学校到饭店要步行10分钟路程,不远,但在35℃高温的大伏天也不那么好受。进入餐厅,孙校长径直来到一张紧挨空调的餐桌前,招呼大家对着风口凉快凉快。坐定,蔡燕副校长把编委会几位老师的工作情况向孙校长做了汇报,赞赏了大家的积极性、主动性。孙校长向大家表示了问候和感谢,接着,他就和我们聊起年龄来。席上多数是70年代出生的,最小的小吴老师1978年出生。孙校长告诉我们他参加工作已经23年了,说那时小吴老师还没有上幼儿园呢。一句话惹得大家哈哈大笑起来。突然,孙校长话锋一转:"年轻人头脑灵活,今天我要借你们的脑子使一使!"大家面面相觑。孙校长接着说:"真巧,今天在座的都是语文老师。我要到广西上课,准备上《三顾茅庐》,你们谁教过这篇课文,说说你们是怎么教的,给我些启发。"说完还以茶代酒敬了我们大家一杯。我们顿时紧张起来，这样一位全国著名的特级教师备课还需要我们给他启发？一定是考查我们水平或者看我们对已教的课文能有多少印象，借以分析我们当时教学的严谨程度……我们心里都打起了拨浪鼓。

心直口快的小黄老师故作嗔怪道："吃饭本是件轻松的事，孙校长的任务可让我们看着眼前的美味佳肴难以下咽喽！"

孙校长真诚地说："大家别急着回答我，我是真心向大家请教，这篇课文我在家备得总觉得不太满意。别紧张，随便聊聊。"接着，孙校长微笑着和我们聊起了他对《三顾茅庐》教材的研究和教学设想。他说，《三顾茅庐》课文的主旨在一个"诚"字，作为"卧龙"的诸葛孔明，在战乱纷争的年代请他的人一定很多，为什么单单刘备请动了他，靠的就是一个"诚"字。孙校长也坦诚地说出了他不满意的地方，就是觉得内容单薄了些。

看到孙校长如此亲切、坦诚，大家也就没有了什么顾虑，话匣子纷纷打开。蔡校长发表了自己的观点，她说由一篇文章走进一位作家，走进一部作品应该是语文教学永恒的主题；有老师说，可以拓展开来引导学生走进名著中的一个人物，比如说刘备；有老师说，对于一部古典名著中的经典故事，编者将其编入教材，其意图是不是着重要让学生了解读古典名著的基本方法和要求……

谈笑间，教学思想得到了碰撞，对文本的感悟得到了交流。猛然间，从孙校长笑意盈盈的脸上我读到了谦逊，更读到了睿智——这是在吃饭？聊天？抑或是教学研究？也许都是！

8. 谈刘备

吃着菜，喝着饮料，我们继续聊着。我和蒋校长（还有一位杨校长今天不在座）是组织上特意安排到北京东路小学学习锻炼的年轻的副校级领导干部，组织上的期望让我们对于孙校长学校管理方面的言论格外留心。顺着《三顾茅庐》的教学设计，孙校长似乎把话题集中到对刘备的性格特征"仁"的研究上。他给我们生动地描述了《三国演义》中"赵子龙单骑救阿斗"的故事：赵云血染衣袍舍命从曹营救出阿斗，来到刘备面前，刘备做了一个动作，说了一句话，反令赵云热泪盈眶拜伏在刘备面前表示舍命相报其恩情——刘备接过阿斗往草地上一掷说："为了这小子，几乎折了我一员大将。"正是刘备的"仁"令诸葛亮、关羽、张飞等甘愿为其拼命，现人以刘备的"仁"作为管理哲学进行研究。

说者有心，听者动情。孙校长渲染这个故事的良苦用心我们几位副校长和其他中层干部是明白的。其实在和孙校长不长的接触过程中，我们无时不感受到他那充满情感和智慧的"仁"的哲学。

9. 上课如登山

一年前，第一次听孙校长谈自己的好课标准甚觉形象、客观，他说："我梦中的课堂，学生小脸通红、小眼发光、小手直举、小嘴常开。"这句浅显易懂、形象生动的描述一度成了许多教师对语文课堂的理想追求。今天，我们有幸听闻他对于语文课堂的又一精彩譬喻——"上课如登山"。他给我们分析"上课"和"登山"二者之间的诸多相关之处：上课如登山，历经艰辛，收获快乐。读书学习的过程需要付出劳动，但思维顿悟、获得信息的快感是无以表达的；上课如登山，移步换景，怡情养性；上课如登山，自找登天路径才有独特感受，练就非凡本领；上课如登山，入其险境方能领略别样洞天，所谓"会当凌绝顶，一览众山小"。

……

10. 唱好三支歌

窗外骄阳正火。吃完饭，我们接着喝茶。知道我们一会儿就将继续投入编辑工作，孙校长当然不忘给大家鼓鼓劲。他又一次端起茶杯："来，我再敬各位编委一杯，我为大家工作取得的成效而高兴。"虽然饮的不是酒，推杯碰盏，交心置腹，别是一番其乐融融。受孙校长的激励，大家更觉信心十足，七嘴八舌地回顾起这本书从策划、约稿、整理、编辑的过程，共同的一点感受就一个字——"快!"孙校长显然也受到我们的感染，兴致颇高。他伸出了三个手指，用动情的目光扫视了一下大家，说："做一件事情，要高唱三支歌。第一支是《国际歌》——'从来都没有什么救世主'，凡事首先靠我们自己；第二支是《敢问路在何方》——'路在脚下'，没有人会告诉你怎样走才对，勇敢地去探索，去实践，就会走出一条属于自己的路；第三支是《爱拼才会赢》——'三分靠天命，七分靠打拼，爱拼才会赢'，三分天命是机遇，七分打拼才能抓住机遇，赢得胜利。一个人的发展，一所学校的发展都是这个理!"多么深邃的感悟! 多么浅显的表白! 我们的耳畔似乎已响起了这三曲动人的旋律……

我的教育观

一、情智教育的提出

我为什么提出情智教育的呢？主要是基于以下思考：

其一，梁思成先生在1948年提出了"走出半人教育"的命题。在半个世纪以前，梁先生就敏锐地感受到，我们的教育存在问题。存在什么问题呢？那就是不着眼于人的整体，人的全面发展，而是一味地偏重科学教育或工具理性教育，把人文教育给抛弃了。

其二，华中科技大学前校长，中国工程院院士杨叔子先生曾经写过一篇文章《走出半个人的时代》。杨先生作为一个工程院的院士，他特别看重人文教育。他觉得科学和人文是个整体，是不能分割的。他要求他所带的博士生要想取得毕业证书，必须能够背诵《论语》和《道德经》。一个工程学科的博士生，要去背《论语》和《道德经》，许多人不能理解，但是杨先生坚持这样做。我们知道，爱因斯坦是全球公认的最伟大的科学家，可是他的小提琴拉得非常好，因为爱因斯坦左右脑和谐发展，科学精神和人文精神和谐统一。像中国著名的数学家苏步青先生古体诗就写得特别好。我们大家都知晓的钱学森，这么伟大的科学家，中国导弹之父，他古体诗词的底蕴也非常深厚。

其三，我再说说我身边人的事。拿我自己来说，我在中学的时候，数理化学得远远比语文好。每次考试，数理化成绩都名列前茅，语文成绩却不尽如人意。但是呢，进了师范后，因为我喜欢语文，所以读了大量的人文类书籍，走上了语文教学的研究之路，还成为语文特级教师。我觉得我数理化的功底，对我今天的发展有没有作用呢？我想作用是明显的，那就是培养了我思维的逻辑性、严密性，培养了我多角度的思维能力。再说我们学校的副校长张齐华吧，网上称他为"数学王子"。但是，他读的人文类书籍比我们相当多的语文教师还要多。谈起当下的语文名师来，他滔滔不绝、如数家珍，在他身上就显示了数学思维和语文思维的和谐统一。所以我感到啊，一个人的发展最终拼的是综合实力！只有综合素养强了，你才有后劲，才能走得高远！

其四，是学校本土文化的自然生成。2003年，我调到北京东路小学任校长。到北小工作的第一天，我巡视了校园的每一个角落。记得走上行政办公楼，在一层和二层的转弯处，橱窗里有块大铜牌，上面篆刻着北小每一位教师进入新世纪对北小娃娃的寄语。在铜牌的中央，用大体的字篆刻着柳斌先生的题词："含爱生情怀，有教育智慧。"两句话当中的一个"情"，一个"智"字，触动了我的心灵。如果说我们以前的教育，是追求知识的教育，所谓"知识就是力量"。那么进入21世纪，在这创新的世纪，对人才提出了新的要求，新时代的人才不仅要有知识，更要有智慧；新时代的人才，不仅要有知识，还要有情感。只有情感和智慧和谐发展的人，才能适应创新性时代的要求。我想老校长所以把柳斌先生的题词放大了，刻在铜牌中央，就是想借此来表达他对教育的理解和追求吧！今天我明确提出关于"情智教育"的办学主张，正是对老校长这种追求的集中表达。

二、对"半人的教育"的理解

关于"半人的教育"，我谈谈自己的一点理解。

1. "半人教育"是唯知教育。一味地追求知识，把活生生的人当作知识的容器，以为只要把知识灌输进去了，就装在容器里了。殊不知，人是活生生的人，他是有情感、有思想、有个性的人。对于他不喜欢的东西，对于他不理解的东西，灌输进去是会产生排异反应的。他会有抵触的情绪，厌恶的想法，所以，如果一味地灌输知识，往往事倍功半，得不偿失。因为它偏离了人的教育本质规律。

2. "半人教育"是半脑教育。我们现在的教育，越来越精细化了，从中学开始，就过早地文理分科。学文科的，就把理科的科目抛弃了；学理科的，也过早地把文科科目抛弃了。也就是说，他们过早地把自己的大脑一分为二了。我们知道，人脑分左右，左脑主管抽象思维，右脑主管形象思维。只有左右脑和谐发展，人的发展才比较和谐。但学文科的偏重右脑发展，学理科的偏重左脑发展。结果，人成了畸形的人，成了分裂的人。

3. "半人教育"是科学至上的教育。"五四"运动之后，近一百多年以来，国门打开，西方的科学思想纷至沓来，中国的知识分子普遍认识到中国的传统教育不能救中国。唯有西方的科学教育，才可以拯救中国。于是，一百多年的历史，就是重科学教育的历史。诚然，重视科学教育，我们的科学技术有了极大的发展，物质文明有了极大的提升。但是，人文教育丢失了，整个民族的道德滑坡了。渐渐地，有识之士才发现，一味地追求科学教育，抛弃人文教育，没有人文素质作为支撑，没有正确的价值观作为引领，一个民族，要想复兴，要想强大，也是不可能的。

4. "半人教育"是分数教育。这一点在当下尤为突出，尤为过分。我们现在的教育，就是赤裸裸的分数教育，你低一分就不能进入名校，就不能进入名牌大学。你低一分，单位就不会录取你，你就失去了一份体面的工作。分数，已经成了名校的敲门砖，岗位的敲门砖。这种分数至上、分数第一的教育，完全把教育扭曲了，把人性扭曲了。所以现在的考试作弊，高考作弊，几乎都成为产业了。这不是教育的悲哀吗？

三、关于情智教育的思考

我对情智教育的思考：

1. 新课程改革，提出三维目标：一维是"知识和技能"；二维是"过程和方法"；三维是"情感态度和价值观"。我们以为，"知识和技能""过程和方法"可以纳入"智慧教育"范畴，而"情感、态度、价值观"可以纳入"情感教育"范畴，因此可以说"情智教育"与新课改理念不约而同，异曲同工。

2."情智教育"着眼于教育的两大领域——情感领域和智慧领域，并且相互促进，和谐共生。人的发展要求情感和智慧的和谐统一，协调发展，我们"情智教育"的最高理念就是"情智交融，和谐共生"。

3.当代教育呼唤两大精神：一是科学精神；二是人文精神。科学精神的核心是"智慧"问题，人文精神的核心是"情感"问题。"情智教育"就是为了培养下一代成为富有科学精神与人文精神和谐统一的大写的人。

4."情智教育"是中西方文化的高度融合。中国传统文化强调的是个"情"字，"士为知己者死"是代表性名言。西方文化强调的是个"智"字，"知识就是力量"是代表性名言。"情智教育"是融中西文化的精髓，真正做到古为今用，洋为中用，最终为我所用。

四、情智教育的实施

情智教育如何实施呢？我们主要是从以下几方面开展实践和探索的：其一，情智管理；其二，情智教学；其三，情智校园；其四，情智队伍；其五，情智课程。

（一）情智管理的认识

1. 先谈对人性的解读

下面首先谈谈情智管理。谈情智管理，首先要谈到人的问题，因为管理一定是面向一个个鲜活的人的。人是管理的第一对象，因此谈管理就必须要研究人性。只有真正认识人性，把握人性，顺性而为，这样的管理才是真正的人的管理。

对人性的解读，中国儒家有不同的认识，孔子和孟子都认为人之初性本善，即人生下来本性是善良的。孟子说："恻隐之心，仁之端也；善恶之心，义之端也；辞让之心，礼之端也；是非之心，智之端也。"这就是说，人最基本的四种道德品质，即仁、义、礼、智，是从这四种天赋的"心"发端的。但荀子却认为，人之初性本恶，他说："今人之性，生而有好利焉，顺是，故争夺生而辞让亡焉；生而有疾恶焉，顺是，故残贼生而忠信亡焉；生而有耳目之欲，有好声色焉，顺是，故淫乱生而礼义文理亡焉。然则从人之性，顺人之情，必出于争夺，合于犯分乱理而归于暴。故必将有师法之化，礼义之道，然后出于辞让，合于文理，而归于治。用此观之，然则人之性恶明矣，其善其伪也。"告子却认为，人之初性无善也无恶。告子曰："性犹湍水也，决诸东方则东流，决诸西方则西流。人性之无分于善不善也，犹水之无分于东西也。"

西方文化又是怎样解读人性的呢？西方有"原罪说"。

上帝创造了亚当，并让他在伊甸园里无忧无虑地生活。但是上帝看到亚当一个人在伊甸园里挺孤单的，于是他又创造了夏娃给亚当做伴，并告诫他们：别偷吃伊甸园里的善恶之果（也就是禁果），否则就惩罚他们……但是有一天，他们被一条蛇引诱而偷吃了禁果，吃了后，他们突然发现自己没穿衣服，双方都赤裸裸地把身体展露在对方面前，因此他们开始感到害羞就用树叶子把性器官遮掩起来，于是男女的概念就出现了。上帝知道后就把他们赶出了伊甸园，说：你们犯下了罪恶，要你们在世上受苦，赎罪！于是人的出生就成了一种罪恶，这就是所谓的原罪！即基督教中认为任何人天生即是有罪的，他们的罪先天地来自其祖先——亚当与夏娃。他们偷食了智慧之果，懂得了男女羞耻之事。基督教原罪的观点在西方近代宗教改革的新教领袖——路德、加尔文那里更是获得了极端的发挥，他们索性明指，任何人生来即是恶人，只有笃信上帝，才可能获得灵魂的拯救。

原罪说亦称为七宗罪。在西方天主教里，"7"是个意味深长的数字。自16世纪以后，天主教用撒旦的七个恶魔的形象来代表七种罪恶：傲慢（pride）、嫉妒（envy）、暴怒（wrath）、懒惰（sloth）、贪婪（greed）、饕餮（gluttony）以及淫欲（lust）。

在基督教看来，每个人身上都会有原罪的表现，就算是圣人也不可免除。而我们这样的凡人就自是不必说了！原罪存在于内心的隐秘之处，而释放原罪的一个很大因素就是我们都存在某种心性，当某种外力恰好作用于这种心性，每个人都会在瞬间丧失理智，显露出罪性，沦为疯子。

这种人生来有罪的说法，一方面奠定了基督教的思想理论基础。它是基督教教义的出发点和核心。正因为人们生而有罪，才有了基督教要求人们向善、赎罪一说。

那么我是怎么理解人性的呢？

我比较倾向于人天生下来就有善有恶，就像有人说的那样，人的内心既有天使，也有恶魔。有人曾经打比方，教师是辛勤的园丁，园丁的左手拿着水壶，右手拿着剪刀。用水壶的水给花朵浇灌，给他们爱的阳光雨露。右手的剪刀呢，是修剪花木生长出来的斜枝旁叶。西方人说，人一手拿着胡萝卜，奖励善的欲望；一手拿着大棒，惩戒恶的欲望。当然，在人性之中，善的因素占主流。所以，我们的教育应该以唤醒、激励、奖赏为主，辅助于批评、惩戒和处罚。2001 年第八次课程改革刚刚开始推行的时候，曾经一度大谈赏识教育。于是，一线的老师觉得教育只能给学生表扬、鼓励，仿佛不能批评学生，惩戒学生了，这也是对人性的认识不够准确导致的教育偏差。

我举例说明为什么人性当中是以善为主流的。2008 年 5 月 20 日，汶川发生了特大地震，无数的房屋被震塌，多少鲜活的生命被埋在废墟地下。当我们从电视中看到这惨不忍睹的画面时，内心善的因素被极大地唤醒和激发，无数的国人纷纷慷慨解囊，献出自己的爱心去帮助同胞。还有许许多多不知名的志愿者亲自赶赴灾区，奔赴抗震救灾的第一线，在大难面前充分展示了我们人性中美好的一面。我们教师当中杰出的代表人物谭千秋，他的事迹曾经感动了千千万万的人。当救援人员扒出谭千秋的遗体时，只见他双臂张开趴在一张课桌上，死死地护着桌下的 4 个孩子。孩子们得以生还，而他们的谭老师却永远地去了。

当然人性中也有自私的一面。有一次，我到六年级办公室，看到我们学校老师不到三岁的孩子，正趴在办公桌上吃糖果，我上去逗她玩，说："给我颗糖吃吃吧。"小女孩儿不同意。再说她仍然不同意。我一把把桌上的糖全都抓了过来，小女孩一见，哇的一声大哭起来。我赶忙把糖还给她，哄了半天，她才停止了哭泣。小女孩才两岁多啊，谁教她不把自己的糖给别人吃呢？没有人教她，天性使然也。这就说明自私是每个人的本性。

2. 人性化管理

对人性的解读有个比较清醒的梳理之后，我们再回到管理中来，这样的管理就有了人性的基石，这样的管理才能称之为人性化的管理。

我从教 33 年，当过 6 年班主任，5 年教导主任，7 年副校长，15 年的校长。既被人管理过，也管理过别人，所以对管理中的酸甜苦辣有着切身的体会。我想用几则故事或名言谈谈我对管理的体悟。

第一个故事——《逃家小兔》

从前，有一只小兔子，他不想待在家里。于是，他对自己的妈妈说："我要逃跑。"

"如果你跑了，"他的妈妈说道，"我一定会追上你，因为你永远是我的小兔子。"

"如果你追上我，"小兔子说，"我就变成一条鱼儿，跳进凉凉的小溪，从你身边游开。"

"如果你变成一条凉凉小溪中的鱼儿，"他的妈妈说，"我就变成一个渔夫，我会抛下鱼饵等着你。"

"如果你变成一个渔夫，"小兔子说，"我就变成一块石头，在高高的山崖上，让你够不着。"

"如果你变成一块高高山崖上的石头，"他的妈妈说，"我就变成一个登山的人，我会爬上山顶，找到你。"

"如果你变成一个登山的人，"小兔子说，"我就变成一朵番红花，藏在一个秘密的花园里。"

"如果你变成一朵秘密花园里的番红花，"他的妈妈说，"我就变成一个园丁，我会在花丛里发现你。"

"如果你变成一个园丁，发现了我，"小兔子说，"我就变成一只鸟儿，从你身边飞走。"

"如果你变成一只鸟儿，从我身边飞走，"他的妈妈说，"我就变成一棵树，让你来我枝头做窝。"

"如果你变成一棵树，"小兔子说，"我就变成一艘小船，扬着帆，离开你。"

"如果你变成一艘小船，扬帆离开我，"他的妈妈说，"我就变成风，吹着你，让你开往回家的方向。"

"如果你变成吹着我的风，"小兔子说，"我就去参加马戏团，做个空中飞人，在你摸不着的地方荡秋千。"

"如果你去做空中飞人，"他的妈妈说，"我就做一个走钢丝的人，我会穿过空气，走到你身边。"

"如果你变成一个走钢丝的人，向我走来，"小兔子说，"我就变成一个小男孩，跑进大屋子里躲起来。"

"如果你变成一个小男孩，跑进大屋子里，"兔妈妈说，"我就变成你的妈妈，用双手捉住你，把你抱在怀里。

"得啦，"小兔子说，"也许我还是就待在这儿，做你的小兔子吧。"

它也真的这么做了。

"来，吃个胡萝卜吧。"兔妈妈说道。

这个故事很有意思。大多数人呢，在解读这个故事的时候都倾向于故事的主题是妈妈的爱无处不在。可是我在解读这个故事的时候，却有不同的看法。我觉得这个故事还能解读为人性渴望自由。你看小兔子那么小，就对他的妈妈说"我要逃跑了"，它要挣脱妈妈的怀抱，它要寻找自己的自由，它要在自由中成长。它一会儿变成小鱼，一会儿变成石头，一会儿变成花朵，一会儿变成小鸟……总之，它就是要冲破妈妈爱的怀抱，挣脱妈妈爱的禁锢。自由啊，是人性当中最宝贵的东西。因为自由，才可以放飞我们的心灵，可以胡思乱想，可以奇思妙想，我们的人类社会才能不断地进步，不断地创新。亚里士多德说："哲学和科学的诞生需要三个条件：自由、闲暇和好奇心。"一旦我们失去了自由，那就失去了快乐，失去了思想，失去了好奇心，失去了想象力，失去了仰望星空的美好情怀。

《逃家小兔》这个故事给我管理的启示是：在管理中要给教师自由，给教师自由的时间，自由的空间，自由的教学个性。

怎么给教师自由的时间呢？我的体会是，在教学管理当中，要减少那些形式主义的、烦琐的、低效的管理措施，让教师有更多的时间去思考更有创造力的工作。拿教师的备课来说，有的领导在查教师备课本的时候，关注的是老师备课写得详细不详细，字写得工整不工整，教学环节是否面面俱到。而我不是这样考虑的，我认为教师的教案是备课的最终环节，它恐怕只占备课的十分之一或五分之一。教师备课包含哪些内容呢？拿语文学科来说，首先是钻研教材，解读文本；其次，要广泛地搜集资料，建立自己广阔的知识背景；再次，要创造性地设计自己的教学思路，并且做到与自己以前教学思路有所不同，有所创新，跟他人的教学思路有所区别，有自己独特的风格；最后，还要考虑板书设计和作业设计。在以上几个环节全部思考成熟之后，才能提笔写教案。所以我们学校对教师的教案检查就因人而异，区别对待。年轻教师要看详案，中老年教师可以写简案，也允许成熟教师拿往年的教案，但是必须要体现与时俱进，彰显二次备课。这样就把教师从写烦琐教案、工整教案的形式主义的管理中解放出来。

怎么给教师自由的空间呢？学校成立名师工作室，给名师和特级教师以他们个人名义命名的专用办公室。原来一个年级几位老师或十几位老师在一个办公室，或多或少互相之间总有些干扰。而他处于自己的专用办公室内，所有的空间都是他的，他可以在里面读书，在里面踱步，在里面思考，在里面休息。这是他的空间，这里的一切都是他的。他在里面心灵是自由的，思想是自由的，身体也是自由的。

怎么给老师自由的教学以个性呢？我们的做法是鼓励教师在自己的教室内创造自己的教学方法，形成自己的教学风格。也就是说"我的教室我做主"！我理想中的学校，就是每一位教师有自己独特的教学方法，让孩子们沉醉在自己独创的教学方法中，乐此不疲，流连忘返。这该是多么美好的校园啊！

第二个故事——《郭橐驼种树》

郭橐驼，不知道他最初叫什么名字。他患了脊背弯曲的病，脊背突起而弯腰走路，就像骆驼一样，所以乡里人称呼他叫"橐驼"。橐驼听到后说："很好啊，这样称呼我确实恰当。"于是他索性放弃了原来的名字，也自称起"橐驼"来。

他的家乡叫丰乐乡，在长安城西边。郭橐驼以种树为职业，凡是长安城里经营园林观赏游乐的富豪人家和种树卖果盈利的人，都争着把他接到家里奉养。因为橐驼种的树，即或是移植来的，也没有不成活的；而且长得高大茂盛，结果早且多。其他种树的人虽然暗中观察，羡慕效仿，也没有谁能比得上。

有人问他种树种得好的原因，他回答说："橐驼我不是能够使树木活得长久而且长得很快，只不过能够顺应树木的天性，来实现其自身的习性罢了。它的天性是舒展它的根部，它的培土要均匀，土要用原来的土，给它筑土要紧密。这样做了之后，就不要再去动它，也不必担心它，种好以后离开时不再回头看。栽种时就像对子女一样（细心），栽好后就像丢弃它一样。那么它的天性得到保全，并且它的本性能够充分地发展。所以我只不过不妨害它的生长罢了，并不是有能力使它长得高大茂盛，只不过不抑制、减少它结果罢了，也并不是有能力使它果实结得又早又多。别的种树人却不是这样，树根拳曲就换上新土；培土的时候，不是过紧就是太松。如果有能够和这种做法不同的人，却又太过于溺爱它们了，早晨去看了，晚上又去摸摸，已经离开了，又回头去看看。甚至有人掐破树皮来观察它是死是活，摇动树干来验察土的松与紧，这样就与树木的天性逐渐地一天天背离了。虽然说是喜爱它，这实际上是害了它，虽说是担心它，这实际上是仇恨它。所以他们都比不上我。我又能做什么呢？"

问的人说："把你种树的方法，转用到做官治民上，可行吗？"橐驼说："我只知道种树而已，做官治民，不是我的专业。但是我住在乡里，看见那些当官的喜欢不断地发号施令，好像很怜爱百姓，而百姓最终反因此受到祸害。早早晚晚那些小吏跑来大喊：'长官命令：催促你们耕地，勉励你们种植，督促你们收割，早些煮蚕茧抽蚕丝，早些织你们的布，养育你们的小孩，喂大你们的鸡和猪。'一会儿打鼓招聚大家，一会儿鼓梆召集大家，我们这些小百姓停止吃早、晚饭去慰劳那些小吏尚且不得空暇，又怎能使我们繁衍生息，民心安定呢？所以我们既困苦又疲乏，像这样（治民反而扰民），它与我种树的行当大概也有相似的地方吧？"

问的人说："不也很好吗？我问种树，得到了治民的方法。"我记录这件事把它作为官吏们的鉴戒。

这则故事给我的启示是：管理要顺性而为。人之本性是什么呢？本性是以向善、向上为主流的，那我们的管理就应顺着人向善、向上的本性去作为。但是在实践工作中，我们许多管理者却未必懂得这个道理，往往做一些忤逆本性的事情来。我曾经在县城小学做过校长，后来到了省城小学做校长，两相比较，发现省会城市的学校管理更追求精细化、精致化。精细化的管理给我们带来什么呢？带来的是管理过于具体、过于细致。过分具体和细致的管理就把人的时间全部控制住了，限制了个人的自由发展。我曾经打比方说，城市的管理是精致化的，因此城市的风景是盆景化的，处处风景都很好看，但是缺乏参天大树；县城的管理是粗放化的，整体风景没有城市好看，但是它能长出参天大树，因为它给个体的自由生长提供了广阔的空间。

　　我发现老一批教育名家，很多是在大城市中生长的。例如，于漪老师、钱梦龙老师、贾志敏老师、霍懋珍老师等。但是在中青年教师当中，好像在大城市土生土长的就比较少了，相反中小城市产生了一大批知名教师。例如，小学界的窦桂梅老师、王崧舟老师、华应龙老师等，都是从中小城市出名之后才调到大城市去的。为什么当下的大城市培养不了自己的名师呢？值得好好反思。

　　我在南京市北京东路小学任校长，看到我们老师那么忙，都不忍心再给老师们提要求。老师们平时忙什么呢？忙于应付检查，忙于参加各级培训，忙于参加各种会议，忙于接待形形色色的家长……尤其是城市教师的培训，我感到已经到了没法忍受的地步：有校本培训，有区级培训，有省市级培训，还有片区的各级培训活动。本来我们都是渴望学习的，但是因为那些无效或低效的培训活动，反而倒了教师的学习胃口。这不是把培训活动引向了它的反面吗？这不值得我们所有管理层的同志深刻反省吗？

　　"早早晚晚那些小吏跑来大喊：'长官命令：催促你们耕地，勉励你们种植，督促你们收割，早些煮蚕茧抽蚕丝，早些织你们的布，养育你们的小孩，喂大你们的鸡和猪。'一会儿打鼓招聚大家，一会儿鼓梆召集大家，我们这些小百姓停止吃早、晚饭去慰劳那些小吏尚且不得空暇，又怎能使我们繁衍生息，民心安定呢？"——柳宗元先生说得多么的形象、多么的生动啊！这不由得使我想起"文化大革命"的时代，人民公社时期，生产队长每天早晨、中午都要围着村子吹哨子，招呼人们去出工干活。农民们一年四季 365 天几乎天天干活，但是却吃不饱穿不暖。为什么呢？改革开放之后，分田到户，再也没有人催着你去干活了，但是家家却白米饭吃不完。为什么呢？同样是那么多土地，同样是那么多人，仅仅是把管理的方式稍作调整，就产生了截然不同的效果。

　　看来研究人性，顺性而为是多么重要！

　　当下教育界虽然没有小吏们跑来跑去地大喊的场景，但是今天一个文件，明天一个通知，后天一个信息，大后天一个会议，却是屡见不鲜。因为他们不相信群众，不相信基层，他们总想有所作为，可是他们作为越大，扰民就越多，基层就越得不到休养生息，越得不到自由生长的空间。老子曰："治大国如烹小鲜。"小鲜是不能折腾的，一折腾他们就全碎了。这样的道理当下不知有多少管理者还能谨记啊？

省市领导考察学校娃娃科学院

第三个故事——《西游记》

《西游记》的主角是唐僧师徒四人。唐僧一心想到西天取得真经；孙悟空则保驾护航降妖除魔；猪八戒呢，也保护唐僧去西天，但是他贪吃贪玩，一心想留在高老庄做他的快活女婿；沙和尚则默默无语，整天挑着沉重的担子一路西行。

我读《西游记》读出了以下的感受：

校长要学唐僧！

校长为什么要学唐僧呢？因为唐僧有梦想、有目标、有愿景。他的理想就是一定要到西天取得真经，即使路上遇到九九八十一难，有那么多的妖魔鬼怪要吃他的唐僧肉，也动摇不了他的决心！他是多么的执着，坚定，百折不挠！我们校长也要有远大的理想，有坚定的信念，在奔向理想的途中即使有九九八十一难，也要百折不挠，勇往直前。

有时我喜欢瞎琢磨，管理者和领导者有什么区别呢？他们的区别就像一头狮子带着一群羊，管理者这头狮子仅仅满足于让一群羊在一片草地，老老实实地吃草，不许他们互相打闹。而领导者这头狮子呢，则时时想着让这群羊到更丰美的草地去吃草，让他们过上越来越美好的生活。

如果说校长是唐僧的话，那孙悟空、猪八戒、沙和尚就是他的教师团队。孙悟空是什么人物呢？他能腾云驾雾，能降妖除魔，能七十二般变化，就如学校的骨干教师。是学校的台柱，是学校的门面，也是学校的形象。校长要依靠他们，要重用他们，要发挥他们中流砥柱的作用。但是骨干教师毕竟只是学校的一小部分，占到教师团队的五分之一左右。那五分之四的人群是些什么人呢？他们大部分是沙和尚式的人物，默默无闻，但担起了大多数学校工作。如果把学校比作一艘大船的话，他们就是默默无闻的划桨的水手。校长善待、关心、呵护对待这批沉默的大多数。可不能因为他们不能为学校争面子、树形象，就轻视他们，忽视他们。那猪八戒式的人物呢？他们有较强的心理承受能力，脸皮又比较厚，他们成了大家调侃的对象，大家心里有什么不满，有什么郁闷，有什么烦躁，就找他们倾诉。他们就成了团队的开心果、润滑剂，团队也少不了他们。

（二）情智管理的策略

1. 情以感人

讲个管理的故事吧。2003年9月1号，我刚到北京东路小学上班的第一天。上午，我把学校总务处柯主任请到办公室，对他说："柯主任，麻烦您一件事。请您把全校教师的生日表统计给我，我有用。"不到一个小时，柯主任就把每个教师的生日统计在一张表中，递到我的手中。我仔细一看，9月份第一个过生日的老师是9月8号。

到了9月8号，我买了一大束鲜花和一张贺卡。上午第二节课后，我在贺卡上认认真真地写上了对这位老师的生日祝语。写好贺卡，我拿起学校的内线电话，接通电话后，我对这位老师说："请您在办公室稍等，我和书记一会儿就到。"我请书记捧上鲜花，我拿上贺卡向前面办公室走去。正是下课的时间，同学们都在走廊上玩耍，看到我和书记捧着鲜花，拿着贺卡，都特别惊奇。有的小朋友还凑上来好奇地问我："你们干什么去啊？"

来到教师办公室，老师们正在办公室内课间休息，看到我和书记捧着鲜花走了进来，有老师笑着问我们："两位领导来有什么喜事吗？"我们笑而不答，径直走到这位老师面前，对她说："老师，今天是您的生日，我和书记来祝您生日快乐！"我打开贺卡，放开嗓音，把贺卡中的祝语大声念了一遍。此时我们看见了什么？我们看到这位女教师满脸通红，结结巴巴地对我们说："我，我工作快 20 年了，校长书记给我过生日还是第一次啊！谢谢你们！"

我的那张给教师的生日贺卡在这位老师的玻璃台板下面整整压了两年。有一次我开玩笑地对她说："您干吗还把这贺卡压在下面呢？"那位老师笑着对我说："我喜欢校长的书法呗。"呵呵，我知道老师不是喜欢我的书法，而是喜欢校长给她过生日的那份情感啊！

第一年每到教师生日，我和书记都去送鲜花送贺卡。

第二年怎么给教师过生日呢？我请工会主席征求大家的意见，工会主席反馈给我说："老师们喜欢过生日能够实惠一点。"我问："什么叫实惠一点呢？"主席说："大家的意思是能够发个大蛋糕。"我笑着说："我懂了。"第二年教师过生日，我给每位教师买了个大蛋糕，并且请食堂师傅给过生日的老师送上一碗长寿面。老师们都非常开心。

到了第三年，老师们问我："校长，您今年怎么给我们过生日呢？"我问他们："你们准备怎么过呢，有什么好点子吗？"老师回答："我们想以家庭为单位过生日，您能给我们送生日券吗？"我听了觉得这是个好主意，请了工会主席和总务主任，请他们俩到南京市区找一家比较好的酒店，要符合这么两个条件：位置要在城中心，方便老师找；酒店的档次要比较高，能做家庭生日晚宴的项目。他们两位跑了半天，回来告诉我说："孙校长，我们找到好地方了。鼓楼一家晶丽大酒店符合您说的两个条件，就选这个地方吧。"到了教师生日那天，我给老师送上三张生日晚宴卡，祝他们家庭生日晚宴快乐。老师们特别开心。

到了第四年，老师们又问我："校长，今年生日怎么过啊？"我笑着说："今年给你们过集体生日。每月中旬把生日在本月的老师集中起来，我和书记一起给你们过个集体生日。"这样一年 12 个月，我和老师们过了 12 个集体生日。在生日晚宴中，和老师们交流谈心，增加了浓浓的情谊。

……

给老师过生日，成了北京东路小学一道亮丽的风景线，成了北京东路小学独特的学校文化。

2. 智以启人

再讲个故事吧———新官上任"三堂课"。

我的第一堂课是这样的：

一天上午，我想随堂听小吴老师的语文课。第一节课时，我打电话到三年级语文组，经询问得知小吴老师当天上午第二节课执教《拉萨的天空》一课。这是一篇新课文，我并不熟悉。在处理好事务后，我于第一节下课前十分钟赶到三年级办公室，借小吴老师的语文书，把课文看了两遍。之后，三年级其他班级的老师听说我要听小吴老师的课，也随同我一起前往听课。

小吴老师课前准备很充分，教学思路清晰，教学步骤环环相扣，教学流程自然流畅，但是我始终觉得学生学习的情绪没有被充分调动起来，课堂上似乎教师牵引得太多，并没有真正地把读书思考的权利还给学生。我一边听一边思考：假如这篇文章让我来上，我该怎么上呢？下课后，老师们纷纷回到办公室。小吴老师主动迎上来："孙校长，您给我指导指导。我上得不太好。"若在平时，我就会坐下来，或者叫小吴老师到小会议室，就她今天的课一二三四地给予评点。但我转念一想：只在办公室评讲，是坐而论道，是隔靴搔痒，是纸上谈兵。何不由我去另外的班级上一下这篇课文，然后请三年级全体教师就小吴老师上的课和我上的课展开讨论呢？这样的评课不是更直观、更生动、更有效吗？主意一定，我对小吴说："我马上借三（4）班上《拉萨的天空》，请你和三年级全体语文老师去听课。""是吗？那太好了。"小吴老师兴奋得跳了起来。听说校长要上课，其他教师也纷纷赶到了三（4）班教室。

我这堂即兴课安排了这么几个环节：一是让学生猜老师板书的秘密。我用白粉笔把"拉萨"两字写得较大，把"的"字写得较小，用蓝色粉笔写"天空"两字。二是让学生到室外观察南京城的天空，回到教室用一两句话描述。三是以读代讲，抓住比喻句让学生展开想象，练习说话。四是用竞赛方法让学生当堂背诵精彩片断。

五是扣住"神往"一词引导学生领悟作者情感。整节课,学生兴趣盎然,兴致勃勃,下课铃响了之后仍不愿散去。

下课铃一响,三年级全体语文老师全都兴奋起来,情不自禁地对我和小吴老师这两堂课议论起来。小吴老师更是兴奋得脸上发光:"孙校长,您这堂课上得太好了,对我启发太大了。"我笑着对小吴说:"不忙夸我,走,我们到会议室一起商讨一下这两堂课。"

到了会议室,小吴老师和我分别说了各自教学的指导思想,然后老师们七嘴八舌地对这两堂课评头论足。

有老师说,小吴老师的课教学思路清晰,教学重点也比较突出,但太关注教师的教,很少关注学生的学。

有老师说,《拉萨的天空》是一篇写景散文,语言十分优美,但比较难教,小吴老师可能过分重视语言分析,而忽视了语言的感悟和诵读。

有老师说,孙校长今天的课之所以成功,是因为孙校长关注了学生的学习体验,让学生先观察南京的天空,然后再学习拉萨的天空,学生有了生活体验,有了比较,情感就容易投入。

有老师说,孙校长今天借班上课的意义不仅在于上了一堂成功的好课,更为重要的是一种引领,一次示范,一回碰撞。校长是老师,我们希望孙校长多给我们上研究课、下水课和示范课。

作为师者之师,校长对于教师的成长负有义不容辞的责任。一般来说,校长对教师的专业引领,更多的是听课、评课。而校长在听课、评课的同时,若能不落俗套,以与教师同上一堂课的方式来对教师进行专业引领,则会收到更好的效果。

校长首先应是教师,其次才是校长。不少校长就是从教师岗位一步步提拔上来的,更有一些校长本身就是特级教师,教学业务水平很高。如果校长能够充分发挥自己的教学特长,与教师同上一堂课,通过亲身示范的形式对教师进行专业引领,将会对教师的成长产生巨大的影响。身教胜于言教。如果校长能够把主要精力放在课堂,放在教学研究上,那教师的主要精力也必然放在课堂和教学研究上。

与教师同上一堂课,可以使校长摆脱居高临下、坐而论道的姿态,这对于校长树立专业权威、增强专业引领的实效性具有不可低估的作用。同时,还可以营造公平、公正、民主的学校管理作风,增强校长的亲和力,促其更好地融入教师群体中去，为校园文化建设、学校各项管理制度的贯彻落实提供便利。

当然，校长和教师同一上堂课还须注意几个问题：不能有损教师的自尊和自信；对中老年教师慎用；如果校长不是教学的内行，请借助外力，多借用智慧。

在课堂上的教学情景

我的第二堂课是这样的：

开学不久，我走进五年级组，刚好他们在进行集体备课。我搬了一张凳子坐下来参与他们的集体备课。在他们备课接近尾声时，我说："本单元重点课文是《天游峰的扫路人》，听了大家的发言我很有启发，下周业务学习我来上两节语文课，就上今天大家研究的《天游峰的扫路人》，欢迎大家指导。"我话音刚落，大家便情不自禁地鼓起掌来，纷纷说："好，我们向孙校长学习。"

下周三业务学习时间，全体教师济济一堂，听我执教《天游峰的扫路人》。我这堂课采用了"问题探究式教学法"。

第一步，我让全体同学就课文质疑问难，我鼓励学生"小疑则小进，大疑则大进"，谁的问题提得有水平，就奖励他把问题写到黑板上，并在问题后面署上他的大名。一时间学生提问热情极度高涨。一节课下来，黑板上写满了问题，签满了学生的名字。同学们个个小脸通红，小眼发光，兴致勃勃，跃跃欲试。

第二步，我故意设问：黑板上写满了问题，下面叫我怎么上课呢？你们帮我出出点子，看看谁的点子是金点子？这样一来，全班同学个个给我献计献策，最后我采用一个"金点子"，抓主要问题带次要问题，紧紧扣住"老人为什么扫上扫下不累"和"老人能活到100岁吗"这两个问题学习全文。

第三步，让学生挑战作者，改写文章最后一句话："那豁达开朗的笑声一直伴随我回到住地"和写学了本文后各自的感悟警句为结束环节。两堂课真正把读书的权利、提问的权利、思考的权利、表达的权利还给学生，建构了自主、合作、探索的学习方式。

两堂课下来，教室内响起了热烈的掌声。我走下讲台，语文老师们热情地涌上来，语文教研组长对我说："孙校长，你的课让我们大开眼界，让我们看到了真正的学生主体。""孙校长，你的课太精彩了。在你的课堂没有差生，所有学生的学习热情都被你激发了，你真有魔力啊！"分管教学的蔡校长对我说，我看到老师看我的眼神起了变化，那眼神中充满了亲切，充满了热情，充满了羡慕，充满了尊敬。

我的第三堂课是这样的：

第一学期期中之后，我接到教育局刘水局长的一个电话，刘局长在电话里说："下一周星期三下午是全区的中小学校长书记会，我们把这个会安排在北小举行，听你两堂课，课后所有听课的人员跟你现场互动。"接到任务后，我就认真准备起来。我选了五年级的一篇课文，题目是《只拣儿童多处行》。这篇文章作者是冰心，是一篇写景抒情的散文，文章写得很美，体现了冰心先生的一贯文风。经过思考，我准备这样教学：以文章为起点走向作家本人，将冰心先生的名言"有了爱就有了一切"作为教学的灵魂和教学的主线来展开。

到了那一天，全区的校长书记全集中在我们学校的阶梯教室。上课开始，我以一曲《春天在哪里》带领学生走进文本，然后紧紧扣住"冰心老人为什么要只拣儿童多处行呢"这个问题引导学生走进文本，走进作家的内心世界。当学生明白儿童多处春光美，在儿童的眼里，盛开的海棠花是最美的春光，在作家冰心的眼里，充满生命活力的儿童是最美的春光，儿童是春的使者，儿童是春的化身的理解基础之后，我在多媒体上播放了一段非常抒情的音乐，同时呈现冰心的名言"有了爱就有了一切"，拓展阅读冰心是怎样爱自然、爱大海、爱星星的。然后学习冰心的一首代表诗作《纸船》。在著名配音演员丁建华的配乐朗读声中，孩子们陶醉了，陶醉在美的音乐、美的画面、美的朗诵和美的意境当中了。

两堂课结束后，刘水局长用现场抽签的方式，让听课领导和我互动。互动中有的领导提出了这样的问题："你为什么教一篇课文要带出一位作家呢?"我即兴给领导们做了解答："一篇文章就像一扇窗户，不仅是学生认识世界、了解世界的窗户，也是学生认识作家、走进作家的一扇窗户。不是说文如其人嘛，我们要真正读懂一篇文章，就应该走进作家的内心世界，人生世界。"

这两堂课和现场的互动，让玄武区的领导了解了我，也让我走进了他们的情感世界。

如果说我的三堂课是用我的智慧在引领教师、启迪教师的话，那么一位优秀的校长还要善于借用别人的智慧来帮助自己管理团队。

我到北京东路小学的第一年，就率先在学校成立了导师团队。我是这样思考的：南京是六朝古都，人文荟萃，名人辈出。在南京的历史上也曾出现了许多教育的名人，像人民教育家陶行知先生、现代幼儿教育家陈鹤琴先生、著名的儿童教育家斯霞老师……现在南京著名的特级教师人数众多，是巨大的资源库。还有像王兰老师、袁浩校长、陈树民老师、孙丽谷老师、沈峰老师都是享誉国内的老一辈名师！他们身上汇集了一辈子的教育智慧，值得青年教师好好传承学习！而我们北京东路小学青年教师比例高达 85% 以上，仅靠我校长一人和校内骨干教师来培养，是远远不够的。于是，我想在北京东路小学成立南京市首家导师团。

导师团成立的那一天，我们邀请的南京市知名特级教师来了，市区优秀教研员来了，教育局的领导也来了。在成立会上，青年教师代表给导师们敬献了鲜花，表达了他们渴望得到导师培养的热切心愿。导师代表发表了热情洋溢的讲话，他们语重心长地勉励青年教师珍惜大好时光，抓住发展机遇，趁年轻精力最为旺盛的时期取得显著的发展。那一次会议开得热烈而隆重，导师和学员之间互相勉励，互相交流。最后，我在会上代表学校作了简短发言，感谢所有导师对北小的关心、对北小青年教师的厚爱。在繁忙的工作和生活中挤出时间来北小手把手地指导青年教师。同时也对青年教师提出了几点希望：（1）虚心向导师学习，每月请导师来学校指导一次课堂教学；（2）每学期向导师提交一篇论文，得到老师具体的指导；（3）每学期结束，所有学员举行一次汇报展示活动，向导师们汇报一学期以来的学习成果。

　　导师团的成立，借助校外的智力资源，极大地激发了青年教师的学习愿望，有效地提升了青年教师课堂教学水平和论文写作水平。几年来，北小的青年教师在区、市、省乃至全国的各级各类教学比赛和基本功技能比赛中，均取得了优异的成绩、突出的效果，在同行中备受瞩目。

　　其实，借力、借智慧是校长在教学管理中很重要的策略。我再举一些在教学管理当中借智慧的案例：

　　其一，学校设立了名师讲堂。我们的名师讲堂，会邀请全国各地的名师走进北京东路小学，展示他们精彩的课堂教学技艺。我总有一个梦想，也曾经跟老师们说过，希望北小的教师坐在北小的校园里，就能听到全国各地名师的精彩课例。于是，我请于永正老师走进北小，请陈琴老师走进北小，请高林生老师走进北小，请华应龙老师走进北小，还请高校的名师和研究所的教育专家走进北小。一位名师就是一扇大门，对话一位名师，也就是开启通往教育智慧的一扇大门。古人讲：取法乎上，得法其中。我认为，只有跟一流的名师对话，才有可能使自己达到二流的水平，然后逐步接近一流，乃至超越一流。

　　其二，学校开设了家长进课堂。怎么想起来让家长进课堂了呢？这要回想到我平常在跟家长交流中受到的启发。北小的家长，来自社会各界，汇聚了各方面的优秀人才。有的是教育科学研究院的研究员，有的是大学的博士，有的是企业界的精英，还有的是各行各业的杰出人士。我跟他们交流，总能受到很多启发，学到很多东西。于是，我就琢磨，教师仅仅是学科教育方面的人才，但是教师的教育视野和知识背景有局限，如果把各行各业的优秀家长请进校园，请进课堂，那给孩子们带来的启发和帮助将是教师所不能及的。于是，经过学校行政会的商量，我们就开展了"家长进课堂"的活动，在每周五的下午，安排一节课，由班主任组织和实施。"家长进课堂"活动开展两三年来，得到了孩子们的无比喜爱，家长的大力支持。

　　其三，学校开展了名家进校园活动。这项活动是家长进课堂活动的提升和发展，这个活动的诞生也缘于一次与家长的交流。那一天，我和市政府分管教育的秘书长，以及一位书画名家在一起喝茶，交谈当中，这位书画家谈起了他的书画经历和成长体悟。他说，一次名家的讲座给他留下了极为深刻的印象，改变了他人生的发展轨迹。他的话触动了我的灵感。是呀，为什么不在北京东路小学开设一个名家进校园的活动呢？把各行各业的名家请进北小的校园，让他们和学生面对面地交流成长经历和成长感悟。我把我的想法跟他们一讲，他们特别赞同。那位书画名家当场表示：孙校长，你什么时候需要，我什么时候到北小给孩子们做讲座。于是，那一学期的开学典礼，我们请来了体育名家黄旭给孩子们讲他的体育人生。六一儿童节，我们请来南京市三十几位民间艺人在校园内给孩子们展示他们的绝门独技。这一年的 7月 1 日、2 日，我们又请来著名书法家徐利明先生、南师大郝京华教授、陈琴老师、刘良华老师给学校老师进行面对面的校本培训。名家进校园极大地提升了教师的文化视野和文化品位。

3. 文以化人

文化，文化，文以化人，贵在一个"化"字。当下特别流行学校文化，但是好多人心目中的学校文化，更多的是表现在外在的视觉文化，而忽视了内在的无形的精神文化。我曾经说过这么一句话："走进一所学校，看这所学校的学校文化，不是仅仅看挂在走廊和墙壁上的图画和标语，更多的是看学校教师的工作状态和日常话语。"记得深圳的名师孙建峰老师曾经跟我说过这么一个故事，他经常写文章发表文章，每次有稿费单寄到他们办公室，办公室的老师就开玩笑地问他，又挣了多少钱啊？孙老师如实告诉他们，稿费只有一百多或两百多。同办公室的老师就会嘲笑他，你忙了半天就挣了这点钱，你知道我昨天晚上挣了多少钱？孙老师说，我猜不出来。老师就告诉他，昨晚挣了三千块，是打麻将挣的。听了同事的话语，孙建峰老师肚里是酸甜苦辣五味杂陈，有着说不出的滋味。孙建峰老师身上体现的文化，是学习文化、研究文化，而他的同事们身上体现的文化，是麻将文化、娱乐文化。他们同在一所学校，校园的墙壁上挂着同样的标语和名言，但是在他们身上所呈现出的文化却有天壤之别。

为了营造北京东路小学浓郁的学习文化，我们开展了一些富有针对性的活动，如成立读书俱乐部，即以校长为核心，吸引一批热爱读书、渴望上进的青年教师组成一个十人左右的读书俱乐部，定期、不定期地开展一些读书交流活动。又如开展思想者沙龙活动，利用学校的校本研修时间，由教科室牵头，设计好话题，组织部分教师在台上进行思想风暴、观点交锋。我们曾围绕"今天我们该读什么书""学生到底喜欢怎样的课堂""什么是课堂的真问题""如何转变困难学生"等话题展开过激烈的辩论，在辩论中达成共识，提升行动力。

（三）情智校园

我们下面谈情智校园。关于情智校园，我把它解读为四句话：

1. 书香校园

第一句话：情智校园是书香校园。

我有一个很朴素的想法：学校，学校，就是学生读书的地方。因此，学校的第一大功能就是让学生读好书。这一点，我觉得我们做得还是有所成效的。我经常碰到家长对我这样说："孙校长，我的孩子自从进了北小之后，就特别喜欢看书。一捧起书，就爱不释手，常常忘记吃饭和睡觉。"现任南京市教育局初教处的戴兴海处长，有一次碰到我和我谈起他儿子读书的故事。他说他孩子二年级已经在读《史记》《资治通鉴》。为了肯定他儿子的读书精神，在一次的升旗仪式上，我专门把他儿子请到国旗台，表彰他儿子的读书精神和读书态度，还搂着他拍了一张照片。后来，他在多种场合讲到这一件事，讲到校长对他儿子的欣赏和赞美。他说："孙校长搂着我儿子在国旗台上讲话的情景，会伴随着我儿子一生的成长。"

我们学校是怎么开展读书活动的呢？其实是经历了一个探索的过程。首先，我们发动老师、学生和家长共同筛选了北京东路小学学生 30 本必读书目和 30 本选读书目，并且把必读书目纳入学生素质范围，要求学生家庭建立个人书库，营造浓浓的书香家庭氛围。我们选定的书目如下：

低年段：①《西游记》②《安徒生童话》③《格林童话》④《伊索寓言》⑤《蓝猫淘气 3000 问》⑥《哪吒传奇》⑦《三毛流浪记》⑧《木偶奇遇记》⑨《南北极大探险》⑩《乌丢丢奇遇》

中年段：①《水浒传》②《爱的教育》③《十万个为什么》④《冰心儿童文学全集》⑤《长袜子皮皮》⑥《希腊神话》⑦《今天我是升旗手》⑧《郑渊洁童话》⑨《汤姆·索亚历险记》⑩《中国民间神话故事》

高年段：①《三国演义》②《昆虫记》③《上下五千年》④《哈利·波特系列》⑤《鲁滨孙漂流记》⑥《朝花夕拾》⑦《我要做个好孩子》⑧《巴顿将军》⑨《海底二万里》⑩《世界历史未解之谜全汇》

在此基础上，到了 2009 年，我们学校在建构 12 岁以前的语文，整体来构化学校的校本阅读，提出了三块"大石头"的理论：一块是国学经典；一块是诗歌经典；一块是儿童文学经典。我以三年级为例，学生的阅读篇目如下。

国学篇

《论语》

《笠翁对韵》

古代诗词篇

《垓下歌》

《归园田居（其三）》

《饮酒（其五）》

《送杜少府之任蜀州》

《望月怀远》

《凉州词》

《望洞庭湖赠张丞相》

《秋登兰山寄张五》

《过故人庄》

《夜归鹿门歌》

《使至塞上》

《过香积寺》

《山居秋暝》

《渭川田家》

《闻王昌龄左迁龙标遥有此寄》

《独坐敬亭山》

《渡荆门送别》

《春夜洛城闻笛》

《赠孟浩然》

《登金陵凤凰台》

《黄鹤楼》

《钱塘湖春行》

《赤壁》

《泊秦淮》

《渔父》

《浪淘沙》

《相见欢》

《虞美人》

《书湖阴先生壁》

《登飞来峰》

《夜直》

《赠刘景文》

《六月二十七日望湖楼醉书》

《雪梅》

《绝句》

《题临安邸》

《秋夜将晓出篱门迎凉有感》

《十一月四日风雨大作》

《游山西村》

《乡村四月》

现代诗歌篇

《渔火》

《野菊花》

《雾》

《小花的信念》

《落叶》

《初雪》

《月亮》

《捞月网》　　　　　　　　　　《我喜欢小小淘气包》（2）

《我将做一个什么》　　　　　　《我探索古老的神话天地》（1）

《蝴蝶》　　　　　　　　　　　《我探索古老的神话天地》（2）

《明天要远足》　　　　　　　　《我走进动物的心灵》（1）

《我想》　　　　　　　　　　　《我走进动物的心灵》（2）

《秋千歌》　　　　　　　　　　《我畅游奇幻的童话世界》（1）

儿童文学篇　　　　　　　　　《我畅游奇幻的童话世界》（2）

《我喜欢小小淘气包》

说到课外阅读，老师和校长心中都有一个疑惑，就是学生读书的时间从哪里来。我们学校是这样安排的：

第一块的时间是晨读。大概安排20分钟，以诵读国学经典和古体诗词为主。可别小看这20分钟，每天坚持下来，一年的读书时间也是非常可观的。这就叫作"积少成多""聚沙成塔"。

第二块时间是中午的持续默读时间。我们学校绝大多数孩子在校午餐，午餐休息之后，每天可以安排近1小时的时间来让学生自主、自由默读。每天1小时，一年下来该是多少时间。

第三块的读书时间是每周1～2节的课外阅读课。学生在老师带领之下，与老师共读一本书，共同交流读书的体会和感受。也可以在老师带领下，到学校阅读室开展静悄悄的读书活动。

第四块的读书时间为每天的家庭自由阅读。我们要求每个家庭给孩子建立一个小小读书房，让孩子拥有自己的个人书柜，储存自己喜欢的图书。要求孩子每天在家保证30～60分钟的读书时间，各年段有所区别。这样粗略算一算，孩子们每天的读书时间有近3小时。一年365天，天天如此，一年的读书时间就约为1095个小时。这将会是多么可观的阅读量啊！

2. 畅想校园

情智校园的第二句话是：情智校园是畅想校园。

孩子都爱听故事，有许多孩子都是在妈妈或外婆的故事声中长大的。为什么孩子都痴迷故事呢？这是因为童年是充满幻想和想象的季节，喜欢异想天开，热衷"胡思乱想"，爱幻想是儿童的天性！既然儿童有此天性特点，那我们的教育就应遵循这一特点，阅读课上多读一些故事，多讲一些故事，作文课上让孩子自由地放飞自己想象的翅膀，编创他们感兴趣的童话、故事和小说。这样的教育才叫遵循儿童身心发展规律。

我校在作文教学方面开展了"想象作文"的实验，低年级以创作童话故事为主，中年级以创作儿童故事为主，高年级以创作儿童小说为主。我们辩证地处理好课文中的写实文章和独创性"想象文章"的关系。课内以做好写实文章为主，课外以编创想象文章为主。一般想象文章以两周一篇为底数，感兴趣的同学上不封顶。一学期下来，我们要求每位同学把自己创作的作品装订成册，每班把优秀作品汇编成集，学校把全校的优秀作品整合成书。我们想，北小的学生一年两本集子、6 年 12 本集子，这 12 本集子就是学生在北小的成长台阶、成长轨迹，是学生最好的"成长记录袋"。

畅想校园的实施，也取得了喜人的成果。我们从学生和教师当中各选一个代表，看看他们的作品吧。

彭荣辉老师喜欢读书，勤于动笔，是一位有思想的老师。一次，他和孩子们打赌打出了一本童谣集。出版之前，彭老师请我给他的童谣集写一篇序言，我以《打赌，打出了童谣集》为题写了一篇序言，如下所示：

打赌，打出了童谣集

2011 年 5 月 14 日，这一天对于彭荣辉老师来说是难忘的。这一天，幼儿园老师给他女儿布置了一个直接回家的任务：乘坐一次地铁，拍一些地铁的照片或写一首有关地铁的儿歌。因为当天下着雨，乘坐地铁不很方便，于是彭老师就和女儿在家共同创作了一首儿歌：

地铁

来时一阵风，

眨眼了无踪。

轰隆隆，

轰隆隆，

钻在地下像长龙。

看到女儿兴致很高，父女俩就手上戴的钟表也创作了一首：

钟表

分针长，时针短，

钟表总是顺时转。

嘀嘀嗒，嘀嘀嗒，

从早到晚不知倦。

创作好之后，彭老师就试着让女儿背儿歌。哪知女儿兴致勃勃，很快就把两首儿歌背了下来。这件事给了彭老师灵感，何不把它讲给所教的五年级学生听听呢？

第二天晨会课上，彭老师就把这件事讲给全班学生听，讲完后，他特别强调："写童谣有利于培养观察能力，有利于提高文字表达能力，更有利于锻炼意志力。如果我每天写一首，那一年就能写成365首。你们相信不相信？"全班大多数同学都说相信，可偏偏有一位成绩不是很好的学生说："我不相信。"这一句话激起了彭老师的热情，也激起了他的倔强劲："好，我们打个赌。如果我做不到，那我就在教室里面爬10圈。如果我做到了，那你就在教室内爬10圈，或者你的学习成绩显著提高。好不好？"那位倔强的同学认真地点了点头。

听着彭老师的故事，我觉得很有意思。今天，当我看到《荣辉童谣365》书稿时，心中油然生出对他的敬佩之感：了不起，彭老师真是位有志气、有毅力、有才气的好老师！

彭老师的童谣集分为动物篇、植物篇、水果篇、物候篇、器物篇、生活篇、饮食篇7个篇章。这7个篇目均来自日常的生活，来自细致的观察，来自心灵的创作。我随手摘录几首：

知了

个儿小，叫声大，

问它成天叫个啥？

"知了，知了，
　我知了，
　我一叫唤夏来啦！"

鼻子

高高一座小山峰，
圆圆两个小洞洞。
呼，出一口气，
吸，争一口气。

扔沙包

小朋友，扔沙包，
一边扔，一边叫。
沙包追着笑声跑，
来来回回好热闹。

读着彭老师创作的童谣，我觉得有以下特点：

其一，贴近生活。像《地铁》《闹钟》《鼻子》《扔沙包》等童谣，均取材于我们日常生活。俗话说，生活是创作的源泉，生活是艺术的母亲。我们唯有热爱生活、关注生活、观察生活，才有可能产生源源不断的创作灵感。

其二，短小精悍。童谣是给3～6岁的幼儿传诵的，必须符合幼儿记忆规律和特点。唯有短小精炼，才为幼儿喜欢，为幼儿记诵。俗话说"浓缩的是精品"，因为短小，才更需创作者斟字酌句、绞尽脑汁。正像彭老师所言："有时为了推敲一句话，会呆坐在电脑前半个小时。"

其三，生动有趣。趣味性是幼儿学习的第一要素，没有趣味就不能吸引幼儿，就不能让幼儿喜闻乐背。所以彭老师的童谣在趣味上下了很多功夫，从《知了》《鼻子》等童谣中我们均能看到老师心中跳动的一颗活泼的童心。

其四，朗朗上口。朗朗上口是童谣十分重要的语言要求。朗朗上口，才便于朗读，便于传诵，便于记忆。朗朗上口，要求老师在创作时特别重视句尾的押韵，重视句子朗读时的节奏和韵律。这一点，彭老师是用了心的，值得称道。

当然，好童谣还有它的教育功能、审美功能，这些我们都可以从本集之中体悟到。

打赌，打出了一本童谣集，这真有意思！这样的打赌多有意义！我真愿意彭老师今后多跟学生打些赌。当然了，彭老师赢了是不会让学生在教室内爬 10 圈的，但那位打赌的同学学习上有明显进步是应该的。我想是会的，他会被彭老师的精神感动的。

祝愿彭老师以后能创作更多更优秀的儿童文学作品。

是为序。

2012 年 6 月 1 日

在这里，我们从彭老师的童谣集中随手挑 6 篇童谣附在下面，供大家欣赏。

寄居蟹

寄居蟹，四处爬，
爱找螺壳当作家。
爬呀爬，长啊长，
壳小身大住不下。
住不下，接着爬，
换个大壳搬新家。

油菜花

油菜花，遍地黄，
一望无际成海洋。
小蜜蜂，花丛中，
嗡嗡嗡，嗡嗡嗡，
飞来飞去酿蜜忙，
惹得菜花无处藏。

鞭炮

新年到，放鞭炮，
鞭炮个个穿红袄。
宝宝，宝宝，
快来瞧——
嘭，上天喽
啪，开花啦
眨眼满地红纸飘。

吹泡泡

泡泡机，吹泡泡，
一个泡，两个泡，
泡泡串串天上飘，
宝宝看见连忙跑：
"我要泡，我要泡。"
跌一跤，泡没了，
急得宝宝到处找。

跳高

小宝宝，学跳高，
抓根竹竿向前跑，
到了终点撑竿跳，
竹竿断了摔一跤。
摔一跤，不哭闹，
拍拍屁股继续跑。
一边跑，一边叫：
今天不过不睡觉。

鱼儿睡在哪

鸟有巢，熊有洞，
羊有圈，狗有窠，
鱼儿睡在哪，
真是没想过。
没想过，别难过，
抱了鱼缸睡被窝：
"小鱼，小鱼，
不寂寞，
我来跟你一起过。"

孙牧阳是四年级（6）班的学生，从进了北小开始，就迷恋上了读书。他父亲和我是老乡朋友，我看着孩子一点点地长大，一年年地成长。在四年级上学期，因迷恋历史小说她开始自己动笔创作属于自己的作品《隋唐战马》。下面，展示她作品的部分内容供大家批评。

西府赵王李元霸之万里烟云罩

话说隋唐时期有一位盖世豪杰，堪称《隋唐演义》里第一条好汉名叫李元霸。别看此人长得瘦小枯干，说起话来神魂颠倒、结结巴巴但两臂一晃却有千斤的力气，就连隋炀帝的爱将宇文成都都惧他三分，他的爱马名叫"万里烟云罩"，是皇叔杨林赐赠的礼物。

"万里烟云罩"身上黑不溜秋，像一块水滑的大青缎子。额头上长着一块白斑，就像烟云中露出了一片洁白的云朵一般。此马深通人性，身强力壮，跑一万里仍然面不更色、气不急喘，堪称是一匹难得的宝马良驹。当赵王李元霸手提一对雷鼓瓮金锤，骑在爱马身上，简直是绝配. 令敌人一看就毛骨悚然。

一次，李元霸正与宇文成都比武。虽然李元霸的力气比宇文成都大，而且精通武艺，但却找不到好的脚力。他双腿一夹，已有好几匹马变成了残废。见此情景，杨林便把自己心爱的宝贝马儿送给了李元霸。"万里烟云罩"很会应战，李元霸骑上它，便和宇文成都斗在一处。最后宇文成都知道敌李元霸不下，便亮出了独门绝技，用自己凤翅流金镗的镗杆去打"万里烟云罩"的马腿，谁知一连几招都被"万里烟云罩"识破了，它飞快地跳起来，用马蹄拔掉凤翅流金镗，宇文成都只好退后几步，败给了李元霸。

这正是："宝马良驹，大将难敌。"

小孟尝秦琼之黄骠马

"孝母赛专诸，交友似孟尝"，说的就是孝敬母亲赛过专诸，交朋友的雄心壮胆如同孟尝君的秦琼秦叔宝，他是唐太宗身边"黄骠马马踏黄河两岸、手里一对熟铜铜打遍三州六府半边天"的大将。他能得到这些功绩，一半是因为他胯下的这匹黄骠马。

黄骠马长着一身柔软的黄毛，四只马蹄苍劲有力，可奔跑起来却悄然无声。它虽然在主人面前十分乖巧，但在两军阵前对敌人毫不留情。它深通人性．甚至能听懂人话。

那是一个风雨交加的夜晚，秦琼被杨林追赶着，眼看就要被追上了，秦琼赶忙躲进了一片高大的水杉树林里。夜黑风高，杨林看不清楚，也不敢继续追赶，可他又一陆秦琼逃跑，便对将士们说："我们注意听树林中的马铃声，如果能听到，明天再追不迟：如果听不到，就说明秦琼逃走了，我们就要赶紧去追。"这句话刚好被躲在树林里的秦琼听见了，他又失望又着急，轻轻地对马儿说："你能帮我想个办法吗？"其实他只是自言自语，谁知黄骠马竟听懂了。它一低头把自己脖子上的一串铃铛咬下来挂在身边的树杈上，风一吹铃铛就哗啦哗啦地乱响。杨林还以为秦琼在树林里乱阁乱撞呢！第二天当杨林走进树林寻找时，秦琼已经逃得无影无踪了，除此之外，黄骠马还多次用聪明的办法解救了秦琼，所以难怪秦琼这么疼爱这匹聪明伶俐的战马！

这正是："此马只应天上有，人间哪得几回闻！"

高歌同学是五年级的学生，她的语文老师是朱萍老师。朱老师是语文特级教师，主要研究方向是儿童写作。高歌同学在朱老师多年习作教学的熏陶下，培养了丰富的想象力。有一天，就自己的母亲像什么，她产生了奇思妙想，即兴创作了一篇小作品，不想竟得到了作家大朋友的欣赏，专门就这个作品给她出了一册绘本。下面，也将这篇习作呈现给大家批评。

作者手记

爱如彩虹

南京市北京东路小学六一班　高歌

记得我曾经看过一本书，书中写道："爱是有颜色的。"爱，怎么会有颜色呢？爱看不见，也摸不着，就更别提颜色了！小时候年少无知的我并不能理解这句话的含义，所以我便开始在生活中默默地寻找爱的颜色。

一转眼几年过去了，我在妈妈的爱里慢慢长大。在漫长的寻找中，我也终于找到了爱的色彩。

母爱是红色的，红色就像妈妈的急性子。每每看到我学习不认真或者总是犯同样一个错误，妈妈就会着急上火，有时候还会忍不住数落我，有时候也会冤枉我。可是在我睡觉的时候，妈妈总会走到我的床前，轻轻地抚摸着我的头向我道歉。我知道，即使是红色如辣椒一样的妈妈，心里饱含的也是对我的爱啊！

母爱是橙色的，从我很小的时候起，妈妈总会在每天睡觉之前，给我讲一个个有趣的故事。橙色的灯光照在妈妈的脸上，使她变得更加美丽而慈祥。我躺在软软的被窝里，入迷地听着，让这些美丽的故事陪伴我进入甜甜的梦乡。那一刻，我尽情地吮吸着母爱的甘甜。

母爱是金黄金黄的，金黄色代表温暖。妈妈对我向来照顾得很细心，可谓无微不至。我感觉到我被母爱包围着，即使严冬也不会觉得寒冷。哦，原来母爱是阳光般的金黄色。

母爱是绿色的，绿色寄托着希望。妈妈对我的要求和希望并不和其他的父母相同。很多父母都希望孩子学习好，考上重点初中；而妈妈倾听我的心声，让我学会选择属于我自己的道路，她希望我有一个快快乐乐的童年，希望我茁壮成长。哦，原来母爱是如大树般无私的绿色！

母爱是青色的。青色是山的颜色，母爱就像一座青山，而且是一座高耸入云的大山，我可以放心地依靠着她，还可以在山脚下喝着清泉歇歇脚呢。哦，宛如大山的母爱原来是青色的！

母爱是蓝色的，蓝色是大海的颜色。母爱就如大海般包容大度。妈妈从不因为我的一个小小的过失而斤斤计较。记得我小时候酷爱画画，一个周末爸爸妈妈出门买东西了，我在家里拿起画笔开始画画。我画啊画，突然发现最后一根短短的蜡笔也被我画完了。怎么办呢？我在家里开始了大搜索，最后，在妈妈装化妆品的抽屉里发现了一支红"蜡笔"。我为我的聪明而感到得意。我一笔一画地认真画了起来。"这儿应该直一些，这些应该弯一点。"我一边画，嘴里一边念叨着。很快，一幅"杰作"就完成了。这时，妈妈回来了。我开始地跳到妈妈面前，大声说："妈妈，你看我画的花儿，好看吧？"妈妈笑着拿起了画，当她的目光落到画上的时候，忽然愣住了。我不明白怎么回事，连忙说："是不是颜色太单调了？因为我没蜡笔了。"妈妈的脸上重又挂上了微笑，她拍拍我的小脑袋笑着说："宝贝，你用的画笔是我新买的口红呀！"我吐了吐舌头，惭愧地低下了头，只听妈妈说："没关系，不知者不为罪，下次记得多问问妈妈哦！"妈妈的话让我体会到了大海般宽容的母爱。

母爱是紫色的，就像晶莹的紫葡萄。葡萄酸中带甜，正如妈妈辛苦的每一天。我小的时候妈妈每天骑自行车送我上学，十分辛苦，下班回家，还要烧饭做菜，忙忙碌碌。有时她累得腰酸背痛，但是我知道她的心里却是甜蜜蜜的。哦，原来母爱是紫色的。

红橙黄绿青蓝紫，爱原来真的是有颜色的！

哦，我忽然明白了：爱如彩虹。爱如彩虹。

（本期小小书《彩色的爱》即根据此文改编。）

编辑手记

写给朵儿
余丽琼

高歌的小名叫朵儿，朵儿是个聪慧的孩子。在见到她的第一眼。我就这样想。其实，见面之前，我的耳边就常常有人在提到她：一个读着《东方娃娃》和图画书长大的女孩子，爱读书，作文写得好，品学兼优，学习生涯中得奖无数，据说钢琴和长笛也很拿手，在北京东路小学身任大队长一职，组织能力很强，学校很多活动都是由她发起并组织的。不仅如此，她和妈妈共同维护的"小兔朵儿的小脚印"新浪博客在网络上名声很响，人气一直居高不下……如此了得，我坚定地以为朵儿一定精明强悍、侃侃而谈吧，直到看到她，我才意识到自己的误读——原来，竟是如此秀气文弱的女孩子，直到跟你熟了，她才开始娓娓谈起很多事来，好舒服的一个女生。我一下子喜欢上了她。

谈到读书，朵儿会有说不完的故事要告诉你。我知道，她是一个爱书的人，珍惜每一本书。最重要的是，她有被感动的能力。做一个读书人很容易，大多数人读书是为了排遣时间，或者做学问为自己所用，但朵儿读书，没有现实的目的，她只是爱读，简简单单，无所欲求。如果把她读过的书列出书单，估计会长到你看得不耐烦。正是这些种类繁多的书，丰富了朵儿的课余时光。据说她正在学校发起图画书漂流活动，她精心挑选的图画书正轮流在全校各班级传阅。那些书正感动着一大批初识图画书的懵懂孩子，他们，正分享着朵儿的幸福。

朵儿及妈妈和台湾著名图画书推广人余治莹老师，方蒙珍老师在一起。（由左至右：余治莹、朵儿妈、朵儿、方蒙珍。）

不是每个人都有这样的幸运和幸福的，所以，做朵儿的同学和朋友，该是怎样的缘分！

朵儿写过很多读书笔记，我能从中看到一个孩子内心的独白，不一定深刻，但很独到，能让人由此想到更宽泛的现实和人生的种种滋味。一个五年级孩子能写出这些文字，让人惊叹。她的独立与思考的成熟会为以后的人生造就怎样的台阶，不可估量，更无法想象。

很多人都明白图画书在一个孩子身上的表现绝不是当下的，一个读着图画书长大的孩子，他（她）的文字表达能力、审美趣味、情感世界，尤其是对爱的理解都跟其他孩子不一样，因为精美的文、图就那样一天天、一点点渗进孩子的心里，在童年的河里累积着甘泉。那么，不禁要问的是：什么时候才能看出这些孩子的特别之处？每一次演讲遇到这样的提问，我的回答都是：总有一天，因为没有熟悉的案例，也因为每个孩子的特质不同，我无法给出具体到哪一天。但认识朵儿后，我要说，这一天，并不远，甚至近在眼前。

这篇《爱如彩虹》再次让我惊讶，不仅文从字顺，而且画面感强，朵儿对母爱的理解甚至超过了我们成人，因为她洞察了爱的真义。用颜色生动贴切地表达了妈妈对她以及她对妈妈的无条件的爱。我知道，她的心里，童年积累的甘泉正在叮咚流淌。一个有感动能力的孩子，一个内心富裕的孩子，终身，都会美丽。

祝福朵儿！

东方娃娃
2010.12

彩色的爱

高歌 文 张乐 图

妈妈的爱是金黄金黄的，如阳光一般明媚。

洒在我的身上，温暖我的一生。

妈妈的爱是绿色的，如同大树一般无私的绿色。

妈妈有时也会发脾气，可转眼间又跑过来哄我亲我。

妈妈的爱是橙色的，像灯光一样让我心安。

每天晚上，妈妈都要给我讲故事，那些故事照亮了我的心。

小时候，我常常做错事，可妈妈却从不责怪我。

妈妈的爱是火红的，
就像妈妈的急性子。

妈妈用全身
心的付出，帮助
我我快乐成长。

妈妈的爱是蓝色的，如大海一样包容。

3. 文化校园

情智校园的第三句话是：情智校园是文化校园。

文化有广义和狭义之分。广义的文化，是指人类社会传承下来的一切物质财富和精神财富的总和。狭义的文化，是指学校团队共同的价值追求和价值取向。当然学校文化可以分为三个层面：第一个层面是指显性的物质文化；第二个层面是指学校的制度文化；第三个层面是指学校的精神文化和价值追求。

下面从三个方面讲一讲我们学校的一些做法。

第一，物质文化层面。北京东路小学原来就是南京乃至江苏的知名小学，原有的学校是庭院式的格局，学校分作三个庭院，由回廊统一贯通。校园庭院深深、绿树成荫，很有江南书院的情味。2006年教育局考虑到学校的规模越来越大，对学校的教学大楼重新翻建，在原有学校的庭院式格局作了比较大的调整，一二两进庭院拆除，建成了一栋高6层的现代化教学大楼。新大楼建好之后，作为校长要对学校的显性文化做整体的布局。于是我就发动全体教师、学生、家长对学校的校标设计、三栋大楼的命名以及学校整体显性文化的布局献计献策。俗话说，群众是真正的英雄，真正的智慧蕴藏在民间。经过广泛地征求、碰撞、对话和互动，学校一整套的显性文化比较完美地出炉了。

先讲校标吧。学校的办学理念是："追求心心相印文化境界的情智共生教育"。我们的家长根据学校的理念帮我们设计了一幅校标。（见下图）

中间圆形以红色为主，鲜艳夺目。红色底子上是一只翩翩起飞的白色蝴蝶。寓意是两颗红心紧紧挨在一起，表现了"心心相印、情智共生"的办学理念，白色的蝴蝶翅膀的形状是北京东路小学简称"北小"的两个打头字母"B""X"的变形，黄色的外圈里标注的是南京市北京东路小学的英文，底部是蓝绿双色的弧形飘带，上面用中文写着学校的校名，并注明建校于1947年。这个校标是学校和家长反复碰撞、沟通、精心设计出来的，它充分体现了北京东路小学的办学主张和办学理念。

校标一经成形，就得到了全体师生和家长的一致认可和赞赏。

　　再说说我校显性文化当中，颇具特色的钢琴文化吧。每所学校一般都有进门大厅，但大厅里面都会陈设些什么呢？我看得比较多的是，陈设学校所获得的各种奖牌，或者是学校的校徽校训。那我们学校是如何显示和别校的不同，体现自己个性的呢？为了使学校的文化具有品位和追求，我带着学校班子相关成员赴上海和浙江考察了二十几所名校。俗话说：他山之石，可以攻玉。在参观其他学校的过程中，我也产生了很多灵感。回校后，我们班子成员坐在一起共商，认为可以在一进大门的大厅内摆放了一台三脚钢琴，每天早晨邀请一名同学弹着优美的曲子迎接师生走进校园，让有钢琴特长的学生展示他们的才艺，让所有师生在动听的琴声中怀着美好的心情去拥抱新一天的工作和学习。

钢琴文化图

　　接着说说水文化吧，孔子曰："智者乐水。"水代表灵动，代表智慧。一所学校有了灵动的流水，就给人以活泼的灵秀之感。我们学校本来没有水，但在建大楼的时候，我们提出来希望做一道人造的水景，我们跟设计师反复商量，在有限的空间内，设计了三层水景，流水从最高层的雕塑上方倾泻而出，流入第一层小池，小池水满之后，再溢入第二层大池，这也借用了庐山三叠泉的自然景观。水景造成之后，每天水花飞溢、喷泉涌动，给人以生机勃勃、变化无穷的美感。

水文化图

然后说说学校的楼道文化吧。对于楼道文化，我们提出这么几个理念：第一，楼道文化的创作主体是学生；第二，墙壁上的文化要能和我们校园里的人产生互动；第三，墙壁文化的内容、主题应该和学生的学习生活息息相关。基于这三个理念，我们就发动了全校的师生共同创意。因此，我们三栋楼的楼道文化呈现出了不一样的风采。第一栋楼的楼道文化是以学生推荐的优秀书籍为主体。作品当中以书籍的彩色封面为主，再配以学生推荐作品的简单理由和推荐人的姓名。（请见：楼道文化1）第二栋楼是以南京文化为主体。第一层为南京的自然景观文化；第二层为南京的人文景观文化；第三层为南京的历史名人文化；第四层为南京历史上发生的重大事件文化。（请见：楼道文化2）第三栋楼为世界名人文化，完全由学生创作。我们的要求是每一幅作品体现这么三句话：一位名人、一个故事、一句名言。三层楼的文化在学生们的精心创作中呈现了不一样的风采，受到了孩子们的喜爱。（请见：楼道文化3）

楼道文化 1

楼道文化 2

我们在追求的过程中，总想把事做得好一点。虽不能至，心向往之！关于制度

楼道文化 3

文化，各个学校都有自己的制度，也建立得比较完善，我就不赘述了。

精神文化层面，我认为这才是学校文化之灵魂、核心和关键。前面说了，所谓精神文化可用简单的一句话来表述，就是团队共同的价值追求。我心目中，理想的团队精神文化是孔子所说的"和而不同"的文化。所谓"和"，就是在和谐的氛围当中，追求共同的教育理想。所谓"不同"，是指每个个体的个性不同，生活经历不同，认识角度不同，知识背景不同。一群君子在一起共事，最美好的境界就是"和而不同"。我曾经也引用过毛泽东的诗词《沁园春·长沙》中的"万类霜天竞自由"来表达我对学校精神文化的主张。

沁园春·长沙

独立寒秋，湘江北去，橘子洲头。

看万山红遍，层林尽染，漫江碧透，百舸争流。

鹰击长空，鱼翔浅底，万类霜天竞自由。

怅寥廓，问苍茫大地，谁主沉浮？

携来百侣曾游，忆往昔峥嵘岁月稠。

恰同学少年，风华正茂，书生意气，挥斥方遒。

指点江山，激扬文字，粪土当年万户侯。

曾记否，到中流击水，浪遏飞舟！

　　每当读到毛泽东同志的《沁园春·长沙》，我总是心潮澎湃，浮想联翩。仿佛看到在寒秋时节，主席高大的身躯伫立橘子洲头，仿佛看到"万山红遍，层林尽染"的壮美秋色，也仿佛看到"漫红碧透，百舸争流，鹰击长空，鱼翔浅底"的美妙自然画卷。此时，我的内心总会情不自禁地吟出"万类霜天竞自由"的名句。是呀，这是多么生动自由美好的景象啊！自然界可以呈现如此美妙的景象，难道我们的校园就不能呈现如此美妙的景象吗？如果说自然界的景象是可以目睹的话，那学校的景象则更多需要心灵的感受。我愿通过我和全体师生的共同努力，在北小校园内展现出"万类霜天竞自由"的勃勃生机。

（四）情智队伍

1. 成长的主体

　　"问苍茫大地，谁主沉浮"？——成长的主体。

　　主席这一天地之问，振聋发聩，发人深省。其实在教师成长上，校长们不也应"问苍茫大地，谁主沉浮"吗？教师成长的主体是谁呢？是校长要教师成长，还是教师自动成长？现在网络语言中"被幸福""被富裕""被科研"很是流行，那么教师发展中"被成长""被发展""被打造""被包装"的现象是不是也颇为时髦呢？我始终认为一个被打造、被包装的老师可能也会红极一时，星光一闪，但终究是颗"流星"，不可能成为"恒星"。教师成长真正的主体一定是教师自己。哲学上讲内因是变化的根据，外因是变化的条件，只有鸡蛋才可能孵化出小鸡，石头永远不可能孵出鸡来。

　　教师队伍建设，校长要做的第一件事是给每一位教师心中播种：播下追求理想、追求卓越、做最好的自己的种子。哲学史上最大难题是什么？是认识自己。地球上芸芸众生为什么会时时迷失自己，因为他们寻找不到最适合自己的位置。我们校长在这方面要给青年教师启蒙，让他们明白"天生我材必有用""人人皆可为尧舜""为一大事来，做一大事去"。

我经常给教师讲，人生要唱好三支歌：一支是《国际歌》，世上没有救世主，只有靠我们自己；一支是《敢问路在何方》，路在自己的脚下，自己的路只有自己去闯；一支是《爱拼才会赢》，三分天注定，七分靠打拼，爱拼才会赢得精彩人生。古今中外哪位名人、伟人不是自己扼住命运的咽喉，掌握人生的方向。

作为万世师表的孔子，三岁丧父，十七岁丧母，人生的命运可谓不济，但他"十有五而志于学，三十而立，四十不惑，五十知天命，六十而耳顺，七十从心所欲不逾矩"。靠着那"明知不可为而为之"的大勇、大智、大仁，成就了万世圣人。就我们学校而言，特级教师陈静书记，市学科带头人唐隽菁、唐文国、张齐华、朱萍等人，他们之所以取得学科内瞩目的成就，哪一位不是因为自己内心有强大的方向感和动力感呢？他们是自己人生的主人，他们知道自己要走向何方。

"问苍茫大地，谁主沉浮"？主宰教师命运沉浮的人，不是校长，不是父母，是清醒的自己！

2. 成长环境

"万类霜天竞自由"——成长的环境。

古人说"近朱者赤，近墨者黑"，环境对人的影响是深远的。孟母为什么三迁？就是为了给年幼的孟子创造良好的成长环境。作为校长，我给教师创设了怎样的环境呢？

我认为促进教师成长，最为重要的是创设浓郁的学习氛围。大教育家孔子最大的特征就是好学，"学而不厌""知之者不如好之者，好之者不如乐之者""发愤忘食，乐而忘忧，不知老之将至云尔""十室之邑，必有忠信如丘者焉，不如丘之好学也"等等，皆是孔子名言。

为了创设学习型团队，我的基本策略是：

第一，身教胜于言教。要想让教师好学，校长首先成为好学者。在每年第一次的行政会上，我都会给每位行政领导明确读书写作的硬指标——立下"军令状"。比如 2009 年，我给自己定的指标是：读 20 本书，在省级刊物发表 10 篇文章。有了这样的目标，到了年底盘点时，我读的书早已超过 20 本，还在省级刊物发表了 34 篇文章，大大超过了预期目标。除此之外，我还给校内外教师开设了《中国人自己的圣经——〈论语〉心得》《13 岁之前的语文》和《成功就是多读一本书——谈校长的学习》等讲座。每一次讲座，我都会事先阅读大量的相关书籍和资料。读书，丰富了我的底蕴；读书，涵养了我的性情；读书，营造了学校的氛围。校长读书，不仅改变了自己，更改变了一所学校的气质。

第二，团队共同学习。数学组在张兴华前辈、陈静书记、张齐华副校长带领下共读《数学教学心理学》这本经典书籍。我们一个章节一个章节地细读、啃读。每一次学习由一位老师担任主讲，大家共同研读。语文组在唐文国副校长、朱萍主任、吴静主任带领下共读《语文特级教师教学艺术研究》，一学期研读了于永正、王崧舟、窦桂梅等七八位名师。综合组在唐隽菁副校长、梁旭艳主任带领下，共读教育名著，走近学科经典。团队共读营造了浓郁的学习氛围。"你读了吗?"成了大家见面的问候语，成了北小校园的流行语。

第三，创设自由成长的环境。我倡导"情智教育"，在语文学科上倡导"情智语文"。有些人心中可能有些担心：校长倡导"情智教育"，是不是他手下的人也都要搞"情智教育"，而不能有自己的教学个性呢? 这个担忧是多余的。我校陈静书记的专攻方向是"享受数学"，张齐华副校长的研究方向是"数学文化"，唐隽菁副校长专攻"公民道德"，唐文国副校长的主课题是"和谐语文"，朱萍主任的专长是"作文教学"……让每位教师各有所长，学有专攻，让每个人成为最有个性的自己，让每个人找到"属于自己的主题""适合自己的位置"，也是"情智教育"应有的情怀和智慧。

"万类霜天竞自由"，就是让每一位教师在自由的环境中，自由地、充分地、和谐地生长。"和而不同"，这就是君子们共事的理想境界。

3. 成长策略

"漫江碧透，百舸争流"——成长的策略。

"漫江碧透，百舸争流"是怎样的画面? 是百舟竞发、争先恐后、你追我赶的场景，这也是我期望出现的良性竞争生态。对于竞争，我有自己的思考。如果一所学校一团和气，你好我好，缺乏适度的竞争，就不是最好的学校；如果一所学校你争我夺，互不相让，充满竞争，也不是很好的学校。我认为优秀的学校人与人之间应当既和谐团结，又你追我赶，力争上游，和中有竞，竞中有和，这才是理想的团队关系。

北小老校长袁浩先生特别重视团队建设，为学校奠定了和谐人际关系的良好基础。我在此基础之上，适当引进人才，引入竞争，发挥"鲶鱼效应"，产生了良好的效果。

数学组引进张齐华老师之后，给学校数学教学吹进了一股清新之风。原来北小数学以扎实见长，张齐华老师的数学文化让老师们眼前一亮，为之一振：原来数学课也能如此美丽！张齐华老师文化底蕴深厚，思维敏捷，见解独特，谈吐不凡，一下子激活了数学组。看到张齐华课上得如此精彩，青年教师也纷纷跃跃欲试；看到张齐华文章写得漂亮，青年教师也开始摩拳擦掌，一试身手。教师内在的成功欲被激活了。

语文组朱萍、吴静、安颖莹、崔兴君、朱雪梅、周洁、左海霞、陈佳、孙艳都是本土教师，我就把他们中的骨干组成"情智语文骨干组"，定期开展学习、研讨、磨课、磨文，经常表扬、赏识她们身上某方面的闪光点，以激励大家。朱萍老师在作文教学上卓有成就，我们就安排"朱萍老师作文教学专场展示会"，集中展示宣传朱老师的作文教学思想。左海霞老师在低年级课外阅读教学上有所探索，有所建树，我们就让左老师在全校教师会上介绍她的经验和做法。崔兴君老师对引导学生诵读经典情有独钟，颇有成效，我们就让崔老师展示她们班经典诵读的成果。榜样的力量是无穷的，一个榜样就是一面旗帜。在榜样的召唤下，老师们互相学习、互相欣赏、互相激励、互相竞赛，形成了"百舸争流"的团队氛围。

4. 成长境界

"中流击水，浪遏飞舟"——成长的境界。

"到中流击水，浪遏飞舟"这是教师队伍成长的境界。北小作为江苏和全国的名校，我们需要的就是有一批在各自学科领域处于全省或全国领先地位的人物。他们能到"中流击水"，独领风骚，成为教改的弄潮儿。

"教海探航"和"师陶杯"论文比赛，是江苏省两大最高水准的论文比赛，以往南京大城市教师参赛的人数不是很多。我曾分析过原因，因为城市教师工作时间长，工作节奏快，工作压力大。完成正常的教育教学任务就已够辛苦的，教师在读书和写作上投入精力就有限了。面对难题，是怨天尤人，束手无策呢？还是积极应对，智慧地破解呢？几年来我一直在思考这个问题。一次偶然的机会，触发了我的灵感。青年教师为了上好公开课，校领导和骨干教师会反复给教师"磨课"，一堂好课就是在反复的打磨中才逐渐趋于完美的。上课如此，写文章不也是同理吗？鲁迅先生说："好文章是改出来的。"于是我把 2009 年定位为"论文写作年"，把教师分成三大组：语文组、数学组、综合组。语文组由我领衔，数学组由陈静书记领衔，综合组由唐隽菁副校长领衔，每月组织组内教师开展"磨文"活动。从论文选题的确定，素材的选择，角度的切入，题目是否夺人眼球，结构是否严密完整，行文是否生动活泼等方面，一一加以剖析和推敲。经过大半年的如切如磋，如琢如磨，这一年我校有 12 位教师在"教海探航"征文中获奖，获奖人数位列南京之首。有 4 位教师在"师陶杯"论文比赛中获一等奖，顾礼松老师还作为全省获奖选手在大会上发言，如此佳绩得到省教科所彭刚所长的热情嘉奖。

如今，北小校园内呈现学术自由、名师荟萃、各领风骚的喜人局面——

我的"情智语文"在小语界独树一帜，广有影响。

陈静书记"享受数学课堂"著有专著，波及省内外。

张齐华副校长"数学文化"影响大江南北，"数学王子"美名天下扬。

唐隽菁副校长高扬"自由德育"旗号，走在全省前列。

唐文国副校长追求的"和谐语文"卓有影响。

朱萍主任的"生活作文"深受学生的喜爱。

林丽老师的"快乐英语"，查育辉老师的"麻辣音乐"，吴京钧老师的"魔幻科学"，周洁老师的"信息语文"课堂教学，均在全国赛课摘得桂冠。

"恰同学少年，风华正茂；书生意气，挥斥方遒，指点江山，激扬文字。"这是毛泽东同志 32 岁时写下的壮丽诗句，也是我们北京东路小学教师团队文化建设追求的理想境界！

5. 以文化人

学校文化贵在化人。文化是能改变人的，我讲一个典型的例子。2003 年，在我刚到北京东路小学时，王馨老师教信息学科并兼任学校文印室的打印工作。在我的心目当中，王老师就是一个打印室的工作人员。但是当我了解到王老师是从晓庄师范毕业时，我觉得一个正规师范毕业生在学校里面做打印工作，太屈才了！但是出乎我意料的是，王馨老师每天总是乐呵呵地做着这些一般人不愿意做的事情。她为什么能这样呢？当时对我来说是一个谜。

后来因为学校老师的缺编，学校又安排王老师教科学，还安排她去教过品德、劳技。每教一门新的学科，这个学科组的老师都对王馨老师交口称赞，都非常欢迎王馨老师去教自己的学科。我印象特别深的是，我们信息处的杨科林主任，在王馨老师改教科学的时候，特别不舍，几次到我面前来说，希望能把王馨老师留在信息处。后来，市区不断举办科学教师基本功大赛，王馨老师参加玄武区科学教师基本功比赛获得一等奖第一名，又参加南京市教学能手比赛获得第一名，之后代表南京市参加江苏省教学能手大赛获得一等奖，参加南京市实验操作比赛获得第一名，南京市赛课一等奖……一个原来从事打印工作的老师，为什么能够屡屡参加各级各类的比赛摘冠而归？我想我必须得解开心中的谜团。于是，我好几次找王馨老师聊天，询问其中的原因和秘诀，原来她的成功得益于三股文化的影响。

其一，学校文化。她说她每到一个新的岗位，都能从北小老师身上，感受到他们对事业热爱的文化，对他人的奉献文化，和积极进取的文化。她说，她自己是个新兵，每到一个团队，总能得到其他老师的悉心指导，倾情帮助，当她遇到困难的时候，老师们总是毫无保留地帮助她。她说这样的文化，也感动了自己，感染了自己。她说北小的文化就是爱的文化，就是付出的文化，就是向上的文化。不管什么人，在这样的文化当中都会受到影响和熏陶。

其二，旅游文化。她非常喜欢旅游，是一个驴友。每到寒暑假，她都会和她的一批驴友们到全国各地跋山涉水，亲近自然。她说当自己走进自然的时候，就感到了人的渺小。我们人真是宇宙中的一粒尘埃。因此，对宇宙、对自然要保存一颗神圣的敬畏之心。走进自然，让她领悟了自然之伟大，自然之奇妙，正如老子所说："人法地，地法天，天法道，道法自然。"也像孔子所说："逝者如斯夫，不舍昼夜。"自然才是永恒的，人在自然面前永远是渺小的。是自然山水打开了她的胸怀，提升了她的境界。是自然这位伟大的老师启迪了她人生的智慧。

其三，朋友文化。她告诉我说，她交的朋友很杂，什么样的人都有，有企业家、公务员、自由职业者、对宗教有特殊情怀的人……我认为，虽然她的朋友圈比较广泛，但是有个共同点，用今天的话说，她交友的层次比较高，交的一些朋友都是比较有品位、有思想、有境界的人，这群人在平常的交谈、闲聊、休闲、旅游过程中潜移默化地影响她，感染她，教化她。所以，交友对人的帮助是很大的。就像孔子说的那样："益者三友，损者三友。友直，友谅，友多闻，益矣。友便辟，友善柔，友便佞，损矣。"

王馨老师的成长充分说明了，文化对人的影响，文化的力量该有多么强大。

（五）情智课程

1. 课程概念

今天我们开始讲情智课程。什么是课程呢？课程是指学校学生所应学习的学科总和及其进程与安排。广义的课程是指学校为实现培养目标而选择的教育内容及其进程的总和，它包括学校老师所教授的各门学科和有目的、有计划的教育活动。狭义的课程是指某一门学科。

我对课程的理解，也经历了一个阶段。以前我对课程的理解，就是学校开设的各门学科，我们每个学生手上不都有一张课程表吗？第八次课程改革之后，专家学者对课程有各种各样的解释。有的说，课程是跑道；有的说，课程是功课及其进程；有的说，课程即教材；有的说，课程即活动。

在泰勒看来，课程内容即学习经验课程，包括文化课程、活动课程、实践课程、隐性课程。文化课程包括国家课程、地方课程、校本课程。分科课程也称文化课程，是一种主张以学科为中心来编定的课程，主张课程要分科设置，分别从相应科学领域中选取知识，根据教育教学需要分科编排课程，进行教学。20 世纪 60 年代以来，关于学科课程的理论主要有美国教育心理学家布鲁纳（Bruner，J. S.）的结构主义课程论、德国教育学家瓦根舍因（Wagenschein，M.）的范例方式课程论、苏联教育家赞科夫（Bahkob，J. B.）的发展主义课程论。

还有人把课程分为核心课程和外围课程。核心课程反对将各门学科进行切分的做法，强调在若干科目中选择若干重要的学科合并起来，构成一个范围广阔的科目，规定为每一学生所必修，同时尽量使其他学科与之配合。核心课程在一定程度上也可被看作是对儿童中心课程的反对，它在产生之初，尤其反对课程只从学生个人兴趣、需要动机出发的做法。它提醒教育者注意，儿童并非生活在真空里，而是在一个特定的时间、地点和特定的社会环境里成长的，课程需要反映儿童赖以生活的社会的需求。因此，核心课程在产生之初，其显著特征就是注重社会需求以及生活。后来，核心课程在立场上稍有改变，吸纳了活动课程的一些成分。

外围课程指核心课程以外的课程。它是为不同的学习对象准备的，它不同于照顾大多数学生、面向所有学生的核心课程，而是以学生存在的差异为出发点，它也不像核心课程那样稳定，而是随着环境条件的改变、年代的不同及其他差异而做出相应调整。核心课程与外围课程的差异，如同一般与特殊、抽象与具体，是相辅相成的。

从课程开发的主体来看，可以将课程分为国家课程、地方课程与校本课程。国家课程亦称"国家统一课程"，它是自上而下由中央政府负责编制、实施和评价的课程。校本课程是由学校全体教师、部分教师或个别教师编制、实施和评价的课程。地方课程介于国家课程与校本课程之间，指由国家授权，地方根据自身发展需要开发的课程。

上面，我简单梳理了一下关于课程的概念。当然，这些概念的梳理，是以专家学者们的理解为主的，而我的理解，则把课程分为国家课程、地方课程、校本课程、教师课程和学生课程。下面，我将有所选择地谈谈我们学校情智课程的开发和实施情况。

开全、开齐、开好各类课程，是学校实施素质教育的基本要求、保底工程。在这方面，我校是严格执行，坚决落实的。所以，每次各级部门来检查课程实施情况，区教育局常常把检查组的人员带到我们学校里面来，因为我们是经得起检查的。最为突出的是，我们学校在各类考试的前夕，包括遇到区、市的调研考试，学校也从来不随意增减课程，更不会停下音、体、美的课程，去强化语、数、外的课程。这一点，我们在教育圈内，是有口皆碑的。

我想说关于国家课程和地方课程的校本化问题。所谓校本化，就是在学校办学主张、办学思想的统领下，教师创造性地使用国家课程和地方课程，使国家课程和地方课程的教学呈现出学校办学思想的鲜明个性。例如，像我们北京东路小学，我们的老师，在实施国家课程和地方课程的过程中，力争鲜明地体现出"情智教育"的教学个性。也就是说，教学过程中，教师赋予了教学活动更多的情感性、情趣性、情味性，赋予了教学活动更多的智力色彩、智慧色彩和创造色彩。虽然每所学校都用的是国家统一的课程，但是有的学校老师在教这门课程时，比较多地强调课程的知识体系，而我们学校老师在教学这门课程时，强调的是教学的情感性和智慧性。让学生学得更有趣味、更有兴味，让学生学得兴致勃勃、乐此不疲，让学生充满问题、浮想联翩、思接千载。这样的教学就叫"情智教学"，就叫国家课程校本化的教学。

2. 国家课程校本化

下面拿语文学科作为例子来阐述一下，我们是怎么做到国家课程校本化的。我们的策略大概是：

第一，教材内容的重新组合。教材内容怎么重新组合呢？其一，按照教学主题重组单元。譬如，某一册书上，关于爱的教学的文章有 4～5 篇，但是他们分别在不同的单元当中，我们就把这四五篇关于爱的课文整合到一个单元内进行教学，这样，主题集中，中心明确，教学时便于学生迁移、掌握。其二，按照文体的不同重新组合内容。譬如，一册书上有 4 首古诗、5 篇童话，但是它们也分列在各个单元当中，我们把它整合为古诗单元、童话单元，这样单元文体集中教学，就能充分根据文体的特点来进行教学，便于学生较快地把握好各种文体的表达方法和个性特点。其三，按照表达形式来重新整合单元。譬如，一册书中，关于写人的文章有 7～8 篇，但是它们也分别在不同的单元当中，老师可以把它们重新整合成一个单元，创造性地教学。有的文章是通过一件事来表现人物的特点，有的文章是通过两三件事来表现人物的特点，有的侧重于人物的细节描写，体现人物的风采，有的侧重于人物的行动描写，表现人物的性格特征。那么，通过这一组写人文章的教学，学生就能比较全面地掌握写人文章的表现方法，便于提高学生的写作能力。

有老师会说，我们日常教学更多的接触是教材中原有的编排体系，那么原有的编排体系教学能不能重组改革呢？当然可以，就以五年级下学期第三单元的教学为例，呈现我们对语文课堂教材重组的思考。

语文课堂变革之教材重组
——苏教版五下第三单元的教学思考

一、教学原则

1. 坚守底线；2. 依据课标；3. 注重积累。

二、教学内容

第三单元教材内容：9《海伦·凯勒》，10《二泉映月》，11《郑和远航》，12《司马迁发愤写〈史记〉》，13《精度与略读》，习作3，练习3。

三、教学建议

1. 生字教学

第三单元有5篇课文，要求认读生字共48个，其中要求会写的是27个——勒、躁、脾、燥、哑、挠、锡、惠、倾、愤、饶、坛、享、码、遣、器、拳、赠、撕、范、狱、酷、刑、泰、摊、隶、耗。

生字词教学，可以有两种方式：（1）随文识字，一篇一篇，分别读写；（2）集中识字，突破篇章，集中读写。如果教材整合教学，可以先集中在一起认读，再写字，上一节实实在在的识字写字课。其中脾、惠、遣、狱、隶，应是字形记忆的重点，教学不必面面俱到，要突出重点。

2. 成语积累

这单元课文中的成语出现较多。如：不分昼夜、如饥似渴、夜以继日、不屈不挠、饱经风霜、委婉连绵、升腾跌宕、扶老携幼、惊叹不已、严阵以待、化险为夷、专心致志、飞来横祸、重于泰山、轻于鸿毛、令出如山、振臂一呼、浩浩荡荡、络绎于途、惊涛骇浪、水土不服、讲和通好、观风问俗、奇珍异宝、互通有无、五洲四海、心悦诚服。对于这些成语，可以布置学生课前预习认读识记，课上听写检测，随文解读巩固。

3. 精读篇目

这个单元的主题是"励志"，《海伦·凯勒》《二泉映月》《郑和远航》《司马迁发愤写〈史记〉》《精读与略读》这5篇课文，可以《二泉映月》为重点，品味语言，感悟主题，其他几篇则可略读，从课内引向课外，如读《海伦·凯勒》，可以引导学生阅读《假如给我三天光明》；读《司马迁发愤写〈史记〉》，可以引导学生阅读《上下五千年》。

其中，教学《二泉映月》这篇重点课文，可以抓住文本中的三条线：（1）一道美丽的风景，引导学生积累词语；（2）一段坎坷的经历，引导学生想象练笔；（3）一首不朽的乐曲，指导学生有感情地朗读。

4. 作业设计

（1）生字词成语的听写。

（2）练笔：根据课文内容，搜集有关资料，选择一个人物，为他写篇小传记。

（3）读整本书《假如给我三天光明》《上下五千年》，用不同的方式展示自己的阅读收获，如"好书推荐""读后感""读书小报""一站到底 PK"等。

第二，教学方式的重新变革。传统的教学方式是老师讲授，学生倾听接受。在这种我讲你听的学习方式中，学生永远处在被动学习的地位。怎么体现学生的学习主体性，提高学习的积极性和创造性？这是学习方式变革的最终目的。我们学校鼓励教师八仙过海各显神通，创造性地开展教学变革。在这样的教学改革氛围中，教师焕发出极大的积极性，呈现出百花齐放、百家争鸣的教学态势。

例如，我们的语文特级教师朱萍，创立了自己的"拓展式"教学法。这一教学方法的主要理念是巧妙地从教材内容出发，激发学生自主地拓展开去，进行相关主题的海量读写活动。例如，朱老师在教学六年级下学期第二单元关于"战争"题材的内容时，是这样做的：首先，大胆重组教材内容，用一个主问题——"战争与和平"串起整个单元的学习。学生在教师的引领之下，纷纷自我确立了一个个小主题进行主动阅读与小论文写作的探索。如"战争中的儿童""战争与经济发展""战争与城市建设"等。课堂上，一个个小小的学生学习团队，议论纷纷，各抒己见，颇有见地。其次，朱老师又由此激发孩子大量阅读关于第二次世界大战的各类书籍：绘本《铁丝网上的小花》《心灵的花园》，长篇小说《弹子袋》《数星星》《汉娜的手提箱》等。并且在课堂上，仍然由小组学习团队的方式汇报、展示阅读收获。孩子们合作，制作了相关的 PPT，有的甚至还链接了相关的电影片段，带领全班一起欣赏、讨论电影语言艺术与小说语言艺术的区别。可以说，孩子在这样的语文学习方式中变得越来越聪明、能干！

再举一个朱老师的教学例子。还是六年级下学期的内容。教材单元中有《三打白骨精》《螳螂捕蝉》。朱老师深入研究教材内容之后，巧妙地引入文言文读写活动，并与教材的学习紧密结合，收到了良好的效果。具体做法是，引导学生比较《三打白骨精》改写后的白话文与原著中的文言文，学生对比后更加欣赏原著中有节奏、有想象力的文言文。朱老师没有就此停下，而是引导学生进行了《西游记》原著的阅读与欣赏，并且鼓励孩子选择原著中自己喜欢的片段，尝试改写。一时间，班级充满了浓浓的经典文字玩味与写作的氛围。接下来，孩子们在朱老师的引导之后，自主比较阅读白话文《螳螂捕蝉》与《说苑》中的原文。他们惊奇地发现《螳螂捕蝉》这篇白话文改写得就比较成功，注意了故事中细节的交代与补充，情节引人入胜。更令人欣慰的是，孩子在此基础之上，能够自发阅读一系列的小古文，并且在班级自主学习活动中，争相进行积累与改写、交流活动。其间，孩子们语文学习的兴趣更加浓厚，语感的敏锐度得以进一步提升，自主学习语文的能力大大发展。同时，他们对自我信心的建立，对小小学习团队的感情，对集体学习探索的热情都让人欣喜！

第三，教学时间的重新组合。传统教学一册书都有教学进度表，教学参考书也给每篇课文的教学或每个单元的教学都提出了课时安排。我们觉得要实现国家课程的校本化，在教学时间的安排上，也可以重新组合。例如，我们的语文教材，韩兴娥老师两个星期就把它教完了。当然大部分老师做不到这一点。但我们学校要求语文老师，用2/3的时间教完一册书，腾出1/3的时间来教校本教材，还是完全能够做到的。时间怎么挤呢？我们要求老师们在备课的时候，一个单元突出一个重点，一篇课文突出一个重点教学目标，做到一课一得，得得相连。这样目标集中，重点突出，教学过程简约，教学效果明显。刚开始，有很多老师持怀疑态度，担心完成不了教学任务，但是随着改革的深入，教师的理念逐步地转变，教学方法逐步地娴熟，师生的合作逐步地默契，越来越多的老师感到时间完全是够用的。一册书用2/3的时间教完，是没有问题的。

5. 校本课程特色化

我们接着说说校本课程的建设。首先讲我们的"娃娃课程"。为什么要提出"娃娃课程"？提出"娃娃课程"，固然有其或然性，但是我们仍然可以从学校的文化传统、学校已有的课程开发现状以及新一轮课程改革的内在规定性三个维度上，获得对其必然性的认知。

首先，这是学校固有传统文化的必然归宿。1980年，北京东路小学被江苏省教育厅确立为首批省级实验小学。从那一刻起，学校便牢牢地将实验性与示范性作为自己的固有使命与职责。而建构起具有自身本土特质及文化内涵的课程体系，自然便成为题中应有之义。但这只是问题的一个方面。作为问题的另一面，近二十年来，学校一以贯之地实施素质教育，无论外部的教育大环境抑或内部的教育小环境发生着如何的变化，学校始终将坚持贯彻素质教育作为自己的安身立命之本。这在南京乃至全省范围内都享有盛誉，并获得社会各界，尤其是基础教育界的高度认可。当然，能够做出这样的坚守，这本身与学校的办学哲学有着密切的联系。几十年来，北京东路小学始终将儿童的全面、可持续发展作为学校发展的最终旨归，并由此形成了以尊重儿童、理解儿童、促进儿童成长为核心的办学理念与价值体系。而"娃娃课程"的最终提出，恰恰与这种"以儿童的自我发展与生命实现为指向"的学校文化传统具有内在的同一性，并成为其发生、发展的重要土壤。

其次，这是学校已有课程框架的自然延续。早在 20 世纪 90 年代初，为了寻找实施素质教育的突破口，北京东路小学便利用周六及国家课程以外的时间，大胆探索具有北小本土特色的校本课程内容与形式，以"让孩子们独立开展科学研究"为基本要义的"娃娃科学院"便是在这样的大背景下提出的。这在当时的国内基础教育界尚属首家，具有开拓意义。当然，随着"娃娃科学院"的不断发展与壮大，尤其是伴随着对"娃娃科学院"存在价值和意义的深入剖析，学校决策层又先发了新的思考："学校教育在提供国家规定课程之外，究竟还有多大的独立发挥空间？"也正是基于这样的考虑，在随后的探索与实践中，"娃娃电视台""娃娃心语屋""娃娃书报苑"等一系列以"娃娃科学院"为核心的新的社团序列，得以一一建立。而如今"娃娃课程"的最终确立，恰恰是沿着上述的课程发展路径一路走来的。可以说，如果没有当初"摸着石头过河"的勇气以及"第一个吃螃蟹"的魄力，如果没有最初对星罗棋布的点状课程形态的探索，也就不会形成今天的系统化的"娃娃课程"序列。

最后，这同样是新一轮课程改革自身的内在规定。相比新中国成立以来的前几次课程改革而言，没有哪一次课程改革能够像第八次课程改革那样，真正将"人的发展"，尤其是"儿童本身的发展"放在如此重要的位置。从而，对"人"尤其是对"儿童"本身的尊重与关怀，便不言自明地成为本轮课程改革的重要哲学基础与理论土壤。对每一所学校来说，这无疑是一种挑战，但更是一次重要的机遇。我们恰恰在这一特定的历史时期，把握住了时代所赋予的这一机会。学校紧扣"儿童的发展"这一鲜明主题，努力地从"人——儿童——娃娃"之间去寻找关联点，并最终确立了以"儿童本身的发展"为价值所指的"娃娃课程"。可以说，作出这样的选择，本身便是对新一轮课程改革目标与价值的回应，甚至是一种创造性的超越。

什么是北小的"娃娃课程"？"娃娃课程"是北京东路小学基于学校已有的课程模式与文化传统，在新一轮课程改革纲要的指导下，由"娃娃校本课程""娃娃学科课程"以及"娃娃交叉课程"三位一体构成的学校课程网络体系。其结构与模型如下：

（一）娃娃校本课程：让北小娃娃在社团活动中尽展才华。娃娃校本课程是一个序列化的课程结构，共分四大板块，即娃娃研究课程、娃娃实践课程、娃娃艺术课程和娃娃体验课程。目前，除了传统的"娃娃科学院""娃娃电视台""娃娃心语屋""娃娃书报苑"以外，如今又增设了"娃娃参议院""娃娃国学院""娃娃艺术团""娃娃记者站""娃娃武术馆""娃娃体验吧"等多个子课程板块。其中，每一课程板块既相互独立，同时又以其各不相同的价值取向与目标设置，构成一个旨在促进学生综合素养全面发展的、和谐的、整体的课程结构。

（1）"娃娃科学院"：主要是培养学生的科学素养，从小培养学生的动手能力、实践能力、探究精神。"娃娃科学院"共分"土壤研究所""地质研究所""气象研究所""古生物研究所""电子研究所""植物研究所"等八大研究所，每一个研究所均有其独立的研究室，相应的硬件及软件设施在全市乃至全省都处于领先地位。每周五下午的"课程超市"时间，各研究所成员将在辅导老师以及从东南大学、土壤地质研究所等机构中聘请的校外导师的带领下，围绕娃娃们自己提出的科学问题展开探索与研究，并自主获得问题的解答，形成相关的结论。如今，20年的建院历史，加上一任任研究院院长、院士及研究员的共同努力，早已使得"娃娃科学院"成了学校娃娃课程的重要支柱与核心，并在省内外享有盛誉。目前，该研究院已经具有全国少科院院士多名，研究员们的多项研究成果已获得国家专利，数十人次在省级以上的各类评比中荣获金奖。"娃娃科学院"小院士还多次受到党和国家领导人的亲切接见。

（2）"娃娃参议院"：旨在引导更多的北小娃娃从小参政议政，在丰富多彩的活动中发展学生健全的公民意识和能力，提升学生的整体素养。未来的社会不仅需要德智体美劳全面发展的学生，更需要优秀的现代公民。"娃娃参议院"的活动，恰恰可以弥补学科课程中的相关空缺。活动可以班级为单位，也可以年级为单位展开。每次活动，参议院的成员们都需要从自己身边的社会生活中主动发现问题、提出问题，然后通过收集资料、问询、访谈等各种途径，形成自己对相关公共问题的看法与见解，然后再通过召开听证会，向相关部门阐述自己的观点，提出对公共问题的建议，以期能够引起关注。多年的实践与探索，已经使得一大批北小娃娃在这一活动中锻炼了他们的参政议政能力，《教育场馆应向未成年人免费开放》《过时的广告牌》《过街人行通道指示牌与行人躲猫猫》等多个研究项目在社会上引起了广泛关注，有些提案还通过了南京市人大的讨论，最终改变了相关部门的决策。

（3）"娃娃国学院"：教育是一种文化传承，好的教育除了需要面向未来，具有国际化的视野以外，还需要从小在每个儿童内心深处培植起国学经典的种子，让学校教育担当起传承祖国经典文化与文明的责任。"娃娃国学院"的成立，正是为了能够引导更多的北小娃娃从小诵读最有价值的经典，让中华文明的根能够在最适宜的年龄培育进每一个儿童的心灵深处。为此，我们一方面在借用国学、童学、诗歌等领域的专家资源的基础上，从大量国学经典、儿童文学以及古典诗词中通过反复论证、筛选、组合，自主开发编撰了一套6本的《12岁以前的语文》，为"娃娃国学院"的全面启动奠定了坚实的基础；另外，我们将传统意义上的早读、中午的午间默读、学校的课外阅读辅导课、亲子阅读等时间置换出来，引导北小娃娃们在晨读、午诵、夕背中大量积累传统的经典文化和经典的儿童文学及诗歌，让他们从小便能够在经典的熏陶与陪伴下健康成长。

此外，在"娃娃心语屋"里，北小娃娃们可以将自己的心事或烦恼在温馨安全的心语屋里和大朋友们进行沟通与倾诉；在"娃娃艺术团"里，孩子们尽情地表演、绘画、欣赏，艺术的种子在丰富多彩的活动中滋润孩子的心田；"娃娃体验吧"里，孩子们争相扮演着社会、家庭、学校的各种角色，研究并体验着每一种角色的内涵与意义，为未来的社会生活提前蓄积养分；"娃娃记者站"内，一批又一批优秀的娃娃小记者们带上录音笔、摄像机、记录本，走街串巷，用自己的眼睛、耳朵和灵敏的心，记录并发现我们身边的世界……

下面，我用案例来说明我们娃娃科学院的老师是怎样进行课程开发和课程实践的。

例如，气象研究所的老师开发了《水的三态》的案例。为了使该课程符合学生的认知特点，开发前，老师对学生进行了第一轮普测："在日常生活中，水是我们最常见的，那么你们是否有一些和水有关的，你们觉得好奇的问题呢？"老师力图从孩子的回答中找到他们目前对"水"方面感兴趣的、有疑惑的问题，以确定接下来所要开发的方向，试图借此来帮助学生搭建科学素质发展的平台，使学生和老师都拥有开发课题的权利。

在对全校中年段292人的调查过程中，老师发现有232名学生提到了与水的三态有关的问题，如"自然界的云、雨是怎么形成的？""为什么雨后，不出太阳地面上的水会消失？"等，有208名学生提到了与浮力有关的问题，如"人为什么可以浮在水面上？""为什么有的物体会浮在水面上，但有的物体会沉下去？"……从调查中，老师感觉到可以就"水的三态"和"水的浮力"这两方面来进行课例开发。经过讨论，决定以学生生活中最容易观察到的"云、雨的形成"为抓手，进行案例开发。

虽然学生对"水的三态"感兴趣，但是他们对于"水的三态"方面究竟已经了解了多少，概念掌握到什么程度，原有的概念是否有错误，老师却不得而知。为此，老师对学生又进行了第二轮的普测，采用调查问卷的方式，统计到：孩子对于物质的三态——固体、气体、液体有一个大概了解，能进行简单区分，但是对于固态、气态、液态这些专业的科学术语不太清楚；不懂得用固、气、液体的本质来区分不同的物体；对于固体、气体、液体的了解处于一种经验的状态；90%的孩子知道水以三种形态存在，却不知道这三种状态之间是如何转变的；学生不能准确分辨自然中的云、雾、霜等是水的哪种状态。针对学生存在的知识不完整、知识有错误的问题，老师最终决定从对固体、气体、液体的认识入手，进行案例开发。该案例共开发了9个主体活动，共计20个课时的内容。（主体活动目录如下表）

活动	活动内容	描述
活动 1	它是什么样的？	学生描述自己对水的认识，再提供水给学生，让他们通过观察、玩耍来认识水的一些基本特性。
活动 2	水到哪里去了？	学生发现"水消失在空气里了"
活动 3	让玻璃片上的水消失	寻找"让水消失在空气里"的方法
活动 4	空气中的水又回来了	认识"消失在空气里的水是可以再出现的"，寻找让它出现的方法
活动 5	云、雨是怎样形成的	找到自然界水消失在空气里又回来的现象，并通过实验初步感知到水在自然界里的循环
活动 6	水的沸腾（快速蒸发）	加热水可以加速水的蒸发，如果持续加热下去水会沸腾，沸腾的水是多少摄氏度呢？进行测量
活动 7	蒸发与温度	发现水蒸发的时候可以带走周围的热量
	冰也是水？	认识冰也是水的另一种形态
活动 8	制作学习成长册	制作自己成长记录册的封面，设计自我水滴形象
活动 9	学习评价	进行自我、组内学习评价

附其中一个主体活动的内容：

"水的三态"活动之"水到哪里去了"

教学目的：

＊这节课可以发展学生的科学概念。

＊液体的水在空气中可以蒸发变成气体的水蒸气。

探究能力：

＊能用图文结合方式记录自己的想法。

＊能采用一定的方法让水蒸发。

发展语言能力：

＊能清楚地描述自己的想法。

学习成果：

预计学生能够：

＊运用学习的词汇较清楚地向他人介绍自己的想法。

＊用图文结合方式记录自己想法。

＊通过一定的方法让液体的水蒸发。

教学材料：

一杯放了几天的水、毛笔、一杯刚打的水、玻璃片、滴管。

活动过程1：水到哪里去了

集中话题：

在黑板上用毛笔书写一个大大的"水"，说我们开始研究水，然后让学生说说上节课我们对水的认识。

让学生发现我们放的水少了，黑板上的水消失了。

＊杯子里的水到哪里去了？

＊为什么黑板上的水会消失？

＊消失到哪里去了？

探索与调查：

1. 以小组为单位讨论：学生讨论，说出自己的想法。（让学生充分地讨论，说出理由，鼓励学生有根有据地说，指出没有根据说的不该是我们科学课堂上出现的现象）

2. 让学生设计方法，验证自己的想法。（考虑到这里设计用文字表达比较困难，为了降低难度，让学生想怎么说就怎么说）

3. 集体交流：学生把自己想验证的想法说出来，大家对他们的想法进行判断，哪些是我们可以做的，哪些方法是不可行的。

交流与讨论：

消失的水到哪里去了

活动过程2：如何让水消失

集中话题：

如何让玻璃片上的水蒸发？

搜索与调查：

给大家一片玻璃片，上面滴一滴水，请他们想办法让水滴消失。（这里开始让学生进行实验记录，进行预测，鼓励他们尽可能多地把想法表现出来）

设计完后，请学生汇报，为什么想到这个方法，总结，他们的方法主要是利用了哪些力量使水消失，寻找到共同点：热、风等。

让大家选择比较容易操作的方法来做做看，并说一说在实验的过程中水滴是否借助这些力量（热、风等）消失了。

交流与讨论：

采用哪些方法让水蒸发

拓展：

在水蒸发的过程中，为什么我们看不到水变成了水蒸气，只看到了水不见了，这说明水蒸气是什么样的？

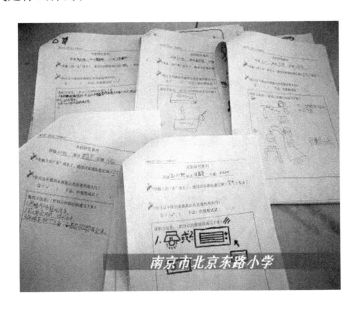

学生记录单

前面重点讲了"娃娃科学院"的内容，下面讲一讲"娃娃参议院"。"娃娃参议院"的操作流程一般分为四个步骤：

（一）选举"小议员"

学校以少先队为依托，成立娃娃"参议院"总院，每个班级设立分院，全校共36个分院。"参议院"议长和议员均在全校学生中民主选举产生，选举采取广大未成年人喜闻乐见的投"豆"方式，依据得"豆"数量确定议长和议员的最终人选。

学生活动场景

各分院还专设一名"发言人",负责定期向总院汇报课题进展。

（二）确定"小议题"

各分院的小学生在"小议长"和"小议员"的带领下,深入到班级、学校和社区之中,通过认真细致的调查摸底、走访观察,寻找到诸如"机动车是否应该进公园""学生假期能否给家长放几天假""是否应该竖立公共厕所指示牌"等公共问题。指导教师将这些问题进行汇总、分类,通过辩论、分析,以民主投票表决的方式确定本分院所要研究的公共问题。

（三）形成"小议案"

为使本分院的小议题能够形成议案,并能得到有效解决,每个分院组织全体学生充分行使自己作为公民参政议政的权利。他们搜集资料,了解政策,从解释问题、评价解决问题可供选择的政策、编制班级方案、制订行动计划这四个方面加以梳理、分析，并随机分组制作演示展板，最终形成"小议案"提交，为建设和谐班级献言，为建设和谐校园献计，为建设和谐社会出谋划策。

（四）听证"小报告"

娃娃参议院采用的听证会形式是各分院小公民展现自我和团队实力的舞台。听证会上，小公民们首先向听证员陈述观点，然后回答听证员就方案的报告所提出的诸多问题。几年来，南京市北京东路小学邀请政府官员、专家学者、法律工作者、媒体记者等就"南京市社会大课堂应向未成年人免费开放""户外广告内容过时不及时更新""校门口闯红灯""占用盲道""小区噪音扰民"等公共问题举行了听证会。

附：《南京市社会大课堂应对未成年人免费开放》案例

北京东路小学附近的教育资源可多啦！南京古生物博物馆、南京明城墙博物馆、玄武湖……如果说学校是个小课堂，那么这些爱国主义教育基地、博物馆、纪念馆、科技馆、展览馆、美术馆、动物园、公园可就是大课堂了。双休日、节假日，走进这些社会大课堂对我们少年儿童的全面发展是多么重要！

可是，我们走访发现，南京市免费开放的社会大课堂并不多，所有向未成年人收费的社会大课堂都是按身高定票价的。如果按照这样的标准，1.3米、1.4米甚至1米以下免票，那么现在上五年级的我们可就都是成年人了。这样的结论太滑稽。经过投票表决，"南京市社会大课堂应免费向未成年人开放"这一公共问题全票当选为我们娃娃参议院五（1）分院的研究课题。

为了了解当前针对此问题的相关政策，我们去图书馆、看报纸、上网搜索、到政府各个部门采访。大家在共同分析了《中华人民共和国未成年人保护法》等诸多法律法规优缺点的基础上，提出了我们的方案。

2008年1月7日，我们邀请了市园林局、市教育局、市旅游局工作人员担任听证员，举行了听证。江苏省政府、市委宣传部、市教育局、市物价局、市园林局、江苏省教研室、市教研室等众多领导亲临会场。许多社会大课堂还特地派代表来旁听此次听证会。中央电视台、《新华日报》《中国教育报》《扬子晚报》、江苏电视台、江苏省广播电台等多家媒体记者报道了此次活动。此案例荣获江苏省公民教育项目案例评选一等奖，我们撰写的课题报告荣获江苏省"小哥白尼"科技创新奖优秀项目一等奖。

　　更让我们兴奋的是，我们的方案被作为提案提交到南京市人大和市政协会议，引起了相关部门、单位高度重视，促成了南京市博物院、南京图书馆等相继免费开放，江苏省文化和旅游厅（原江苏省文化厅）厅已下文要求南京市级博物馆全部免费开放。南京市教育局采纳了我们的方案，自 2009 年始，为全市一年级小学生免费办理了学生证。

　　关于娃娃国学院，是结合着学校"12 岁以前的语文"校本教材开展的，这里就不再赘述了。

　　下面简要说一说我们学校"12 岁以前的校本教材"。

　　关于"12 岁以前的语文"，前面已经说过，这里不重复了。

　　我们现在正在做"12 岁以前的生命教材"。为什么考虑做生命教材呢？因为当下的孩子对生命太不重视、不珍惜了。昨天早晨到学校来的路上，在汽车的收音机里听到一个消息，说台湾的一个年仅 39 岁的当红歌手李立崴在家里自杀。他本来说 40 岁以前要给自己一个惊喜的生日礼物。没想到，他给自己的生日礼物，却是永远地离开这个世界。真是令人扼腕叹息。一个已经成名的歌手，一个年近不惑的成年人，就这样离开了我们。在我们大陆，不也是经常听到中学生和大学生跳楼自杀的悲剧吗？有一次我到国内一所著名大学进行短期培训，他们的老师告诉我们校内有一栋自杀楼，每年都有大学生从这栋大楼上跳楼自杀。这种对生命的轻视、漠视，随意地结束自己生命的行为，说明了什么呢？首先说明了我们的孩子不珍爱生命，不知道生命是世界上最可宝贵的东西，不知道生命是唯一的，生命是不可复制的，生命是独特的。其次说明了我们教育的缺失，说明我们当下的教育中还没有专门的生命教育。所以，我们学校编撰的"12 岁以前的生命教材"就是对当下国家教材空白的填补。

　　这种漠视生命的现象，现今非但没有下降的趋势，反而有愈演愈烈之势，而且有更加低龄化的趋势，在这个时期，开发"12 岁以前的生命教材"，就显得尤为重要。

　　我们生命教材的编写体例是怎样的呢？每个年级分成四大版块：认识生命、发现自我、生于忧患、快乐生活。一年级至六年级，按照螺旋上升的原则编写。编写要求：两周 1 节课，一册 12～15 课。栏目设置：生命问号（一个小故事，情景引出问题，贝贝、笑笑一问一答），开心辞典（解释），芝麻开门（拓展），快乐驿站（体验活动）。低年级：以图为主，每课文字尽量不超过 100 字；二年级文字量 200～300 字。中高年级：每课字数控制在 500 字以内。下面，我附一份一年级单元编写内容给您。

第 4 课　我是谁

生命问号

2013 年 3 月 2 日，一个可爱的小宝宝出生啦！他叫王棒棒！
爸爸、妈妈希望他在各方面都很棒。

你是谁？你跟别人一样吗？

芝麻开门

每个人都是独一无二的自己，
我们要了解自己，做最棒的自己。

俗话说，"人贵有自知之明"，正确认识自己，客观评价自己，对我们认识事情，学会待人接物有很大的帮助。一个人不能正确认识、评价自己，会带来很多错误的判断。太自满就会变得骄傲自大，当然也不能太自卑。

因此，我们应尽可能了解自我、认识自我，这样才能更好地把握自我，发展自我。如何认识自我，了解自我呢？下面给同学们介绍几种认识自己的方法：

1. 说说自然情况

你叫什么名字？出生日期是哪一天？现在的身高、体重是多少？家里几口人，住在哪儿？

2. 从喜好中认识自己

我最喜爱、最怕见到的是谁？我最好的朋友是谁？我最擅长什么？又有什么事做不好？

3. 在经验中总结

俗话说，失败是成功之母。从小到大，我们经历过很多事情。成功和挫折最能反映个人性格或能力上的特点，因此，可以通过自己成功或失败的经验教训来发现个人的特点，在自我反思和自我检查中重新认识自我，认识自己的长处和短处。

4. 正确看待自己和他人评价

大文豪苏轼写道："不识庐山真面目，只缘身在此山中。"认识自己有时候的确比较难，一般来说，当局者迷旁观者清，周围人对我们的态度和评价能帮助我们认识自己、了解自己。我们要尊重他人的态度与评价，冷静地分析。既不能盲从，也不能忽视。有则改之，无则加勉。

读一读关于认识自己的名人名言，你一定会受到启发！

1. 一个真认识自己的人，就没法不谦虚。谦虚使人的心缩小，像一个小石卵，虽然小，而极结实。结实才能诚实。——老舍

2. 谦虚使人进步，骄傲使人落后。——毛泽东

3. 知人者智，自知者明，胜人者有力，自强者胜。——老子

4. 无论在什么时候，永远不要以为自己已经知道了一切。不管人们把你们评价的多么高，但你们永远要有勇气对自己说：我是个毫无所知的人。——巴甫洛夫

5. 伟大的人是绝不会滥用他们的优点的，他们看出他们超过别人的地方，并且意识到这一点，然而绝不会因此就不谦虚。他们的过人之处越多，他们越认识到他们的不足。——卢梭

让我们也来收集一条关于认识自己的名言，与小伙伴分享吧。

快乐驿站

做做下面的小游戏，让你快乐地认识自己和别人。

一、填句游戏

我是一个_____人

我喜欢_____

我的优点是_____

我叫____

我的梦想是_____

我的讨厌_____

我的缺点是_____

二、"寻人启事"

1. 介绍游戏规则：全班同学每 5～6 人分成一个小组，每名同学写一张"寻人启事"，要寻找的人为小组内的人。寻人启事上不能出现这个人的名字，尽量介绍有关这个人性格、气质特点方面的内容，然后由同学猜一猜要寻的人是谁？

2. 组内交流，通过活动使学生知道同学眼中的自己是怎样的一个人。

三、画出理想的你

如果你是一种植物，你希望是什么？并将这种植物画下来，解释你选择这种植物的理由。

插入优美风景的图片

生命体悟

学习了前面的内容，你获得了哪些生命的体悟呢？用你喜欢的方式表达出来，可以写一写，也可以画一画。

除了编写一套生命教材之外，我们还想着编写一套"12 岁以前的数学"。为什么想编写"12岁以前的数学"呢？基于以下几点思考：

其一，中国小学数学教材普遍比较难。这恐怕已经成为大家的共识。经常听人说，中国的小学生在国内的数学成绩一般或者处于中下水平，但是到了美国之后，在同一年级学生里面，他的数学成绩竟然遥遥领先。那么中国的小学数学学得这么难，是不是我们的孩子发展得就比美国的孩子好呢？实践证明，也未必。人们普遍感到中国的孩子进入大学之后，创新思维能力不如西方的孩子。这说明，并不是课程越难，越能提高学生的创新能力。

其二，中国的小学数学让一半以上的学生有挫败感。大家恐怕都记得魏巍的小说《我的老师》中的一段描写。上面写到有关做鸡兔同笼算术题的时候，他的数学老师把作业本像砖头、瓦片一样，砸向同学的脸上的恐怖景象。而这实际上就是小学数学给许多成年人童年的记忆。

其三，鉴于以上两点原因，我们想让编的这套校本教材，达到"人人喜爱""人人都会""人人聪明"的目的。"人人喜爱"就是让每一个小朋友都喜爱数学这门课，觉得数学好玩，觉得数学有意思，觉得数学有作用。"人人都会"就是要让每一个小朋友都能掌握数学这门学科，都能掌握数学的基本原理、基本思维和基本能力。"人人聪明"就是要让每一个小朋友通过学小学数学，人人变得聪明起来，智力得到开启，思维得到发展，小脑袋变得越来越灵活。

我和我们学校的数学特级教师陈静、有"数学王子"之称的张齐华老师在一起谈论编撰这套数学校本教材的时候，我说过，我有一个梦想，就是要编一套面向所有华人世界儿童的数学教材，让所有孩子在喜欢这套教材，让所有孩子在使用这套教材之后，都觉得数学是那么有意思。我跟他们说，如果我们能编出这样的一套教材来，那是一件多么功德无量的事啊！呵呵，这恐怕是我这样一个不是教数学的老师，或者是一个外行老师的梦想吧。

4. 教师课程个性化

上面主要谈了校本课程的建设，接下来谈一谈我们探索的教师课程。

什么是教师课程呢？我认为，就是教师个人依据自己的知识背景、文化背景、个人爱好、研究专长而研制出来的、独特的、具有鲜明个性的个人课程。有的教师爱好国学，有深厚的国学底蕴，于是他研究出一套个性化的国学课程，如陈琴老师的素读课程；有的教师在课外阅读上情有独钟，他在课外阅读上研制出一套个性化的阅读课程，如我们学校的吴静老师；有的教师对诗仙李白特别敬仰，喜爱李白那豪放的诗风、那天纵奇才的诗情、那天马行空似的诗境，于是研制了有关李白的课程，我就曾在这方面做了一点粗浅的尝试。

下面，先说说我的李白课程吧。我曾经设计了两课时，一课时主题为"李白是仙"，一课时主题为"李白是人"。一"仙"一"人"，相互映衬，相映成趣。我把我的教学设计《走近李白》呈现出来，请陶老师评点。

教学目标：

1. 李白是中国最伟大的诗人，作为炎黄子孙如何能不了解李白？因此特上一课"走近李白"。

2. 李白集儒家、道家、侠士、书生、诗人于一生，通过两课的教学，让学生了解李白作为诗仙酒仙的风骨，和李白作为常人的情思。

3. 以主题为单元教学，第一课主题是"李白是仙"，第二课主题是"李白是人"。

教学方法：

教师以故事串联，用诗歌作有详有略的品读、吟诵、赏读。

第一课时：李白是仙

教学过程：

一、由"仙"字引入

1. 板书：仙

问：你们羡慕仙人吗？为什么？

2. 今天我们就一起走近一位仙人——李白。

（大幕出示：走近李白）

二、由杜甫《饮中八仙》激起学生兴趣

1. 出示《饮中八仙》

李白斗酒诗百篇，长安市上酒家眠。

天子呼来不上船，自称臣是酒中仙。

2. 教师简要讲述诗中故事。

3. 诵诗（板书：李白是酒仙）

4. 过渡：李白仅仅是酒仙吗？我们一起来学习李白的诗歌。

三、学习《望庐山瀑布》

1. 激趣：庐山瀑布，是大自然的神奇造化，这壮丽的美景吸引了多少文人墨客。李白写过《望庐山瀑布》之后，很多诗人自叹不如，再也不敢写庐山瀑布了。可唐朝还有一位诗人叫徐凝，他偏不服气，也写了一首《庐山瀑布》。两人同写一处景色，谁写得更好呢？我们先看李白的《望庐山瀑布》。

2. 学习《望庐山瀑布》

① 读诗　　② 质凝　　③ 解句　　④ 欣赏

（板书：想象奇特　　神来之笔）

3. 出示徐凝《望庐山瀑布》

虚空落泉千仞直，雷奔入江不暂息。

今古长如白练飞，一条界破青山色。

4. 出示苏东坡《戏徐凝瀑布诗》

帝遣银河一派垂，古来唯有谪仙词。

飞流溅沫知多少，不与徐凝洗恶诗。

四、补充学习李白的其他几首诗

1.《秋浦歌》

白发三千丈，缘愁似个长。

不知明镜里，何处得秋霜。

（板书：极度夸张）

2.《夜宿山寺》

危楼高百尺，手可摘星辰。

不敢高声语，惊恐天上人。

（板书：想象浪漫）

五、总结李白诗仙的特点

1. 讲述李白另一则故事：有一次，李白去湖州一家酒楼上独自饮酒，酒醉之后，又一人高声歌唱，引来不少看热闹的人。这时，湖州司马经过此地，问道："酒楼高歌者是谁？"李白听后，用诗答曰：

"青莲居士谪仙人，酒肆逃名三十春。湖州司马何须问，金粟如来是后身。"那种高傲和不屑一顾尽在诗中。

为什么称李白是诗仙，因为他的诗充满了神奇的想象，极度的夸张，充满了迷人的浪漫主义色彩。他能想人们不能想，言人们不敢说。他的诗不是写出来的，是从心中流淌出来的，他的诗是高声吟唱出来的！他就是诗仙！

板书：李白是诗仙！

第二课时：李白是人

教学过程：

一、导入

通过第一课时的学习，我们领略了李白作为酒仙诗仙的风骨。有人要说，李白是谪仙人，不食人间烟火。李白真的不食人间烟火吗？他没有普通的喜怒哀乐吗？我们再来学习一组李白的诗。

二、学习《静夜思》

1. 诗　抓诗眼"思"。

2. 讨论：①"疑"？②为什么说"疑是"而不说"就是"？③他在思故乡的什么呢？

板书：思乡

3. 吟唱《静夜思》。

三、学习《独坐敬亭山》

1. 读诗。

2. 抓诗眼"独"。

3. 思考：从哪里看出诗人十分孤独？

他为什么这么孤独呢？

4. 吟诵。板书：孤独

四、学习《黄鹤楼送孟浩然之广陵》。

五、总结李白作为普通人的特点

李白作为人间诗人，他思念家乡的亲人，他也十分孤独，渴望被人了解，被人赏识，他看重朋友间的友情，为朋友的分别而依依不舍。李白的诗既有充满浪漫主义色彩的夸张、想象，也有充满人情温暖的叙述和描写。

走近李白（组诗）
——李白是仙

望庐山瀑布

李 白

日照香炉生紫烟，
遥看瀑布挂前川。
飞流直下三千尺，
疑是银河落九天。

庐山瀑布

徐 凝

虚空落泉千仞直，
雷奔入江不暂息。
今古长如白练飞，
一条界破青山色。

夜宿山寺

李 白

危楼高百尺，
手可摘星辰。
不敢高声语，
恐惊天上人。

秋浦歌

李 白

白发三千丈，
缘愁似个长。
不知明镜里，
何处得秋霜？

走近李白（组诗）
——李白是人

静夜思

李 白

床前明月光，
疑是地上霜。
举头望明月，
低头思故乡。

独坐敬亭山

李 白

众鸟高飞尽，
孤云独去闲。
相看两不厌，
只有敬亭山。

黄鹤楼送孟浩然之广陵

故人西辞黄鹤楼，烟花三月下扬州。

孤帆远影碧空尽，唯见长江天际流。

我简要阐述一下我教李白的心路历程。

李白是一座高山，令人高山仰止，他给后人留下了近千首诗篇。同代诗人贺知章称赞李百为"谪仙人"，我们后人对李白最集中的称呼是"诗仙"。为什么称李白为诗仙呢？诗仙写的诗与常人写的诗有什么区别？怎样让小学生也领略诗仙的风骨呢？这是萦绕我心中的三个问题。于是，我走进了书海，阅读了《唐诗三百首》《唐诗的故事》《李白诗歌集》《唐诗鉴赏》等书籍。从网上下载了有关李白诗歌、诗风、评价欣赏的文章。在李白的世界中徜徉，在李白的世界中漫游、陶醉。通过大量阅读才知道，自己原来对李白的认识是多么浅显、单一，仅仅以为李白就是诗仙，不知道李白受儒家思想的影响极为深远，他以鲲鹏大鸟自喻，它极想求得功名，他41岁的时候得到皇上的召见，写下了"仰天大笑出门去，我辈岂是蓬蒿人"这样狂傲的诗句。纵贯李白的一生，充满了积极入世、获取功名的儒家思想。因此，从这个角度说，"李白是儒"。

但是李白又受道家思想的影响，求仙访道，追求自己个性的解放，心灵的自由，这一思想贯穿于他的一生。道家思想的核心是无为，是出世。李白一生结交最多的朋友是道士，正是李白结识了身为道士的唐玄宗的妹妹才得到唐玄宗的赏识，从这一角度讲，"李白是道"。

李白还特别欣赏侠客的风范，他常常佩剑远行，游山历水，对侠客那重情义，讲义气，一诺千金，替天行道的侠客精神充满了向往与追捧。他的一首《侠客行》极具冲击力，从这个角度讲，"李白是侠"。

李白还是书生，是诗人，是酒仙……通过阅读，我认识了一位多面的李白，立体的李白，丰富的李白。李白的形象，在我的脑海里变得越来越清晰，越来越丰满了。就这样，《走近李白》的组诗教学思路也渐渐地明朗起来了。第一课的教学主题定为"李白是仙"，第二课的主题定为"李白是人"，第三课的主题定为"李白是侠"……

现在重点说一说"李白是仙"这堂课。我发现，真正体现李白诗仙风范的诗歌是《将进酒》《蜀道难》等一些适合中学生、大学生阅读的篇目，而要让小学生去感受诗仙的风范，便成了我教学的第一大难题。小学生适合阅读什么呢？一般来说，小学适合阅读浅显而通俗的绝句，我将注意点转向了李白的绝句。李白绝句的特点是什么呢？用他自己的话说，是"清水出芙蓉，天然去雕饰"，是自然清新，兴到诗成。有人说李白的诗不是写出来的，李白的诗是高声唱出来的，是从心中流淌出来的。李白写了很多绝句，选择哪几首最能体现李白诗仙的风范，经过反复筛选，我选择了《望庐山瀑布》《夜宿山寺》和《秋浦歌》这三首绝句。

记得，我有一次到思维科学专家张光鉴先生家去拜访，跟他谈起了数学，谈起了思维科学，张先生对"相似论"有非常精深的研究，他和钱学森也有比较多的交往。张先生对我说："所有的学习都跟相似论有关，只有和你相似的知识、观念、思想，才容易被你接纳、理解和吸收。"我的理解是，人与人之间也是这样，为什么有的男女青年一见钟情呢？因为他们两人之间有许多相似点，仿佛似曾相识。譬如贾宝玉第一次见到林黛玉，仿佛感到以前曾经见过了。宝黛初会都感到似曾相识、息息相通。黛玉一见到宝玉就感到："好生奇怪，倒像在那里见过一般，何等眼熟到如此？"宝玉看了黛玉也觉得"这个妹妹我曾见过的""虽然未曾见过他，然我看着面善，心里就算是旧相识"。两人初会就产生了一种互相熟识的心灵感应。用科学来解释，这就叫"相似论"。哲学家叔本华也曾说过类似的话，读一本书，你不可能把所有的东西都记住，你记住的内容一定是和你原有的知识有相似性的部分。所以我们的教学，要兼顾原有的知识结构和体系，在新知识呈现的时候，要与旧的知识有衔接点，有一定的相似性。

在和张老沟通的过程中，我也提出了我的一个理念："故事教学"。为什么用"故事教学"呢？因为故事有情节，有情景，有悬念，人人都喜爱听故事，它的故事结构契合于大脑的记忆规律，有谁不喜欢听故事呢？男女老少，无一例外。所以我在情智语文的教学策略当中，专门有一点就讲"故事教学"。张先生听了我的观点，大为赞同。他说，在数学教学当中，也需要"故事教学"，因为故事能把数学引到数学的源头，从源头上了解数量的关系是怎么来的。

我想起了刚参加工作时，除了教一个班的语文之外，还兼教一年级的美术。一年级的小朋友注意力特别容易涣散，要想吸引他们还非得有点绝招不可。我的绝招就是给他们讲故事。一堂课40分钟，我用30分钟的时间完成美术课的教学任务，留10钟给孩子们讲故事。我的美术课最受学生的欢迎。每逢上美术课，我只要一站到教室门口，孩子们就兴高采烈地拍起小手欢迎我。是我的美术教学艺术高超吗？当然不是！是我的故事在吸引他们呀！由此可见，张教授说的"事件记忆"，我把它说成"故事记忆"，对于小学教学来说是多么的重要！

因此，我在《李白是仙》这堂课的教学中就充分利用了"故事记忆"。一开始出示了杜甫的《饮中八仙》的四句诗之后，马上给孩子们讲了一个李白"天子呼来不上船，自称臣是酒中仙"的故事。接着，我把历史上李白的《望庐山瀑布》、徐凝的《庐山瀑布》和苏东坡的《戏徐凝庐山瀑布》组合成一组故事，在课堂的结尾我又选用了李白醉酒答湖州司马的故事。于是乎，整堂课就被故事串起来了。在娓娓道来的故事中，在饶有情趣的故事中，同学们感受了李白的诗仙风范。这样的教学叫作"随风潜入夜，润物细无声"。

为了把教师课程说得再清楚一些，我举我们学校吴静老师关于课外阅读课程建构的案例。吴老师自己特别喜欢读书，阅读了大量的课外书籍，建立了自己的阅读背景和阅读文化。一个有文化的教师，有底蕴的教师，她就能建构自己的个性课程。吴老师近几年参加江苏省"教海探航"的论文评比，围绕自己的阅读课程写了一组文章，我从她2012年获奖论文中摘录部分内容呈现她个人课程的概貌。

请看她的《"嵌入式"课外阅读交流课实施策略例谈》——

策略一：裁剪——合并重组有效率

（1）从忽视走向重视

学生在自主阅读作品的时候，由于知识层面和阅读经验的局限，必然会有许多疏漏的地方。我们可以在阅读交流课上让学生重视那么重要但易被忽视的内容，并将这样的内容经过裁剪后在课堂中放大出来。

重视"想象力"。笔者在执教《哈利·波特》系列丛书交流课的时候，就抓住"想象力"这个容易被学生忽视的方面，大做文章。把作者罗琳的想象力呈现在孩子的面前，这样还不够，我还在课堂中提炼出了四个想象力的方法：夸张、组合、替代、变化，通过原著片段的赏读来提炼想象方法，并让学生课堂上也想象起来，以此来训练学生，使其也能展开丰富的想象。

（2）从松散走向聚焦

学生读完书之后，是一种松散的意识状态，可能对印象深刻的文字、情节有记忆，很难做到对全书有一种宏观把握，也很难对某些有价值的信息有聚焦。于是，在交流课上老师要带领学生去聚焦某些有价值的内容。

聚焦"作家卡片"。在笔者执教《城南旧事》一书的读后交流课时，就带着学生们聚焦作家林海音，虽然在小说中学生们对于作者有一些了解，但这样的了解还是零散的、片面的，借助提炼"作家卡片"的方式可以裁剪出有效信息。这是一部自传体小说，文笔清新自然，是作者童年生活的一种再现和怀念，很适合高年级学生的阅读。

策略二：实时——链接生活有思考

（1）从读者走向作者

学生阅读作品时，更多会关注自己的感受，关注故事的内容，情节的发展，很少有学生会关注到作者的思考，作品的写作背景等。在阅读交流课上，笔者力求让学生从读者慢慢地走向作者，关注作者的写作意图、自己的评价、其他作品等，这样再去看作品，就有了根基、有了现实意义。

对作品信息的关注。还以《哈利·波特》系列丛书交流课为例，笔者就带领学生由跌宕起伏的情节去关注作者和作品。

（2）从统一走向思辨

很多学生都会以"仰慕"的姿态阅读经典书籍，很多思想与作者很吻合，渐渐地被作者所同化，缺少一种个人阅读的独特表达。于是，课外阅读交流课需要让学生重新审视，借助老师的引导，让学生进行思辨，产生思想上的争鸣，甚至交锋。

"反义词"的讨论。在《城南旧事》一书的交流课上，老师让学生紧紧围绕三对反义词，也就是这本书中最有矛盾冲突的地方进行讨论和争辩。这三对反义词是：孩子——成人，好人——坏人，相聚——相别。这三对反义词也交织在这本书中，作者其实也没有给出最终的答案。课堂上，笔者就紧密结合小说内容，让学生自由讨论，他们各抒己见，表达自己对这三对反义词的认识，很多孩子还联系了自己的实际生活，很有现实意义。"反义词"的嵌入，让学生感悟了小说的"矛盾性"。

"冒险方式"的思辨。在《天使雕像》（荣获"纽伯瑞儿童文学金奖"）一书的交流课上，笔者就引导学生去探讨"这本书写了姐弟俩的一次奇妙的博物馆知识冒险，如果是你来参加此次冒险，你会有怎样不同的做法呢？"在讨论中，很多学生旁征博引，讲述了自己不同的冒险方式，还有的学生对书中姐弟俩的做法予以了否定，谈出了自己合理化的建议。"冒险方式"的嵌入，让学生在书中找到了自我。

策略三：移植——巧妙融合有魅力

　　阅读作品中的很多内容具备"移植性"特点，可以移植到声像作品中，可以移植到学生的表达中，还可以移植到其他阅读材料中。巧妙地运用，可使之彰显出独特的魅力。

　　（1）从纸面走向声像

　　阅读文学作品的时候，学生一直处于和纸面交流的状态，在我们的阅读交流课上，可以让学生体验不同的表达方式，借助音乐、影像资料，丰富学生的阅读认知。声像的恰当运用，可以更好地激发阅读兴趣，使阅读更加立体化。

　　"电影片段"的移植。在《哈利·波特》丛书的交流课上，笔者就充分地调动了电影资源。配合这套丛书的还有一套拍得非常棒的电影作品，这个资源完全可以引用到我们的阅读交流中来。课前，笔者不仅充分研读了这套丛书，更认真研究了这些影视作品，把精华部分精心地剪辑了出来，配合原文片段的阅读交叉进行，取得了良好的效果。

　　把歌词变成歌曲。在《城南旧事》一书的交流课上，笔者就引入了李叔同作词的歌曲《送别》，先让学生深情朗读歌词，再辅以歌曲的引入，学生们都很感动。这堂课，笔者是在毕业班上的，学生们听后更有共鸣，联想到了自己的母校、老师和同学，有些同学还潸然泪下，伴随着感人的乐曲纷纷写下了对于母校的眷恋之情。"送别歌曲"的嵌入，让课堂富有意境。

　　（2）从阅读走向表达

　　如何把学生的阅读和表达有机地结合起来？阅读交流课，不失为一种很好的训练途径。老师可以根据阅读的读物设计相关联的读写结合点，结合书籍内容给学生创造适合的表达内容，以不断地提升学生的表达能力。

　　创作"第四种结局"。在《企鹅的故事》（荣获"国际安徒生奖"）的读后交流课上，笔者就针对故事中的三个不同的结局让学生讨论：你觉得哪个结局更好呢？为什么？学生自由表达观点之后，老师告诉学生们：这本书告诉我们一种构思小说的方法，开放式的、不拘一格的结局能让更多的读者在书中找到自己。最后，老师让学生们也来自己创作一个不一样的第四种结局。学生们纷纷埋头创作，这样的写作是有挑战性的，但是学生们却愿意接受挑战。创作之后，学生们分享了彼此的创作，互相启发。他们真切地感受到：原来创作小说的结局如此有趣。今后，学生在读其他作品的时候，也会用这样的方法，自己尝试创作开头和结尾。"创作结局"的嵌入，成就了一个个小作家。

书写"毕业感言"。在《城南旧事》一书的读后交流课上，笔者设计了一个仿写训练。

《城南旧事》这本书写分别，既有直抒胸臆，也有借景抒情，笔者在课堂上将这两种方式的描写片段一一呈现给学生。让学生了解不同的抒情方式，伴随音乐自由表达自己的毕业感言。而且"一两句话"的要求，对于六年级学生来说更非难事，于是学生们笔尖流淌出来的都是自己的心声。这样，就把作者的表达方式不留痕迹地让学生迁移到了自己的表达中。"抒写感言"的嵌入，让表达变得简单。

策略四：交互——互动分享有碰撞

"缘文会友"的概念也很适合引入到课外阅读交流课中来，我们的交流课就是把一个学生个体化的阅读状态转变到全班同学的阅读分享中来。正所谓"独乐乐不如众乐乐"，笔者力求创设一种"众乐乐"的课堂交流境界，使课外阅读交流课具有更强的交互性。

（1）从独乐走向众乐

阅读是需要交流与分享的，如何把个体的体验与他人分享呢？交流课上创设一些情境和活动，可以便于学生自然而然地表达自己的阅读感受。

猜"人物谜语"的快乐。在《城南旧事》一书的交流课上，笔者就让学生体会到一种分享的快乐，课堂中引入了自创的"猜谜"活动，妙趣横生。

在教学中，老师先把自己创作的"人物谜语"呈现在学生面前，给学生先做个示范，让学生了解：创作这样的"人物谜语"，可以结合人物的外貌、性格、事件等内容来写。学生们互相猜谜的过程，也是充满快乐的。"人物谜语"的嵌入，让课堂充满情趣。

畅谈"浪漫"的快乐。在《浪漫鼠德佩罗》（荣获"纽伯瑞儿童文学奖金奖"）一书的交流课上，笔者让学生互相交流："德佩罗"什么地方最浪漫呢？学生纷纷根据自己的阅读体会进行交流，还结合自己的生活实际来谈，很有现实意义，对"浪漫"的理解也是各有千秋，让人忍俊不禁。渐渐地，大家都喜欢上了这只老鼠，他们也感受到了只要有爱，一切皆有可能。同学们的讨论，不断地丰富着对于"浪漫"的理解，浪漫还代表着友谊、宽容、勇气、救赎和坚毅。"感悟浪漫"的嵌入，赋予了"浪漫"新的含义。

（2）从独思走向众思

"哲理句"萌发的思考。在《马提与祖父》（荣获"沃拉哥·恩·威姆佩尔奖"）一书的交流课上，笔者让学生们一起探讨关于"生命"的意义这个比较有哲学意味的话题。这本书讲述了：爷爷要去世了，马提幻想着与爷爷散步、寻宝、智斗海盗、逛市场、驯马、看风景等场景。这本书让孩子们了解了我们所爱的人并不会真正死去，他们永远活在我们心里，真爱不死，精神永存。书中有很多语言富有哲理，笔者把这些语句提炼出来，让学生共同探讨它的意义，如，"通常我们太迫切去期望什么，反而得不到"，再如，"跑是没有用的，试着别去想"，还有，"没有任何东西你是百分之百占有的"。在共同探讨的过程中，每个学生的思想都有了新的提升。虽然课堂终了并没有一个确切的答案，但是那又有什么关系呢？"辨析哲理句"的嵌入，让学生也来做一回小哲人。

"角色互换"触发的思考。在《乌鸦人阿凡思》（荣获"德国捕鼠人文学奖"）的交流课上，笔者围绕一个比较有推理想象色彩的话题让学生讨论思考：如果你也有一个这样的机会可以和另一个人或动物进行身份互换，你会选择谁？为什么呢？这个问题一提出来，学生们纷纷炸开了锅：有的要和老师互换身份，体验一下老师的工作；有的要和总统互换身份，体验一下备受关注的感觉；有的要和明星互换身份，这样可以受到追捧；有的要和富翁互换身份，这样可以随心所欲地买东西啦……天马行空，自由想象之后，老师引导学生思考：如果真的可以换，到底是换还是不换呢？讨论到最后，很多学生都认为还是做自己才是最好的。"角色互换"的嵌入，让讨论走向深入。

"名著片段"引发的思考。在《偷莎士比亚的贼》（荣获"美国图书馆协会最佳青少年读物奖"）一书的交流课上，笔者再现了书中的一些精彩对话场景，让学生们分角色朗读，感受一下小说的表达特色。课堂上，还结合了莎士比亚的作品片段，让学生读读品品，在与文学大师的对话中，很多学生都前所未有地体验到了文学的力量。"名著片段"的嵌入，让学生感受到经典文学的魅力。

5. 学生课程多样化

学生课程，就是学生个体在原有知识和生活经验的基础上，根据自己的爱好倾向、兴趣特长开展的学习或者研究的课程。学生课程，它指向的是学习主体，具有鲜明的个性化、独特化的特点。我们也可以说，一个学生就是一门独特的课程。因为，每一个个体都是独特的，都是不一样的。再说，学习，一定是个体的自我活动、自我需求。离开了自我的追求、经历和体验，就谈不上是真正意义上的学习。

昨天晚上，我和我们区的一位副区长、教育局局长，以及部队的一位首长在一起聊天。大家谈到了教育问题。区长和教育局局长强调的是教育公平、教育平等。部队首长呢？因为孩子马上要上学，他的孩子很优秀，则希望学校能因材施教。

我作为学校的校长，谈了一个观点。我说，当下的教育特别强调公平和均衡，但是，它是否从事物的一个方面走向了另一个方面？从整个社会来说，是要追求教育的公平性，但是对每一个教育的个体来说，他们是各不相同的。哲学家说，世界上没有两片相同的树叶，没有两张相同的面孔。即使是双胞胎，两人在性格、脾气、智力、气质上，都是有差异的。如果我们忽视教育对象的差异性，只看相同性，我们的教育就会千人一面。就像有人开玩笑说的那样，中国的教育是"鸭子四部曲"：打铃是赶鸭子，上课是填鸭子，考试是烤鸭子，毕业之后都变成了南京的板鸭子。如果各不相同的面孔，经过教育，都变成了完全一致的、相同的面孔，我认为这是我们教育的悲哀。杜威说，教育即生长，就是让每个个体的种子，自由地、充分地、舒展地长成他们自己的样子。在教育界有两大价值取向：其一，是让每一个个体充分地生长。如果每一个个体都是优秀的，那么，我们这个社会的群体也将是优秀的。其二，是让每一个个体服从于社会的需要。按照社会的标准、要求、尺度去培养所有人。于是，这样的教育就是高度统一、高度标准化的教育。这两种教育取向，经常会"打架"。我个人感觉，在现代社会，第二种取向打倒了第一种取向。因此，我们现在的教育是高度标准化、社会化的。

我们的学生课程，就是对学生主体的高度尊重，对学生个性化的极力倡导。让学生根据自己的兴趣爱好、个性特长、价值取向，去建构自己独特的课程体系。

"多元智能理论之父"加德纳认为过去对智力的定义过于狭窄，未能正确反映一个人的真实能力，人的智力应该是一个量度他的解题能力的指标。根据这个定义，他把人的智能分为语言智能、逻辑数学智能、空间智能、肢体运作智能、音乐智能、人际智能、内省智能、自然探索智能和存在智能。加德纳的多元智能理论启示我们：每个人的智能结构是不同的。有的人语言智能特别发达，他有可能成长为作家、演说家；有的人音乐智能特别优秀，他有可能成长为指挥家或歌唱家；有的人逻辑数学智能特别突出，他有可能成长为数学家或精算师……所以，多元智能理论，也要求我们要对学生因人而异，因材施教。

我心中理想中的学校是什么样的呢？如果每一个孩子都能逐步建构起自己的、富有个性的学生课程，那么，这所学校将呈现出怎样的景象呢？我眼前仿佛呈现了春天花园的美景：花园里，百花齐放，姹紫嫣红，争奇斗艳，真可谓是"万紫千红总是春"。这是自然的春天，也是教育的春天，更是人间四月天。

下一步，我们学校追求的愿景就是在每位教师建构起自己独特的教师课程的同时，也令每位学生逐步建构起自己的个人课程。学生建立的课程，可以是自己感兴趣的阅读课程，可以是自己对生活的认识与思考的写作课程，可以是自己特别喜爱或钟情的某一学科的兴趣课程，也可以是对社会现象、自然现象进行主动研究的探究课程……

下面，我附一份我校王子曰学生就生活中最常用的晾衣架问题做的研究课程案例，该研究多次获国家省级奖项，王子曰同学也因此获得中国科学院小院士头衔。

智能晾衣架
南京市北京东路小学五一班　王子曰

（一）项目选题

看天气，晒衣服，是大家都知道的生活常识，可是，人们总要上班，上学、外出吧，天有不测风云，人不在家的时候，晒在外面的衣服怎么办？难道每次离家出门之前，晴空万里的时候，都把没晒好的衣服收起来？

我最近就遇到这么一件事：前几天，我们全家外出吃饭，吃得正香的时候，突然下起雨来。爸爸想起家里还晒着衣服，丢下饭碗，赶紧跑回家，可衣服还是淋湿了。我就在想，要是能发明一个会根据天气情况自动晒衣服的智能晾衣架，该多好啊。

（二）总体规划

说干就干，我首先分析列举出晒衣服和收衣服的若干情况：天气是否晴朗、是否下雨、风速大小、衣服是否晒好；然后，整理出智能晾衣架应该具有的功能：天晴时晾，天阴时收；没雨时晒，下雨时收；风小时晒，风大时收；衣服晒干了就收。

明确了目标，首先是系统选型。在对比了我熟悉的两种机器人 Arduino 和 Lego 以后，我毫不犹豫地选择了 Arduino，理由是：它的传感器多，选择余地比较大；它基于单片机的架构，接近工业标准，具有投入量产的可能性。

（三）子系统设计

按照总体规划，分解出五个子系统：阳光识别系统、雨水识别系统、风速识别系统、衣服晒干识别系统、晾衣架机械部分的自动化改造。下面就一一道来：

第一是阳光识别系统。这个比较简单，可选的方案也很多，最好办法是用环境光线传感器：它使用了环保型光敏二极管，可用于对环境光线的强度进行检测，与我们的设计目的完全吻合。在大量的实验测试后，我获取了晴朗、多云、阴天、早上、白天、傍晚等各种天气条件下的光线数值，从中选取了临界值用于我们的系统。

第二是雨水识别系统。这是一个比较棘手的问题，首先，我想用湿度传感器来进行检测，但是想到南方有些地区湿度很高却没有下雨，而这种天气其实也是可以晒衣服的，就打消了用湿度传感器的念头；后果，我又想过用雨量感应器，但经过实验，发现雨量传感器发出信号时，雨已经不小，衣服全淋湿了，这个方案也行不通；直到我找到了雨滴感应器，问题才得到圆满解决：一旦有雨滴滴到传感器上，传感器就马上发出信号。

第三是风速识别系统。风速识别是个大难题，原来准备直接使用工业标准的风速传感器，但市面上常见的风速传感器都不符合 Arduino 的要求，该问题还在进一步研究中。

第四是晒干识别系统。怎么样才能快速识别衣服是否晒干了呢？我思前想后了很长时间，最后才豁然开朗，最简单易行的办法莫过于检测衣服的重量了：湿衣服比较重，干衣服比较轻，当衣服重量不再变化时，衣服就晒干了。按照这个思路，我们进行了很多尝试，从称重传感器到压力传感器，反复比较，最终确定了一款压力传感器来帮助我们实现目标。

第五是晾衣架机械部分的自动化改造。我先后考虑过吊桥式和齿条式，动力上考虑过齿轮式、链条式、皮带式，经过比较，最终选择了齿条＋齿轮＋皮带。

（四）锦上添花

智能晾衣架原来一直都是采用外部供电的方式，直到有一天，听到家里人说了一句，"这么好的太阳，赶紧出去，可以晒衣服，还可以晒太阳。"什么？晒太阳？一语惊醒梦中人，太阳能，不是最好的能源吗？绿色、生态、环保、低碳，用"晒太阳"的方式为智能晾衣架提供能源，真是锦上添花，天作之合！

但是仅仅靠太阳能有时是不够的，于是我又设计了一个能量方案：太阳能在直接供电的同时，向蓄电池系统充电，作为后备电源。

刚才的案例，是学生参与社会实践的研究课程个案。前面讲述隋唐战马故事的孙牧阳同学，读绘本、创作绘本的高歌同学，则是具有个性化阅读、写作课程的案例。还有，我校曾被《扬子晚报》头版头条大篇幅报道的"南京小小达尔文"詹志鸿同学，他痴迷于昆虫研究，从不间断地学习、探索，把家里的卫生间变成了他的昆虫实验室，连冰箱里都放满了昆虫标本。小学六年，他连续写下了好几本昆虫日记，并正式出版《小鸡千里逃生记》一书。他便是学生兴趣课程的突出代表……

行文至此，我突然想起了一个故事——

美国通用电器公司董事长杰克·韦尔奇小时候有口吃的毛病，他曾经试图努力矫正，却收效甚微，他深感自卑。

无论在哪里，只要他一开口，同学就会笑话他。韦尔奇尴尬万分。回到家里，他向母亲哭诉："只要我一开口，别人就会笑话我。我再也不说话了。"母亲拍着他的小脑袋，轻描淡写地说："孩子，那是因为你太聪明，所以你的嘴巴无法跟上你聪明的脑袋瓜。"听到这句话，韦尔奇抬起头看了看妈妈，破涕为笑。

韦尔奇依然口吃，依然会遭人嘲笑，但他不再为此感到自卑，因为他对母亲的话深信不疑，相信自己有个聪明的脑袋。他发奋学习，35岁获得伊利偌斯大学化学工程博士学位，45岁那年，成为美国通用电器公司历史上最年轻的董事长和首席执行官。后来，韦尔奇经常提起母亲的那句话，他说：那是迄今为止我听到的最美妙的一句话，也是母亲送给我的最伟大的一件礼物。

　　这个故事给了我们太多太多的启迪。你可以从教育者的角度解读，教育贵在欣赏、贵在引导、贵在赞美；你可以从被教育者的角度去解读，成长贵在自信、贵在坚持、贵在奋斗；你还可以这样解读，对于一个口吃的学生，你不必要求他成为一个演说家，但他也许可以成为一个思想者、企业家。当然，你还可以做更为多元化的解读。

　　教育是什么？一千个读者就有一千个哈姆雷特。让我们一起上下求索，去探索教育的真正奥秘吧！

省市领导考察学校娃娃科学院

走进课堂

一、《老人与海鸥》（学法式阅读）

——《老人与海鸥》课堂实录

（一）导入新课

师： 同学们早！（掌声）还是附小的孩子，知道我是哪所学校的吗？

生： 北京东路小学的。

师： 北小和附小靠得很近，是不是兄弟友好学校呀？

生： 是！

师： 南师附小是百年名校，出了伟大教育家斯霞老师，我相信附小的孩子也是非常出色、优秀的。我们现在上课好不好呀？

生： 好！

师： 上课。

生： 起立。

师： 同学们好。

生： 老师您好！（鞠躬示意）

师： 请坐。

师： 今天孙老师和大家共同学习一篇高年级长文章，高年级长文章怎么阅读呢？今天孙老师尝试着和同学们学习几种阅读方法，我们先看题目，课题是（读）。

生： （学生齐读）《老人与海鸥》。

师： 相信你们还能读得更好一点，更整齐一点，题目是（读）。

生： （学生齐读）《老人与海鸥》。

师： 声音再响一点，再来（齐）。

生： （学生齐读）《老人与海鸥》。

师： 昨天预习了吗？

生： 预习了。

师：预习是高年级学习的一个很重要的方法，课文预习完了，尝试着概括一下文章主要内容，写了老人与海鸥什么事呢？你能不能用一句话或两句话说给我听一听？自己试着说说，谁来说一说，一两句话高度概括这篇文章讲的是什么内容呢？一两句话谁来试一试？（有学生不停地举手一个，两个，三个，四个……）好极啦！真好！尝试挑战自己，你第一个举手，你来。

生：我觉得这篇文章写的是老人与海鸥的特殊感情。

师：老人与海鸥的特殊感情，他用这样一句说的。还有不一样的吗？怎么样的特殊感情？稍展开一点，你来说。

生：老人天天与海鸥嬉戏，喂海鸥，老人与海鸥相处得很好。

师：听到了吗？他稍展开一点，老人因长年累月喂养海鸥、与海鸥相伴，和海鸥建立了深厚的感情，这个内容稍具体一点，只讲前半部分，后半部分还没讲到，老人去世之后呢？这样下去，课文内容就完整了。你来。

生：老人天天步行 20 余里与海鸥相伴，在老人去世后，海鸥在他遗像前瞻仰，像与老人辞别一样。

师：前半部分老人长年累月喂养海鸥，与海鸥建立了深厚的感情，老人去世后，海鸥们用一个词语来说一下。

生：依依不舍。

师：好！依依不舍。听到吗？谁来把我刚才的话用自己的语言再来说一遍，这个是课文的主要内容。当你读一篇长文章要抓住主要内容，老人与海鸥长年累月怎么样？后来去世了怎么样？谁来说一下？

生：老人每天给海鸥喂食，海鸥与老人产生了深厚的感情，海鸥与老人相依相随，老人死了，海鸥对老人依依不舍。

师：说得很好，换一个词，情感色彩就好了。不说老人死了，说老人去世后，这感情色彩就好了，是吗？

生：（学生点头示意）。

（二）文路阅读

师：读一篇长文章后，要善于用自己的语言把这篇文章的主要内容概括出来，这是一种很重要的能力。除了这个能力之外，我觉得还有十分重要的一点（板书：文路），读一篇长文章，要善于理清文章的思路。打个比方：你们从附小走到东南大学礼堂，下楼梯——进操场——出大门——左拐弯，拐到东大门口一直走，走到我们这个礼堂。这是你们从附小来到礼堂的行踪、行走的线路是不是呀？那么作者写文章在脑子里也有一条思路，就是他先写什么，再写什么，接着写什么，最后写什么，这就是作者写文章的思路。请你打开课文，拿起笔，快速阅读，理一理这篇课文思路是什么？先写什么？接着写什么？后写什么？最后写什么？快速阅读，开始。可以在旁边注一注。好，坐好了。我们来说一说，课文是按什么顺序写得呢？先写什么？谁来说？你说。

生：我认为课文是按事情发展顺序来写的，一开始写了老人与海鸥的深厚感情。

师：老人与海鸥的深厚感情是很笼统的，是什么原因与海鸥产生深厚感情？

生：因为老人天天步行给海鸥喂食。

师：好。因为老人常年喂海鸥，接下来是老人什么呢？（板书：喂）

生：老人与海鸥玩耍。

师：用一个字概括，第一段写老人喂海鸥，第二段写老人什么？你说。

生：老人给海鸥取名字。

师：用一个字概括，他取名字干吗呢？是便于跟海鸥干什么呢？用一个词或一个字来试试看，用哪一个字？你说。

生：交流。

师：交流一个词，能不能用一个字，一个动词来表达？你说。

生：唤，呼唤的唤。

师：取名字是便于老人唤海鸥，这个唤用得特别好。（板书：唤）再接下来呢？

生：接下来是写海鸥看到老人的反映。

师：你能不能把老人摆在前面呢？接下来交谈海鸥，课文中一句话"谈起海鸥，老人的眼睛立刻生动起来。"用一个字来说？

生：是谈。

师：对极了！是老人谈海鸥。（板书：谈）接下去老人去世了，用一个字概括海鸥的感情，高年级应该有这个能力。你说。

生：想。

师：换一个词。

生：思念老人。

师：思念和想是一样的意思。课文上写得很清楚，老人遗像摆在广场上，海鸥们怎么做呢？用一个字概括海鸥来干吗？一个字。

生：我觉得用瞻仰的瞻。

师：瞻老人，还换不同的，我喜欢不同的，还会有什么不同的词？

生：我用守。

师：守老人（板书：守）有一点接近了，还能用什么词？

生：还可以用相伴的伴。

师：海鸥伴老人（板书：伴）还可以用什么词？你说。

生：还可以用陪老人。

师：陪和伴是一个意思。

生：海鸥送老人。

师：送老的送（板书：送），还可以用什么？

生：悼念的悼。

师：悼老人（板书：悼）

师：守老人，伴老人，送老人，悼老人，还可以说留老人。哪一个词最准确呢？等我们学完课文后再做讨论。现在存一个疑问在这里，哪一个词最准？（板书：?）一起把最后一段读一读。"在为老人举行的葬礼上……齐"

生：（学生齐读）在为老人举行的葬礼上，我们抬着那幅遗像缓缓向灵堂走去。老人背着那个蓝布包，撮着嘴，好像还在呼唤着海鸥们。他的心里，一定是飞翔的鸥群。

师：谁用一个字来概括。

生：老人爱海鸥。

师：他用爱，还有不一样的吗？再读一遍（齐）

（学生齐读）

师：刚才有一同学用一个字概括爱海鸥，用一个爱，（板书：爱）还有吗？他心里呼唤着海鸥，说明老人心里永远在……

生：我觉得老人在思念海鸥。

（三）文题阅读

师： 思念海鸥，用一个字"恋"（板书：恋）。同学们，拿到一篇文章，先要把文章思路理清楚，课文是按什么思路写的呢？这篇课文是按老人喂——唤——谈——守、伴、送、悼、留，最后海鸥永远念老人，把思路抓清楚了，文章的线索就体现出来了，脉络就清楚了，这样心中就了然了，这是一个很重要的阅读长文章的方法，除了要理解理清文章的思路之外，我觉得还有一点特别重要，文章的题目（板书：文题）题目就是文章的眼睛，眼睛就是心灵的窗户，我透过你的心灵可以看到你的内心世界，抓住文章的标题就抓住了文章的灵魂，透过标题就能把文章灵魂抓住。你读了这个标题可以提哪些问题（手指课文题目）来读。

生： 老人与海鸥之间到底发生了什么事情？

师： 针对文章内容到底发生什么事呢？好，这个问题很好，你还有不同的问题吗？

生： 老人与海鸥是什么关系？

师： 老人与海鸥到底是什么关系？你的问题呢？

生： 我的问题是：老人与海鸥而不是别的动物？

师： 老人为什么喜欢海鸥而不是其他动物相伴呢？

生： 老人与海鸥有什么样的感情？

师： 老人与海鸥有怎样深厚的感情呢？老人为什么这样喜欢海鸥呢？

生： 老人是怎样与海鸥产生感情的。

师： 对！抓住标题发问，孙老师今天用一个新的方法给你们启发启发。老人与海鸥是两个名词并列起来的，人和事，这是一个词组，不是一个句子。今天请你把老人与海鸥扩充成一个完整的句子（板书：＿＿＿＿＿＿）这篇文章写老人与海鸥之间什么？你能不能填上四个字的词，再读一读课文，再写一写，要有自己独特的见解。

生： 学生默读。

师： 真不错！附小的孩子很聪明，写好请举手。

生： 依依不舍。（板书：依依不舍）

师：不一样的呢？

生：我写的是老人与海鸥相伴相随。（板书：相伴相随）

师：还有不一样的吗？

生：我写的是老人与海鸥情深义重。

师：多好！情深义重。（板书：情深义重）还有不一样的吗？你是怎么扩展的？你说。

生：老人与海鸥情同手足。

师：课本把他们比作是什么关系？是亲人关系，是父亲和儿女们之间的关系；把海鸥当作自己的子女，叫亲如家人。（板书：亲如家人）如把题目稍稍一扩展，扩展成完整的句子，这篇文章灵魂就被抓住了，这种方法叫作根据文章的题目去运用，以后对每一篇文章，都不要轻易放过文章题目，多提几个为什么？提几个怎么样？提几个什么什么？今天孙老师要讲的最主要的阅读方法是什么？（板书：文眼）读。

生：文眼。

（四）文眼阅读

师：文眼就是文章的眼睛，有的时候文眼在题目上，有的时候在文章的开头，有的时候在文章的中间，还有的时候在文章的结尾。其实这篇文章有个文眼在文章里面，这个文章文眼不是题目，在文章里面，你找找看，一个词就是写了老人与海鸥之间什么？隐藏得很深，我提一个问题启发你们，一下就能找到，老人与海鸥一文最能打动我们的是什么呢？一个字是什么？

师：大声说。

生：情。（板书：情）

师：不仅是情，是老人赞美海鸥一句话中有个词找一找？大声说。

生：情义。

师：大声一起读一读。"海鸥最重情义……"（齐）。

生：学生齐读。

师：不仅有情，还有义。你是怎么理解情义的呢？情是感情，义呢？

生：义气。

师：不仅感情还有义在里面，才叫情义。今天就抓住这个文眼来走进这篇文章，老人与海鸥之间有哪些情？老人关爱海鸥从哪些句子能看出来？请快速读，把有关句子用波浪线画出，老人怎么对海鸥有情的，找相关句子。

（学生读课文，找句子。）

师：老人对海鸥有情的句子请举手。你说。

生：我找到第二小节：朋友告诉我，这位老人每天步行二十余里，从城郊赶到翠湖，只为了给海鸥送餐，跟海鸥相伴。这里可以看出20余里路是非常长的，一般人要走好半天，何况是年迈的老人，但是他不辞辛苦，每天都去，走到这边只是给海鸥送份餐，与海鸥相伴，从中可看出，他跟海鸥关系非常好，他非常喜爱海鸥，才会这么做。

师：你真有一双慧眼，一下就找到了，并且体会得非常好，我们一起读一读。"朋友告诉我……齐。

（学生齐读）

师：20余里要走多长时间？有谁知道？

生：一位老人要走2个多小时。

师：正常人要走2个小时，一位老人要走两三个小时，一去一回要五六小时，老人每天花在路上五六个小时，就是为了与海鸥做伴，就是为了给海鸥喂餐啊！老人情义是多么重啊！谁来把这句话读一读，读出老人情义来。

（女生示读）

师：真好！我看到你仿佛走进老人的内心世界，感受到老人对海鸥深深的情义，除了这个之外，还能看出老人对海鸥情义特别深啊？

生：我看到文章第7小节最后一句话：相同的白色翅膀在阳光下飞快闪过，我怀疑老人能否看得清。就是说老人与海鸥特别好，说明老人与海鸥很熟悉，听到海鸥拍一下翅膀就知道哪个是老沙，哪个是独脚，也说明了老人与海鸥感情特别深厚。

师：这句话往往被别人疏忽，你却有一双火眼金睛。拍拍翅膀连常人都分不清，老人分得清清楚楚，老人与它们都熟啊！为什么这么熟啊？他喜爱它们，他倾注了情感，还有什么地方有？

生：第 8 小节最后一段：老人得意地指给我看，他忽然对着水面大喊了一声："独脚！老沙！起来一下！老人对海鸥唤一下，海鸥就能起来，说明和老人像亲人一样，很熟悉了，所以才能有这样的情义。"

师：有人找到老人是怎么喂海鸥的吗？看到了吗？能否从这段中看出老人与海鸥的情义呢？"人少的地方……齐"

（学生齐读）

师：老人喂海鸥与别人有什么不一样呢？你能从中看出老人与海鸥的情义吗？

生：老人先是将饼干放在湖边的围栏上，然后退一步，不是像有的人喂海鸥，想感受喂海鸥时自己的乐趣，海鸥吃起来不是很舒服，而他是让海鸥自由地去吃。

师：真好！他说到一个老人喂海鸥和其他人不一样，他是把食物放在哪里？

生：围栏上。

师：我们都是往湖里一撒，往空中一撒，老人为什么放在围栏上，奇怪？

生：我觉得是让海鸥体会到老人对海鸥的一种用心、关心。

师：放在地上吃不是方便吗？扔在水里吃不方便吗？

生：如果扔在水里就吃不到。

师：为什么吃不到？

生：速度快，海鸥来不及吃。

师：饼干扔到水里会怎么样？

生：沉到水里。

师：会怎么样？

生：会被冲走。

师：会怎么样？

生：会化了。

师：还告诉你，老人为什么不扔在湖里，是怕污染了湖水，把海鸥食物污染了，怕海鸥吃了会生病，老人对海鸥就像妈妈对孩子一样，多么细心啊！围栏上干净，地上还有灰尘，还有杂物，老人摆在围栏上，这是老人细心，每个细节都注意啊！要品味语言啊！再给一个词——饼干丁，换饼干块行不行？

生：不行。因为老人怕海鸥吃很大的饼干吃不下去，特意把饼干撕成饼干丁，放在围栏上，便于海鸥吃食。

师：对啊！饼干块有大有小，海鸥嘴巴太小，嗓子太小，大的饼干块吃了会哽着，卡着，所以把自己饼干打碎了制作成饼干丁，让海鸥一个一个都吃得到食物。老人对海鸥有情啊！为什么要很小心呢？谁告诉我？为什么要很小心地放呢？你说。

生：老人生怕食物不是掉在地上就是掉进了湖里，怕海鸥饿着，很小心放在围栏上，海鸥就吃不到比较脏的饼干丁了。

师：好极了！说得太好了，退一步不要惊扰海鸥吃，让海鸥自由地吃。这样的语言字字句句都要推敲，把语言内在的味道引出来，这才是你的阅读能力和水平，用你的朗读把"味"读出来。

生：学生各自朗读。

师：谁来读？感受老人对海鸥的情义，就像父母亲对自己的孩子一样啊！你来试试呢？

生：男同学朗读。

师：真不错！我请你们集体读一读"人少的地方……齐"。

　　（学生齐读）

师："排成一片翻飞的白色，飞成一篇有声有色的乐谱。"老人对海鸥的情义啊，就像音乐指挥家指挥着音乐交响曲，多美啊！他就是一个高明的指挥家。"情义"从哪看出来？从饼干丁、人小心、围栏、退它们一步，从这些细节的地方都可以看出老人对海鸥的情义。如果喂海鸥地方能看出，唤海鸥的地方找一个老人对海鸥情义关键词，你说。

生：第 8 小节，得意。

生：第 4 小节，亲密。

师：我认同亲密，我们一起把这个词读一读。（师生齐读——亲密）亲密是什么意思啊？谁和谁亲密啊？你说。（脸上洋溢着和谐的笑容）

生：亲人和十分要好的朋友才能亲密。

师：对！亲人之间，爸爸妈妈之间，妈妈和儿女之间，才会亲密。要么朋友之间才会亲密。老人和谁之间亲密啊？

生：（齐答）海鸥。

师：谁来读一读老人是怎么唤海鸥的？把亲密的感情读出来。

生：女生朗读。

师：真好！听了你们的朗读呀，孙老师也要读一读。（有感情的范读，把学生逗乐了）老人喊海鸥抑扬顿挫就像音乐一般。谁再来读一读，把亲密的感情读出来。

生：女生二次朗读。

师：就像亲人对孩子一样。独脚、红嘴、老沙、公主（边读，手边拽向学生，脸上充满笑容）这种亲密的感情要读出来，我们一起试试看。

（学生齐读）

师：谁再来试一遍？仿佛你就是一只只海鸥，一定要读出抑扬顿挫的感觉。你来试试看。

（男生朗读）

师：老人与海鸥之间的感情啊，像朋友，像亲人，像对待自己的子女一般，所以在喂独脚的时候，还亲密地说话，多么融洽的感情啊！老人与海鸥之间是多么和谐默契啊！正因老人对海鸥有情义，所以海鸥对老人也有情义啊！在课文中找找哪些表现了海鸥对老人特别重情义？

（学生在书中找）

师：哪些句子写了海鸥特别重情义，重感情啊？

生："过了一会儿，海鸥纷纷落地，竟在老人遗像前后站成了两行。它们肃立不动，像是为老人守灵的白翼天使。"

生：第十一段，"海鸥最重情义，心细着呢。前年有一只海鸥，飞离昆明前一天，连连在我帽子上歇落了五次，我以为它是跟我闹着玩，后来才晓得它是跟我告别。"我觉得这段话写出海鸥对老人很重情义。

师：你对妈妈告别到远方去，道几次别？

生：我跟妈妈告一次别。

师：海鸥和老人告几次啊？五次啊！在他帽子上歇了五次，胜过了你对妈妈的情义啊！课文的第15、16、17段都能表达海鸥对老人的情义。我们先看第15段，谁来读一读？

（学生朗读）

（五）文采阅读

师：海鸥发现老人的遗像，它们是怎么飞的呢？课文中用的词语叫什么词？

生：翻飞盘旋。

师：什么样的"飞"叫翻飞？

生：忽上忽下地飞。

生：我觉得应该和航模飞机差不多，一会向右飞，一会向左飞，很急躁的样子。

师：侧飞，左飞，右飞，飞上飞下，这叫翻飞。很急躁，还有盘旋是怎么飞？谁告诉我？

生：盘旋是在空中绕着圈子飞。

师：绕着圈为谁飞啊？

生：盘旋是在绕着老人的遗像飞。

师：在绕着老人遗像飞，一边翻飞，一边盘旋，还有连声鸣叫。海鸥在叫什么？（激动地问，并举手示意学生快速回答）

生：海鸥会叫："老人，老人，你不要走，我们舍不得你。"

师：它怎么知道老人要走呢？

生：老人好几天没有来了，看到了老人照片遗像。

师：老人照片和老人有什么不一样？

生：照片是死的，是一张图片，老人是活的。

师：海鸥会怎么叫？会怎么问老人？

生：老人你怎么了？你怎么不说话呢？

生：你怎么不说话呢？你怎么不动了？你怎么不喂我们食呢？（声音很激动）你为什么好几天没有来了呢？海鸥这样叫，它们翻啊，飞啊，鸣啊，叫啊，叫了半天老人都没有动弹，海鸥不知老人已去世了，发现老人去世了海鸥怎么做？
（男生朗读）

师：海鸥们飞啊，海鸥们旋转啊，海鸥们连声鸣啊，老人都没有反应。（板书：飞、旋、叫），海鸥知道老人去世了，海鸥什么表现最打动我们？

生：在第一句"海鸥们急速扇动翅膀，轮流飞到老人遗像前的空中，像是前来瞻仰遗容的亲属。"从这看出，海鸥对老人非常不舍，它们在为老人送行。

师：瞻仰，就像人一样瞻仰离去的亲人啊，更打动我们的是什么地方？

生：我认为"过了一会儿，海鸥纷纷落地，竟在老人遗像前后站成了两行。它们肃立不动，像是为老人守灵的白翼天使。"老人生前经常给海鸥喂食，产生了深厚的情义，在老人去世后，它们想为老人祝福，它们站在那儿为老人守灵。

师：它们站在遗像前面和后面把遗像围起来，海鸥表达什么意思？为什么前面后面都站着？它们有什么意思？

生：跟老人相伴。

生：伴随老人左右。

师：它们想永远伴随他，它们想让老人走吗？

生：（部分学生回答）不想。

师：不想让老人走啊，是站在前后两行。在老人的遗像前面、后面站起来，海鸥想不想送老人走？

生：不想。

师：所以"送"显然是不对的（将黑板上的送擦了），它们想什么？

生：想——留。

师：想留老人，想伴老人，想永远守着老人表达它们的悼念之情啊！多么懂情义的小亲人啊！当我们不得不去收起遗像时海鸥是怎么表现？一起读一读。

（学生齐读）

师："当我们不得不去收起遗像的时候，海鸥们像炸了营似的朝遗像扑过来。"大声鸣叫着，这时海鸥叫什么？想象海鸥叫什么？

生：海鸥会叫请不要带走老人，不要带走老人。

师：好！还叫什么？

生：老人家不要走，我们还要多陪你一会儿。

生：我们还要你为我们送食，我们还要你天天与我们相伴，我们还要与你在一起相依相随，你不要走。

师：说得好！不让我们带走啊，不让我们大声鸣叫着，多么有灵性的小精灵啊！我们做人的怎么不会被海鸥感动呢？这三段自己练一练，读一读。

生：学生各自阅读课文。

师：谁来读？

生：学生朗读。

师：感情非常好。（有感情地范读）。还有哪一段打动你？

　　（第16段。女学生朗读）

师：好啊！我看到你读书的境界啦！真好！（有感情地范读）知道老人对海鸥这么有情义吗？老人也是"文化大革命"前的大学老师，1957年被打成右派，"文化大革命"被陷害蹲了十几年监狱，出来之后，没有人爱他，疼他，他一辈子孤苦伶仃，在人群中得不到爱，得不到情啊！只能把自己的情转到海鸥身上。因为海鸥懂情义啊，我们人就是人类的主宰，地球的主宰。他一辈子在人群中没有得到真情，没有得到真爱，只有斗，斗，斗啊！海鸥都懂情义啊！有时候我们人在海鸥面前应感到惭愧啊（神情凝重）。文章写得多么感人，文章后半部分写得有文采啊（板书：文采）海鸥极速辗转，海鸥留老人，伴老人，三个场景，飞，旋，叫，立，写得多么有文采，场面写得多么细致，多么打动人啊！我们尝试着也来写一段。文章最后一段，读。

生："他的心里，一定是飞翔的鸥群。"

师：老人在天堂里面看到飞翔的鸥群是怎么样的情景呢？老沙怎么样？公主怎么样？朝霞中的鸥群怎么样？晚霞中的鸥群怎么样？拿笔接着写一段。

　　（学生各自写下文）

师：谁来把自己写的读一读？

生：老人在天堂上每时每刻都眺望着海鸥。早晨成群结伴的海鸥一起冲上云霄，一起鸣叫，好像看到天堂里的老人；中午海鸥们又停在了围栏上，好像还在等老人喂食；傍晚它们来到老人墓前，好像在守护着老人。

师：写得真好！我情不自禁还要读一读。老人在天堂，每时每刻都在眺望着海鸥。早晨成群的海鸥结伴一起冲上云霄，仿佛它们要冲向天堂陪伴老人；中午海鸥们又停了在围栏上，好像还在等老人喂食；傍晚它们来到老人墓前，好像在守护着老人。（掌声）三个比喻句：早晨天堂，中午围栏，傍晚墓前，多么重情义的海鸥啊！我想，你也是一个重情义的女孩。

师：你来读一读。

生：你看朝霞中的鸥群驾着云彩伴着曙光飞来了，它们自由自在地翱翔着，为晨光增添了一份生气，一份活力。老沙尽情在高空飞着，鸣叫着，脚上的环显得格外耀眼；独脚飞得低低的，仿佛贴着湖面飞翔。

师：时间关系没写完，不过前面写得也很精彩，我也来读一读。"他的心里一定是飞翔的鸥群，你看朝霞中的鸥群驾着云彩伴着曙光飞来了，它们自由自在地翱翔，为晨光增添了一份生气，一份活力。老沙尽情在高空飞着，鸣叫着，脚上的环显得格外耀眼。"你读书真仔细，老沙脚上的环写了进去，多么细心的女孩。"独脚则飞得低低的，仿佛贴着湖面飞翔。"因为它残疾，力气不够，不能飞得很高，只能飞得低低地，贴着湖面飞翔。有面有点，整个鸥群写了老沙、独脚，这就是老人在天堂里心中的鸥群。

同学们，这堂课我教给你们高年级基本阅读方法，要抓住文路去理清文章思路。从文章的标题抓住文章的核心灵魂，要通过文眼——情义，真正走进作者的情感世界。老人和海鸥的情感世界。学语文还要学文章的文采，海鸥伴老人，海鸥留老人，海鸥舍老人的场景，飞，旋，叫，立，扑，鸣，飞翔的场景写得多美啊，多有文采啊，这样的精华，我们要学学他，并在自己的写作当中加以运用，长此以往你的阅读能力、写作能力都会得到提高，好吧？

生：好！

师：这课就上到这里。下课。

生：起立！

师：同学们再见。（鞠躬）

生：老师再见。（鞠躬）（全场响起热烈的掌声）

附板书：

文路：喂——唤——谈——守、伴、悼、留——爱（恋）

文题：老人与海鸥：<u>依依不舍、相伴相随、情深义重、亲如家人</u>

文眼：情义

文采：飞、旋、叫、立、扑、叫

附课文：

《老人与海鸥》

那是一个普通的冬日。我和朋友相约来到翠湖时，海鸥正飞得热闹。

在喂海鸥的人群中很容易认出那位老人。他背已经驼了，穿一身褪（tuì）色的过时布衣，背一个褪色的蓝布包，连装鸟食的大塑料袋也用得褪了色。朋友告诉我，这位老人每天步行二十余里，从城郊赶到翠湖，只为了给海鸥送餐，跟海鸥相伴。

人少的地方，是他喂海鸥的领地。老人把饼干丁很小心地放在湖边的围栏上，退开一步，撮（cuō）起嘴向鸥群呼唤。立刻便有一群海鸥应声而来，几下就扫得干干净净。老人顺着栏杆边走边放，海鸥依他的节奏起起落落，排成一片翻飞的白色，飞成一篇有声有色的乐谱。

在海鸥的鸣叫声里，老人抑扬顿挫地唱着什么。侧耳细听，原来是亲昵（nì）得变了调的地方话——"独脚""灰头""红嘴""老沙""公主"……

"您给海鸥取了名？"我忍不住问。

老人回头看了我一眼，依然俯身向着海鸥："当然，哪个都有个名儿。"

"您认得出它们？"相同的白色翅膀在阳光下飞快闪过，我怀疑老人能否看得清。

"你看你看！那个脚上有环的是老沙！"老人得意地指给我看，他忽然对着水面大喊了一声："独脚！老沙！起来一下！"

水面上应声跃起两只海鸥，向老人飞来。一只海鸥脚上果然闪着金属的光，另一只飞过来在老人手上啄食。它只有一只脚，停落时不得不扇动翅膀保持平衡。看来它就是独脚，老人边给它喂食边对它亲昵地说着话。

谈起海鸥，老人的眼睛立刻生动起来。

"海鸥最重情义，心细着呢。前年有一只海鸥，飞离昆明前一天，连连在我帽子上歇落了五次，我以为它是跟我闹着玩，后来才晓得它是跟我告别。它去年没有来，今年也没有来……海鸥是吉祥鸟、幸福鸟！古人说'白鸥飞处带诗来'，十多年前，海鸥一来，我就知道咱们的福气来了。你看它们那小模样！啧（zé）啧……"海鸥听见老人唤，马上飞了过来，把他团团围住，引得路人都驻足观看。

太阳偏西，老人的塑料袋空了。"时候不早了，再过一会儿它们就要回去啦。听说它们歇在滇（diān）池里，可惜我去不了。"老人望着高空盘旋的鸥群，眼睛里带着企盼。

朋友告诉我，十多年了，一到冬天，老人每天必来，和海鸥就像亲人一样。

没想到十多天后，忽然有人告诉我们：老人去世了。

听到这个消息，我们仿佛又看见老人和海鸥在翠湖边相依相随……我们把老人最后一次喂海鸥的照片放大，带到了翠湖边。意想不到的事情发生了——一群海鸥突然飞来，围着老人的遗像翻飞盘旋，连声鸣叫，叫声和姿势与平时大不一样，像是发生了什么大事。我们非常惊异，急忙从老人的照片旁退开，为海鸥们让出了一片空地。

海鸥们急速扇动翅膀，轮流飞到老人遗像前的空中，像是前来瞻仰遗容的亲属。照片上的老人默默地注视着周围盘旋翻飞的海鸥们，注视着与他相伴了多少个冬天的"儿女"们……过了一会儿，海鸥纷纷落地，竟在老人遗像前后站成了两行。它们肃立不动，像是为老人守灵的白翼天使。

当我们不得不去收起遗像的时候，海鸥们像炸了营似的朝遗像扑过来。它们大声鸣叫着，翅膀扑得那样近，我们好不容易才从这片飞动的白色旋涡中脱出身来。

……

在为老人举行的葬礼上，我们抬着那幅遗像缓缓向灵堂走去。老人背着那个蓝布包，撮着嘴，好像还在呼唤着海鸥们。他的心里，一定是飞翔的鸥群。

二、学生情感和智慧生长的地方

——听孙校长执教《老人与海鸥》一课有感

南京市北京东路小学　吴静

明媚的阳光下，幽幽的翠湖边，窄窄的围栏旁，飞翔着一群海鸥，海鸥们白色的翅膀在阳光下熠熠生辉。每年的冬天，鸥群还是如约而至来到这片翠湖，仿佛老人还会在这里呼唤它们、与它们交谈、喂它们吃食。在老人的心里，也一定是飞翔的鸥群；在同学们的心里，也一定是飞翔的鸥群；在听课老师的心里，也一定还是飞翔的鸥群……

　　曾经无数次听过全国著名特级教师孙双金校长上课，听他上课是一种情感的熏陶和心灵的荡涤，仿佛在欣赏一场思想的盛宴。孙校长不仅是一名优秀的语文老师，引领着学生由浅入深地走进文本的世界，他更是一位探索者、发现者和引领者，引领着学生攀登一座又一座思维的高峰，教给学生一条又一条有益的学习方法。他总能在语文教学中有新的探索和尝试，给听者带来耳目一新的感觉。最近，我有幸听了孙校长执教的《老人与海鸥》一课，可谓受益匪浅，让我对语文教学又有了新的认识——我们需要有效而扎实的课堂，我们需要以一当十的课堂，孙校长的课堂是学生情感和智慧生长的地方。我们需要像孙校长那样撑一支长篙，向青草更深处漫溯。

（一）朴实——返璞归真也精彩

　　诚如孙校长所说，他力图呈现一堂"家常课"。的确，整堂课没有多少华美的课件来帮衬，没有所谓的煽情音乐来辅助，只有老师和学生的交融，朴实得像一堂"家常课"。但是，这又是一堂不寻常的家常课，有的时候返璞归真也是一种精彩。仅看孙校长的导入，就可见一斑。

师：同学们，我们今天一同阅读一篇长文章，共同尝试几种阅读方法。

生（大声地朗读几遍课题）：老人与海鸥。

师：课前同学们都预习过课文了吗？（齐答：预习过了）预习是一种良好的学习方法，你能试着用一两句话概括课文讲了什么内容吗？高年级的学生要学会高度地概括课文。

生：课文讲了老人与海鸥的特殊感情。

师（侧耳倾听，追问道）：怎么样的特殊感情呢？可以稍微展开一点，要注意前后衔接。

生：老人长年累月地喂养海鸥和海鸥建立了深厚的感情，后来老人死了，海鸥对老人恋恋不舍。

师：不说"死了"，说"去世后"后，感情色彩会更好！同学们，高年级的同学就要善于用自己的语言来概括文章的内容。

　　课堂的导入开宗明义，直接导入课文，明确预习和概括文章主要内容对于一个高年级学生来说是多么重要。对于学生说的一个"死"字老师也不轻易放过，告诉学生这样用感情色彩不好。帮助并教给学生锤炼语言文字的方法。这样的方法我们在课堂上也常常用，但是就是那样蜻蜓点水，没有达到实效，没有训练到学生的心里。像这样朴实的话语常常出现在孙校长课堂里，虽然朴实无华却直抵人心！

（二）真实——简简单单教语文

在孙校长的课堂里，我看到了"真实"。每一个导入、每一个过渡、每一个问题都是真实地为了学生的学而服务的。真正让我感受到了一个真实的课堂。孙校长课堂上重点在于教给高年级学生学习长文章的方法：理清文路，品味文题，紧扣文眼，体悟文采。在学法的指导上，孙校长不惜笔墨，真实地、一点点地教给学生，让每个学生都有较大的发展和提高。

例如，孙校长在解释什么是"文路"时是这样说的：同学们你们都是来自附小的学生，从附小到东大礼堂有一条线路，先从学校出发左拐向前走，走到东南大学再左拐，然后沿着中间的大道一直向前走，这样就可以走到礼堂了，这就是同学们的行踪路线。其实，作者在写文章的时候也有一条线路，这便是文路。把文章的思路抓住，这样文章的脉络更清晰，这是我们在读长文章的方法。

孙校长在解释"文路"这个名词的时候巧妙联系了学生的生活实际，从而让学生很容易就知晓了文路便是作者的写作思路。

在解释什么是"文题"时又是这样点拨学生的：眼睛是我们心灵的窗口，而文题就是文章的眼睛，是文章的核心内容。聪明的你，能找到文章的眼睛吗？

孙校长仿佛是一个魔术师，口袋里有变不完的魔法，通过一个巧妙的类比，学生一下子就明白了什么是文眼，哦，原来它就是文章的眼睛。

对于文章的文眼学生一时半会儿找不到在文章的什么地方。于是孙校长又开始了一番精彩的点拨。

师：文眼藏在文章的什么地方呢？它就藏在文中已经看到了你的眼睛，你看到它了吗？

（学生紧皱眉头，在文中迅速查找，但是文章太长，一时半会儿还是不能确定是

哪一个词语，课堂出现了暂时的沉默）

师（扫视全班，充满鼓励）：大家看着我的眼睛，课文中最能打动我们的是什么呢？

生（抬起头来，毫不犹豫）：情！

师板书"情"

师：在文中找一个和"情"有关的词语。

生（很快纷纷举手说）：找到了，就是情义！

听到此处，我不得不佩服孙校长的点拨能力，四两拨千斤，巧妙地引导学生找到文眼，其实就是那么简单，一个简单的动作和一句不经意的话，却收到了意想不到的结果。

（三）扎实——扎扎实实学语文

孙校长在课堂上充分体现了"扎扎实实学语文"的理念。在孙校长的引领下，学生沉浸在品读语言文字的喜悦中。

在理清"文路"时，孙校长为了引导学生概括文章后半部分的内容，是这样引导学生遣词造句的。

师：你能仿照老师的方法，用一个字来概括这部分的内容吗？

生：海鸥想老人。

师："想"字准确吗？再想想。

生：海鸥思老人。

师：思和想是一个意思。

生：海鸥瞻仰老人。

师：用一个字就是？

生：海鸥瞻老人。

师：好，老师先把它写下来。还有吗？孙老师就爱听不同的声音。（写下"瞻"）

生：海鸥守老人。（把"守"写在黑板上）

生：海鸥伴老人。（把"伴"写在黑板上）

生：海鸥陪老人。

师："陪"和"伴"重复了。还有吗？

生：海鸥送老人。（把"送"写在黑板上）

生：海鸥悼老人。（把"悼"写在黑板上）

师：老师还认为可以用海鸥留老人。（写下"留"）到底哪个字最恰当呢？通过我们精读课文大家就知道了。

不一会儿时间，黑板上已经出现了六七个字都是对同一个段落进行解读和概括的，这不仅仅是几个字，而是一个个跳动的思维火花，教师的每一个问题都紧密联系学生的实际，从学生的角度出发，学生们一直在进行着紧张而激烈的思维活动，丝毫不敢开小差，眼睛放射出智慧的光芒。

在解读文题的时候，孙校长教给学生把题目扩充成一句话的方法，这一次让学生去填写四个字的词语。孙校长是这样处理的：

师：关于文题，老师教同学们用一个方法来解读，那就是将题目扩充成一句话。老人与海鸥怎么样呢？（在黑板上添加一道横线和一个句号）你能添一个四个字的词语使它成为一句完整的话吗？老师想听听你的独到见解。

（经过上次对词语训练之后，学生一个个妙语连珠：依依不舍，相伴相随，情深意切，亲如家人等，老师将这些一一板书在黑板上）

师：同学们，抓住文章的灵魂就从捕捉题目开始，平时读书不要轻易放过题目。

从一个字的斟酌训练开始，到四个字的选择运用，显得那么自如，学生正在攀登思维的高峰。每个词语的诞生都是学生智力活动的体现。这才是真正的语文课，扎实的语文课。

（四）厚实——把书读薄，把人生读厚

品读语言，深入到语言的内核中去，感悟语言的魅力是渗透在孙校长课堂中的一条线。由于孙校长深厚的文化底蕴和对文章独到的理解，使整堂课立体起来。在讲到"老人把饼干丁很小心地放在湖边的围栏上，退开一步，撮起嘴向欧群呼唤"时，孙校长是这样处理的。

师：老人喂海鸥与一般的游人有什么不一样的地方？我们要学会品味语言，不是一读就完了。

生：老人的动作和别人不一样，他很小心。

师：是的，我们一起来看看老人为什么要把食物放在围栏上呢？

生：老人害怕食物会掉到水里面。

师（紧接着追问）：饼干掉到水里会怎么样呢？

生：这样饼干就会被海水污染了，饼干掉到水里就找不到了，海鸥也就吃不到食物了。

师：是啊！老人对待海鸥就像母亲对待自己的孩子一样，那样细心。我们再来看这个词语——"饼干丁"，换成"饼干块"可以吗？

生：当然不可以了，因为"饼干丁"更能突出老人对海鸥的关心。

师：是的，如果是饼干块的话，那就会卡着海鸥的喉咙了，你们瞧老人多细心哦！老人为什么要很小心地放呢？

生：如果不很小心地放，说不定饼干丁就会掉到地上、掉进水里，这样海鸥的食物就被污染了。所以老人要很小心地放。

师：说得很好！同学们，这就叫推敲字词句，这样才能把文章读出味道来。相信同学们一定能够读好的。好，我们拿起课文齐读这一部分。注意：集体朗读的时候，集体的感情都要进去！（全班学生手捧讲义声情并茂地朗读）

　　孙校长的每一句话，都是在培养学生的语文素养。不断地追问学生，让学生向思维更深处漫溯，让学生的智慧不断地生长。

　　文中有一句话是这样的：在海鸥的鸣叫声里，老人抑扬顿挫地唱着什么。侧耳倾听，原来是亲昵得变了调的地方话——"独脚""灰头""红嘴""老沙""公主"……孙校长在指导学生朗读这句时紧扣着"抑扬顿挫"这个词展开，通过自己示范朗读让学生体会忽高忽低、忽轻忽重的起伏变化，学生听得如痴如醉，最后学生都能读出来。这句话的朗读指导深入人心，学生充满趣味地练习朗读，非常想把文章读好。在强烈的阅读兴趣指引下，学生的朗读也渐入佳境。整篇课文变得更加丰满。

　　文中有一句话是这样的："叫声和姿势与平时大不一样"。学生读的时候读成了"叫声和姿势与平时不大一样"。孙校长敏锐地捕捉了学生朗读的错误，并且"借题发挥"。孙校长是这样说的："你有一个词读错了，'不大一样'和'大不一样'可大不一样哦！"这个学生莞尔一笑，其他学生们也领悟般地频频点头。听到这里，我发自内心地佩服孙校长思维的敏捷和表达的幽默，既纠正了学生的错误，同时也让学生能够更好地理解两个词语的不同。诸如此类的亮点，频频出现在课堂里。孙校长本着把书读薄，把学生人生读厚的初衷，努力实践着教是为了不教，一切都是为了学生的终身发展而服务的理念。

"浓妆淡抹总相宜"，我喜欢孙校长浓墨重彩的课堂，我欣赏孙校长朴实无华的课堂，无论什么样的课堂都彰显着孙校长独特的人格魅力和深厚底蕴。孙校长凭借着对学生的细心和耐心，将课文暖暖地上到学生的心里。孙校长的课堂，是学生的情感和智慧生长的地方！

孙双金校长的儿童诗教学，情智田野里的一朵奇葩

三、《林冲棒打洪教头》课堂实录

——课文选自苏教版小学语文（大纲本）教材第十册

点评：高林生　记录：绿宝石

第一课时

上课伊始，教师播放电视剧《水浒传》中的《好汉歌》。雄壮、豪迈的歌声在教

室里回荡。歌曲结束，师生进行课前交流。

【点评：孙老师此举措看似闲笔，其实，他充分了利用东方人长于预言性叙事的特质，充分利用了东方人会在事发前常有预感在心的特殊心理。很像是《红楼梦》的第一回"甄士隐梦幻识通灵　贾雨村风尘怀闺秀"，就对"十二金钗"的命运做出了暗示；也像是《水浒传》的第一回"张天师祈禳瘟疫　洪太尉误走妖魔"会对全书所要描写的 108 位英雄好汉埋下了伏笔的做法。安排播放的《好汉歌》隐含着颇多暗示，它让学生带着一种高深莫测的好奇，带着这样那样的猜测与期待去读那无巧不成书的故事。】

师：同学们，谁知道刚才听的是什么歌？

生（齐答）：《好汉歌》。

师：好听吗？

生（齐答）：好听。

师：你最喜欢《水浒传》里的哪一位好汉？

生：我最喜欢神勇冠英的武松。

生：我最喜欢鲁智深。

师：噢，你最喜欢花和尚鲁智深。

生：我喜欢《水浒传》里的林冲。

生：我最喜欢九纹龙史进。

师：《水浒传》里面一共给我们塑造了多少位好汉的形象？一起说。

生（齐答）：108 位。

师：你知道什么样的人叫好汉吗？

生：勇敢的人。

生：重情义的人。

生：有正义感的人。

生：爱打抱不平的人。

生：忠义疏财的人。

师：是"仗"义疏财的人。

生：路见不平、拔刀相助的人。

师：讲得真好。你们是什么学校的？

生（齐答）：实验小学。

师：听了同学们讲，我非常喜欢你们。你们课外看了好多的课外书，尤其是《水浒传》，是不是？

生（齐答）：是。

师：刚才同学们讲了好汉的许多特点，今天我们就重点来研究一下《水浒传》里面108将中第一位出场的好汉。他是谁？

生（齐答）：林冲。

师：板书课题（一笔一画，苍劲有力）。一起把题目读一读。

生（齐读）：《林冲棒打洪教头》

师：再读一遍，速度再稍快一点。

生（再齐读）：《林冲棒打洪教头》（速度较前稍快）

【点评：先是整体勾勒，然后几经聚焦之后，本课的主人公和所要描述的主要事件闪亮登场了。学生也由整体认识入门，逐渐铺开了对事物关系、结构、本质认识的里程。】

师：看到这个题目，你有什么问题？孙老师最喜欢发言的同学，讲对的表扬，讲错的还是表扬。

生：林冲为什么要打洪教头？

师：听到没有，这就是问题，林冲为什么要打洪教头呢？你很会思考，请坐。有不同的问题吗？

生：林冲棒打洪教头的原因是什么？

师：原因是什么？换一个角度来问，基本一样，还是一个问题。

生：林冲打的是好人还是坏人呢？

生：洪教头是谁呢？

生：林冲为什么要棒打洪教头，而不是拳打洪教头呢？

师：她关注"棒"打，而不是"拳"打。不像鲁智深拳打镇关西，而是棒打洪教头。这个问题很有意思，你很会思考。

生：最后是林冲赢了呢，还是洪教头赢了呢？

师：她关注他们的结果。

生：林冲是怎样棒打洪教头的？

【点评：朱熹有云："小疑则小进，大疑则大进。"孙老师充分调动了学生已有知识和经验，让他们自由自在地与文本进行碰撞，引爆了思维的火花，激活了学生潜在的学习动机。】

师：实验小学的同学都很会发现问题，善于提出问题。我们现在来读读课文，从课文中找一找答案。现在把书立起来，要把课文读正确，做到不添字，不掉字，不错字，也不能读得结结巴巴。行不行？

生：（自由读课文，时间长达 8 分钟。）

【点评：留有足够的时间，让每一个学生都能正确、流利地朗读课文，让每一个学生都能切实过"认读关"，扎实而有效！】

师：这篇课文比较长，请你们在每个自然段前标上序号，看看课文有几个自然段？（学生标画自然段）刚才已经读了课文的 8 段，现在再来看一看你最喜欢课文的哪一段？把你喜欢的这一段再读一读。开始。

生：（自由读自己喜欢的段落）

师：自己喜欢的段落读完的请举手。你喜欢哪一段？

生：我喜欢第七自然段。

师：大家看着第七段，请你把第七段读给大家听听。

生：朗读第七段。

师：告诉老师，你为什么喜欢这一段？

生：这一段写出了林冲和洪教头打得很激烈。

师：你喜欢打得激烈、打得精彩的。你叫什么名字？

生：我叫李鹏展。

师：噢，少一字就跟国务院总理一样了（众笑）。李鹏，李鹏展。李鹏展同学读得声音响亮，口齿清楚，总体来说，读得非常好，就是有一点小小的遗憾，有一个字读错了，谁听出来了，是哪一个字读错了？

生：应该是"拨"草寻蛇，他读成"拔"草寻蛇了。

师：你听得很仔细。请你把这个词写到黑板上。其他同学一起把这个词读一遍。

生（齐读）：拨草寻蛇。

师：这一段确实是文章的精华所在。刚才我看很多同学都找了这一段，我们一起来把这一段读一读，好不好？

生：齐读第七自然段。

师：（指着黑板）我们再一起把这个词读一遍。

生（齐读）：拨草寻蛇。

师：刚才那个同学把它读成了什么字？

生（齐答）：拔。

师：拨草寻蛇的"拨"，右边是个什么字？（师边说边用红粉笔对"拨"和"拔"进行区别）

生：发。

师：一起再把这个词读一遍。

生（齐读）：拨草寻蛇。

师：我请一个同学上来做两个动作。一个是"拨草"的动作，一个是"拔草"的动作。会做的上来。

（一名同学上台，师将话筒交给他，说："假如这是一根棒，让你拨一拨草，你怎么做？"）

生：（做拨草的动作）

师：噢，这是拨草的动作。你再用手做一做拔草的动作。

生：（做拔草的动作）

师：噢，拔是从下往上拉，拨是左右拨动。懂了没有？

生：懂了。

【点评："拨"与"拔"形似，极易混淆。孙老师要学生区分这两个形似字的方法，不是说教，也不是告诉，而是让学生通过切身的体验——做两个不同的动作去体悟、察觉二者的不同。《易经》有云："乾以易知，坤以简能。易则易知，简则易从。"意思是说，乾的作为以平易而为人知，坤的作为以简约见其功能。平易就容易使人明了，简约就容易使人顺从。孙老师此举平易而简约，既使人明了，又使人信服。亦如惠列耶夫在《果戈理研究》中所说："简直好像艺术家在对我们用实物教授。"】

师：那好，你在脑子里想一想，拨草寻蛇的招式是一个什么样的招式？

师：刚才那同学喜欢的是第七段，你喜欢的呢？肯定有跟他不同的。

生：我喜欢第五段。

师：他喜欢第五段，我们来听一听他读第五段。

生：读第五段。

师：读得真好。你为什么喜欢这一段呢？

生：因为这一段写出了洪教头十分恼恨林冲。

师：你喜欢洪教头恼恨林冲？（众笑）

生：不是，我喜欢作者在写人的时候用了一个比喻句。

师：哪一句？

生：洪教头恨不得一口吞了林冲。

师：哦，他喜欢这一句是看出了洪教头对林冲的恼恨。她认为这一句写得好。我也认为这一句写得好，我们一起来带着感情读一读。

生：（齐读第五段）

师：两个男孩子，一个喜欢第七段，一个喜欢第五段，女孩子呢？你喜欢哪一段？

生：我喜欢第二段。

师：你把第二段读给大家听一听。

生：朗读第二段。

师：你不仅读得正确，而且还读出了人物的情感。真不简单！你叫什么名字？

生：我叫潘筱莹。

师：向潘筱莹同学学习。你能告诉我你为什么喜欢这一段吗？

生：因为从这里可以看出柴进启用贤才良士，非常喜欢贤才良士，而且非常热情好客。

师：她从这里看出柴进的个性，非常喜欢有才华的人，而且非常热情好客。我们一起来试试看，像她那样读一遍。

生：（齐读第二段）

师：你喜欢哪一段？

生：我喜欢第四段。

师：请你把第四段读一读。

生：朗读第四段。

师：你为什么喜欢这一段呢？

生：因为我喜欢这一句：林冲只好也从地上拿起一条棒来，说："请教了。"我喜欢这一句的原因是：本来林冲心里已经有了打算，他能打败洪教头，可是他不想打败洪教头，就说了一声"请教了"。可以看出林冲不爱炫耀自己的功夫。

师： 林冲本不想和洪教头比武，是在没办法的情况下，"只好"也从地上拿起一条棒来。"只好"是没办法才拿起一条棒来。我们一起来读一下。

生：（齐读第四段）

师： 孙老师就喜欢不同的。与众不同，白里透红。（请一名长得白里透红的女生）你来说说你喜欢哪一段？

生： 我喜欢第三段。

师： 她喜欢第三段，这一段好长哟，你怎么喜欢这么长的呢？读给大家听听。

生：（朗读第三段）

师： 你读得很有感情，很投入。书就应该这样读。如果你再沉着一点，那就更好了。这么长的一段课文，能够这样读下来，真不简单。告诉我们，你为什么喜欢这一段呢？

生： 因为这一段写出了洪教头爱小瞧人，也写出了林冲非常谦虚。

师： 她读的是一段课文，可她却从这段课文中读出了"人"，读出了洪教头是怎样的人，读出了林冲是怎样的人。这就是会读书，很好。

师： 刚才大家读了课文，读了自己喜欢的段落，同学们读得不错，我们读书就应该这样，仔仔细细地读，认认真真地读。因为这篇课文是从《水浒传》当中节选、改编来的，它里面有些词是不容易懂的，请你拿出笔来，找一找，课文里面哪些词和句是你不懂的，先在书上作个记号，然后同桌讨论讨论。开始。

生： 画词，讨论。

【点评：层层推进，步步深入。在读中体悟，在读中发现。】

师： 刚才同学们看得很仔细，现在同桌交流一下，如果你们两个都共同提出了不理解的词语或者句子，那我说你们两个是英雄，这叫英雄所见略同。如果你提出的词语你会解释，你就是他的小老师，帮一帮他；如果你遇到的词语，你不会解释，你又没有提出来，那你向你的同桌请教一下：你是怎么发现的？我刚才怎么没有发现呢？让他做你的小老师。好不好？

生： 好。（互相交流）

师： 如果你们两个都解决不了的问题，提出来，我们大家来解决。你们两个已经解决的问题就不再问了。什么地方是你们两个都解决不了的问题？

生：依草附木。

师：这是你们两个人都无法解决的，我把它写下来。（板书：依草附木）

师：一起读一读这个词。

生（齐读）：依草附木。

师：谁会解释？

生：依靠权势，就是依靠有权有势的人。

师：这是这个词语的比喻意，她是结合上下文来理解的，我们看这个词在哪句话中，一起把这句话读一读。（生读句子：只因大官人好习枪棒……你怎么如此轻信呢）

师：这是说，这些人都来依靠柴进，过往的客人、犯人都来依靠柴进，因为柴进有钱有势。这叫什么——（师指黑板）

生：依草附木。

师：但是，还没有解释这个词的本来意思。依草附木这个词的本来意思是什么呢？首先我们要解决它的本来意思。

生：它的比喻意思是——

师（打断学生）：不是比喻意，本来意思。

生：本来意思是草依靠着树木，在这一课也就比喻来往的犯人都来依靠柴进大官人。

师：我们中国的词语很有意思，你看，我把语词的位置调换一下。（师用箭头将"草"和"附"调换位置）可以变成什么——

生（齐答）：依附草木。

师：依靠着草和木，就叫依草附木。我们中国像这样的词语还有很多。比如（板书）：惊天动地。实际意思就是——惊动天地。这是解释中国词语，尤其是解释成语的很好的一种方法。知道吗？

生：知道了。

师：还有什么地方不理解的？

生："流配"是什么意思？

师（板书：流配）：请你把这个句子读一读。

生：读句子。

师：谁知道"流配"是什么意思？

生："流配"就是发配的意思，古代的时候有的人犯了罪，把他押送到一个荒无人烟的地方。这就叫"流配"。

师：你基本上讲对了，"流配"你解释了一个"配"字，"配"就是发配，把犯人押送到荒凉的地方去改造。但前面还有一个"流"，这个"流"是什么意思？一起说——

生：流放。

师：解释中国词语，还有一个办法，就是逐字解释。字字解释，词语的意思也就懂了。流放、发配叫什么——

生："流配"。

师：还有不理解的吗？

生：什么叫"木枷"？

师：谁知道？可能男孩子知道的比较多，请一个男孩子来说。

生：木枷指的就是古代给犯人带上的刑具。

师：刑具。把手套在木枷里面，跟头连在一起，使手不能自由活动。现在用不用木枷？（生齐答：不用）现在用什么？

生（齐答）：手铐。

师：还有吗？

生："庄客"是什么意思？

师：谁来告诉她？

生：就是他的仆人，他的随从。

师：他的仆人，他的随从，他使唤的人，他庄上的人。这些都叫什么？

生（齐答）：庄客。

师：还有吗？

生：踉（niáng）跄。洪教头一棒落空，他一个踉（niáng）跄……

师（打断学生）：一个什么？

生（齐答）：踉（liàng）跄。

师：我吓了一跳，怎么一个"娘"跄，我还以为闹出一个"娘舅"来了呢！（众笑，师板书：踉跄）一起读。

生（齐读）：踉跄。

师：不要紧，这是生字，读错了没关系。读错了孙老师也要表扬，表扬你什么？因为没有你的错误，就没有我们大家的正确。你的错误才使我们大家正确——失败乃成功之母。我们一起把这个词读一遍。

生（齐读）：踉跄。

师：再读一遍。

生（齐读）：踉跄。

师："踉跄"是什么意思？

生："踉跄"就是走路摇摇晃晃，两只脚不稳定。

师（做出走路摇摇晃晃的样子）：这样子呀，不准确。准确的意思是什么？

生：是指将要摔倒而没有摔倒。

师：脚底一绊，将要摔倒而没有摔倒，叫什么？

生：踉跄。

师：所以，这两个字的偏旁是什么旁？

生：足字旁。

师：两个形声字都是足字旁，跟脚有关。将要摔倒而没有摔倒，叫什么——

生：踉跄。

师：课文中谁一个踉跄？

生：洪教头。

师：一起把这句话读一读。是洪教头一个踉跄，可不是林冲一个踉跄。

生（齐读）：洪教头一棒落空，他一个踉跄，还没站稳脚跟，就又举起了棒。

【点评：联系上下文和学生已有的生活经验，采用不同的方法，帮助学生读懂那些不明白的词语。这样做，不但让学生通过努力获得了意想的结果，而且在解决问题的过程中掌握了多种方法，为日后的举一反三做好了铺垫。】

师：我觉得同学们提得非常好。不理解的提出来，大家讨论以后，就都理解了；有错误的，孙老师表扬他，因为他的错误，使我们大家走向了成功。对不对？（生齐答：对）问题差不多了吧？

生（不整齐地回答）：差不多了。

【点评：孙老师的这一节课目标明确，重点突出，步骤清晰、有效。孙老师设定的教学目标明显有三：一是引发学生内在的阅读动机，让学生满怀着激情和思考地到课文中神游；二是让每一个学生都能正确、流利地朗读课文，初步把握文章的主要内容；三是理解了本课的有关词语，为进一步理解与把握课文扫清了障碍。所谓重点突出，主要表现为以下两点：首先是舍得花时间，让学生反反复复地、自由地朗读课文，扎扎实实地抓好了"正确、流利地朗读课文"这一"保底工程"；其次是采用了不同的方法，引导学生自己读懂那些原本不太理解的相关词语。更值得称道的是，在落实以上教学目标时不但教学步骤清晰、自然；教学手段扎实、有效，而且是环环相扣，步步深入。正如夸美纽斯所说："一切功课都应当仔细分成阶段，务使先学的能为后学的扫清道路。"】

第二课时

师：好。今天同学们情绪都很好，孙老师就两节课连着一起上了。今天这节课我们就重点研究一下课文中的两个人物。一个是谁？

生（齐答）：林冲。

师：（板书：_____的林冲）

我这里黑板上有一个空，你读了这篇文章之后，你觉得林冲是怎样一个人？前面加一个什么词语？加词的理由是什么？你从课文哪些句子当中找出这些理由？先不要举手，把手放下，同位先讨论讨论。别急，还有一个要求，待会我让你起来讲的时候，不仅要讲出你认为林冲是一个怎样的林冲，还要讲出你的同桌——他认为林冲是怎样一个林冲。就是要把同桌的话、同桌的语言原原本本说给大家听，要学会倾听同桌的发言。知道了吗？

生：知道。（生开始互相讨论）

【点评：这一设计看似平常，实则匠心独运。第一是抓住了这篇课文是由长篇小说《水浒传》改写而来的题材特点。小说，即便是小说的节选，或由小说改写而来，但它依然会保持小说的基本特色——通过典型事件来塑造典型人物，所以，孙老师的这一教学设计一语中的，确实抓到了关键处；第二是孙老师为了让学生能对课文中典型人物有所认识，他不但要求学生能用自己的话概括描述，而且要让学生从课文的句子中找出充分的理由来。归纳、演绎，演绎、归纳，

学生会在这种循环往复、螺旋上升的思维过程中逐步逼近对关键人物的本质认识。】

师：先说自己的，再说同桌的。

生：我认为林冲是一个谦虚的林冲。

师：我先把你认为的写在黑板上。（板书：谦虚）这不是孙老师认为的，这是你认为的。我觉得了不得啊！这是你的见解，我要写上去。谦虚的林冲，你从哪里看出来的？

生：我从第三段中看出来的。

师：不要讲全段，你从第三段的哪些句子中看出来的？

生：林冲连说："不敢，不敢。"

师：你从这里看出来的，这是你的理解。你同桌的呢？

生：我同桌和我的意见一样。

师：你们俩说的都是一样的，两个人所见略同——英雄所见略同。你们俩是英雄。英雄请坐。还有不同的吗？孙老师最喜欢不同的。

生：我觉得林冲是一个机智的林冲。

师：（板书：机智）机智的林冲。谈谈你的见解。

生：我的见解是第七段中"洪教头恼恨林冲……还了个'拨草寻蛇'的招式。"还有第七段中"洪教头一棒落空……直扫到他的小腿骨上。"

师：你从哪儿看出他的机智？洪教头"把火烧天"，林冲"拨草寻蛇"，你就看出他的机智了吗？我不那么认为。你没有说动我。为什么这里能说明他的机智呢？理由不充分。找到了句子，说不出理由来，没关系，同桌来帮帮她。

生：因为洪教头用的是把火烧天的招式，是从上往下打，肯定要把脚提起来，而林冲用的是拨草寻蛇的招式，正好打在他提起来的脚上。

师："把火烧天"的招式是一种什么样的招式？谁来做一做"把火烧天"的招式？

（一男生上台，两手做握棒状，高高举起。）

【点评：巧妙地引导学生将"言""象""意"融为一体，完成了外部语言内化，内部语言外化的心理过程。】

师："把火烧天"是把棒高高举起，棒朝着天。他这种招式一摆，必然露出了破绽——脚露出来了。林冲"拨草寻蛇"打他的脚，这就是林冲的聪明机智。对不对？（生齐答：对）给他掌声！（生鼓掌）林冲是机智的，我看这位女孩也很机智，你也是机智的女孩，说得好。还有不同的吗？

生：林冲是一个心胸广阔的人。

师：喔，他又与众不同了，心胸广阔的林冲。我把它写上去。（板书：心胸广阔）你从哪看出林冲是心胸广阔的人呢？

生：我从第三段中的两句话，"林冲寻思……洪教头也不相让。"这两句话可以看出虽然洪教头心胸狭窄，对林冲不理不睬，但林冲丝毫没有和他斤斤计较。

师：洪教头这样无理，这样傲慢，但林冲根本没有和他计较，看出林冲是——心胸广阔的林冲，好汉的风采。我看你哟，将来也一定是心胸广阔的人。还有不同的吗？

生：我觉得林冲是一个勇敢的人。

师：（板书：勇敢）勇敢的人，黑板上没有，我把你的"勇敢"写上去。你从哪看出他是一个勇敢的人呢？

生：我是从课文的第四段看出来的。

师：说说看。

生：（读第四段）还从第七段中的"洪教头跳起来大叫：来！来！来！"这两句可以看出，林冲非常勇敢。因为洪教头那样的大喊大叫，而林冲却并没有害怕，依然接受了洪教头的招数。

师：依然接受了洪教头的——挑战。那样气势汹汹，那样仗势吓人，但是林冲没有害怕，仍然沉着应战，这就看出他——非常勇敢。你看出他——

生：我看出林冲是个善于思考的人。

师：我也把你的写上去，都是你们的。（板书：善于思考）请讲理由。

生：我从"林冲寻思……这想必是柴大官人的师父了。"看出林冲是个善于思考的人。

师：因为洪教头是柴大官人的师父，所以林冲对他非常——（生：尊敬）有礼貌。从这儿看出他是一个善于思考的人。这是你读出来的。（转身对另一举手的女生）你读出什么了？

生：我觉得林冲是个善于思考的人。

师：观点相同，再补充理由，是吗？

生：是的。因为"洪教头一棒落空……又举起了棒。"林冲见他虽然气势汹汹，但脚步已乱。我从这几句话感觉到林冲善于观察。

师：善于观察，能够很快地捕捉对方的破绽。这是一个善于思考、善于观察的人。

生：我认为林冲还是一个镇定自若的人。

师：镇定自若的人（板书：镇定自若）。说说你的理由。

生："洪教头恼恨林冲……还了个拨草寻蛇的招式。"从这几句可以看出林冲是一个镇定自若、不慌不忙的人。

师：说得好。可我认为林冲最主要的本事还没有说出来，林冲最大的本事是什么？

生：他是一个武艺高强的人。

师：（板书：武艺高强）说说你的理由。

生："洪教头恼恨林冲……还了个拨草寻蛇的招式。"洪教头使出了自己浑身的功夫，而林冲只是把棍一横，没有使出自己的真功夫。

师：洪教头使出了浑身的功夫，把火朝天，劈头打来，如果这一棒打在林冲的头上，会把林冲怎么样？（生：把林冲打死）置人于死地呀。你看林冲打的人家什么地方呀？（生齐答：腿）有没有打在人家要害？（生齐答：没有）有没有一棒打在人家头上？（生齐答：没有）林冲仅仅打了一下洪教头的小腿骨，这在武打里面，武林高手叫——点到为止。还有什么补充？

生："这位林武师非比他人，乃是东京八十万禁军教头。"

师：八十万禁军教头，什么军叫禁军？

生：非常大的，在重要的时候才用的精锐部队。

师：保卫皇帝的部队——御林军，也叫禁军，最精锐的部队，人人武功高强。多少禁军？

生（齐答）：八十万。

师：林冲是这八十万禁军的教头，武功了得啊！那是什么样的本事啊。洪教头没有见过大世面，他自认为是柴进的师父，自认为自己有点本事，就谁也不放在眼里了，这真是有眼不识泰山。林冲究竟是什么人？一起读读第七段。

生：齐读第七段。

【点评：林冲是《水浒传》中描写得最为成功的典型人物之一。他的性格可用两个字概括：一是"忍"，二是"狠"。孙老师是深谙其道的。你看！他首先引导学生对林冲这个人物经历了一个由浅入深的认识过程：谦虚→机智→心胸广阔

→善于思考→镇定自若→武艺高强。如果说，谦虚→机智→心胸广阔→善于思考→镇定自若还是"忍"的话，那么，武艺高强则是"狠"的前提了。正如孙老师所说："林冲仅仅打了一下洪教头的小腿骨，这在武打里面，武林高手叫——点到为止。"这一段有引导的对话，如层层剥笋，让学生透过诸多的现象逐渐靠近了事物的本质。更为难能可贵的是：这些都是在老师的引导、启发下，由学生自己发现和认识的。】

师：研究了林冲，必然还要研究一下另一个人物，谁？

生（齐）：洪教头。

师：（板书：_____的洪教头）你认为洪教头是个怎样的人呢？

生：洪教头是一个骄傲，还心胸狭窄的人。

师："心胸狭窄"这个词用得好，我把它写上去。（板书：骄傲　心胸狭窄）你从哪看出他心胸狭窄？说说你的理由。

生："连忙站起来躬身施礼……便竟上首坐了。"

师：便竟上首坐了。坐在最好的位置上，在最尊敬的客人的位置上坐了。

生：我觉得洪教头是个自不量力的人。

师："自不量力"这个词用得非常好。（板书：自不量力）说说你的理由。

生："洪教头向柴进问道……我就承认他是真教头。"

师：洪教头怎么样？

生：非常自不量力。柴进说林武师是东京八十万禁军教头，他不信，他觉得自己也是武师，肯定比他强。

师：不知道对方有多大本事，不知道自己有多大本事，这叫自不量力。

生：我觉得洪教头是个自以为是的人。

师：自以为是，又是一个不同的词语。（板书：自以为是）说说理由。

生："林冲寻思……全不理睬。"从这看出林冲很谦虚，但是洪教头摆出一副唯我独尊的样子，对林冲全不理睬……

（学生语速很快，吐字不清。）

师：刚才我听得不是很清楚。你再说一遍。

生：林冲躬身施礼，但是洪教头摆出一副唯我独尊的面孔，对林冲的施礼并不理睬。

师：说得好。我发现你的词汇很丰富——唯我独尊。在柴进庄上，我洪教头是老大，你们都得听我的。什么八十万禁军教头？什么林冲？都不在我眼里！自以为是，唯我独尊。

生：我觉得洪教头是个小肚鸡肠的人。

师（笑）：小肚鸡肠。从哪看出来的？

生："洪教头恼恨林冲……使出个把火烧天的招式。"从这里可以看出洪教头不但想赢了林冲，显显自己的本事，还想赢得那锭银子。

师：见钱眼开，见利忘义，小肚鸡肠。这样的人怎么成得了大事业？怎么成得了大气候呢？

生：我也认为洪教头是个自以为是的人。我是从这一句里看出来的，"洪教头见他退让，以为他真的不会枪棒，便越发要跟他交手。"这句话看出来洪教头以为他不会枪棒，就越是要跟人家较劲。

师：哪里知道林冲这叫真人不露相，露相不真人。人家是含蓄，人家是藏而不露，人家是真人不露相。他却以为人家没本事，真是没见过世面的人。你还有什么补充？

生：洪教头是一个心胸狭窄的人。"洪教头见他退让，以为他真的不会枪棒，就越发要跟他交手。"因为林冲是八十万禁军的教头，洪教头才是一个柴大官人的师父，就看不起林冲，他却不知道天外有天，人外有人。比他厉害的人多着呢！

师：讲得好！天外有天，人外有人。能人太多了，天地太大了！

生：我觉得洪教头是一个骄傲自满的人。他以为他是柴大官人的师父，就全不把林冲放在眼里。

师：说得好！请坐。什么叫名著？《水浒传》是名著，名著就名在，一句话就把人物的性格写出来了。洪教头是什么人呢？课文中是怎么写他进来的？歪戴着头巾，挺着个胸脯，这是什么人呀？

生：自不量力。

生：高傲自大。

师：名著就应该这样来体会，它的每一句话、每一个词当中都有着丰富的内涵，都能够从中读出人物的形象、读出人物的性格来。好，请大家看黑板，我现在来问你们：什么样的人是好汉？（在黑板上"好汉"一词的后面打上"？"）你们说，是林冲是好汉，还是洪教头是好汉？

生：林冲是好汉。

师（指着黑板上的词语）：好汉应该具有什么样的性格？

生（齐）：谦虚、机智、心胸广阔、善于思考、镇定自若、武艺高强。

师（指着黑板上的词语）：洪教头是什么人？

生（齐）：骄傲、心胸狭窄、自不量力、自以为是、小肚鸡肠。

【点评：把相反、相对的两种事物或一个事物相反、相对的两个方面放在一起对照、比较，就能使双方更加鲜明、突出。】

师：题目是《林冲棒打洪教头》，我们读了全文，好像是洪教头要棒打林冲，处处挑衅林冲，要跟林冲打，要和林冲比，林冲一让再让，最后一棒打在他的小腿骨上，点到为止。洪教头只能满面羞惭，灰溜溜地走了。两个人物形成鲜明的对比，在比较当中突显人物的性格。写得最精彩的是第七段，拿起书，我们一起把第七段好好地赏读赏读。你们先练一练，读的时候，要把林冲的形象在眼前浮现出来，要把洪教头的形象在眼前浮现出来，练好以后，我请你来读。

生：（自由练读第七段）

师：先请一个"女林冲"来读一读。

（有感情地朗读第七段）

师：掌声！（生鼓掌）要打分孙老师给她打98分。总的来说是不错的，就有这么一点：（师范读）洪教头跳起来大喊："来！来！来！"是大"喊"哟！不是"说"。要把洪教头气势汹汹的样子读出来，谁能读得超过她？请一个"男林冲"来读。

（有感情地朗读第七段）

师：打多少分？（对一女生）你给他打多少分？

生：93分。

师：93分？降下去了！为什么打93分？

生：因为他没有读出洪教头气势汹汹的样子和林冲的谦虚和机智勇敢。

师：哦，你这个洪教头不狠，太温柔了；你这个林冲太沉着了。你们推荐一下，你们班谁读书读得最好？

生：谢鹏程。

师：谢鹏程，鹏程万里。来，给"鹏程万里"一些掌声。你要读好了，孙老师赏识你，也要跟你比试比试。

生（谢鹏程）：有感情地朗读第七段。

师：多少分？

生（齐）：100 分！

师：读到 100 分，孙老师有点不敢跟他比了，有点胆怯了。（学生纷纷举手）你们都想读？那好，站起来，一起读。我听听，是不是能把洪教头和林冲两个人物的形象读出来。

生（齐）：感情朗读第七段。

师：同学们都读得很好。现在我们来演一演这两个人物，谁来演林冲？林冲是精汉子，（指一身材魁梧、脸庞黝黑的男生）威武的，英俊的林冲，黑林冲。（众笑）谁来演洪教头？你们选，你们班谁上来演洪教头比较合适？（学生纷纷指一男生）大家选中你了，这是你的光荣（众笑）。想一想，洪教头歪戴着头巾，挺着胸脯，是怎么走进来的。就演第七段，谁来读旁白？（学生纷纷举手要读，教师指名一女生读旁白。）要不要孙老师指导一下，你们两个要随着她的朗读，做出相关的动作，怎么把火烧天，怎么拨草寻蛇。其他同学都是什么？（生齐答：观众）洪教头倒地以后，你们应该怎样？（生齐答：哈哈大笑）

（两男生表演第七段内容。表演与旁白不合拍，但仍逗得学生大笑）

师：看来表演和旁白合不到一起。这样吧，这次不要旁白，你们两个自己说，自己演，好吗？开始。

生：两男生再次表演第七段内容。

师：课文已经学完了，谁愿意把全文给大家美读一遍？

生：有感情朗读全文。

　　【点评：读中感悟，以读见悟。由正确认读到有理解精读，再到有感情地熟读，一切都是水到渠成。】

师：哎哟，你真了不起！读得声情并茂，孙老师给你打 120 分！读完了课文，我想知道，同学们对课文中生字词是不是都掌握了呢？现在拿出练习本，听写十个词语。请一位同学到黑板上来写。

（听写的词语有：依草附木、拨草寻蛇、满面羞惭、杀鸡宰羊、劈头打来、流配、恼恨、踉跄、厅堂、理睬。听写完之后，教师当堂订正，同桌之间互相订正。）

【点评：既让学生动口、动脑，又让学生动手。孙老师的做法实是陶行知先生所倡导的"动手又动脑，才能有创造"理念的外化。】

这篇课文是从《水浒传》中节选的，《水浒传》里像这样精彩、有趣的故事还有很多，下课以后，同学们可以找来儿童版本的《水浒传》认真读一读，找出你最感兴趣的故事，讲给全班同学听，评出你们班的故事大王。好不好？（生齐答：好）下课。

【点评：立足课堂，有机拓展，小课堂、大课堂，紧密联系，浑然天成。将陆放翁"汝果欲学诗，功夫在诗外"的话，变成了可及、可行的操作。】

【点评：孙老师的教学之所以成功，主要有三：一是孙老师有较为深厚的文化功底，认真研究、挖掘文本的教育教学资源；二是认真研究了学生。以学生的已有的知识和经验为教学的基点，积极引导学生"发"自己所未"发"，而且教前充分估计了学生经过努力可能达及的水准，使教学预设具有针对性，使教学过程具有实效性；三是创设了宽松、和谐的教学氛围，给学生提供了凭鱼跃、任鸟飞的广阔空间。总之，孙老师的教学有人、有本、有情、有智。】

四、紧扣文本　多元理解　动态生成

——《林冲棒打洪教头》案例评析

中学高级教师、厦门教育学院　肖俊宇

在读懂课文的基础上，巧妙地引导学生探究"＿＿的林冲"这一专题，引导学生讨论、发表见解并说明依据。

生：我认为是"谦虚"的林冲。从洪教头要和林冲较量，林冲完全能取胜却连说"不敢，不敢"可以看出。

生：我认为是"聪明"的林冲。因为洪教头举起棒劈头打来，林冲往后一退，洪教头一棒就落了空。如果不聪明，他就会站着不动。

师：哈哈，我想，这算不上聪明，一般人都会让开，除非是呆子才站在那边不动。（众笑）

生：从"林冲看他虽然气势汹汹，但脚步已乱，便抢起棒一扫"，看出林冲聪明。在一般人看来，洪教头气势汹汹很吓人的，可林冲却镇定自若，能从可怕的气势中看出他脚步已乱。

生： 我觉得是"武功高强"的林冲。从"洪教头措手不及，'扑'的一声倒在地上"看出林冲武功盖世。

生： 我觉得是"足智多谋"的林冲……

师： 哦，林冲看出了破绽，乱中取胜，有智有谋。

生： 我觉得是"临危不乱"的林冲。

师： 这个词用得与众不同，"临危不乱"是什么意思？说说你的理解。

生： 面对危险一点不慌张

师： 林冲面对什么危险不慌张？

生： 面对洪教头杀气腾腾地冲过来，抢起棒就打，他并不慌张，而是镇定地避开，回他一棒，击中要害。

师： 你这个"临危不乱"用得好，但对你的发言，我有一点小小的不同看法，我也想发表我的意见。你说击中要害，林冲击中了洪教头什么要害？

生： 小腿骨。

师： 小腿骨是不是要害？

生： 不是。

师： 而洪教头抢棒劈头打来，要打林冲的什么？

生： 头部。

师： 头部才是要害，可能置人于死地。而林冲只是打小腿骨，是要害吗？林冲只是点到为止。还有补充吗？可再读读课文

生： "讲义气"的林冲。洪教头是柴进的师父，打伤了洪教头，就伤了他们之间的感情。

生： 林冲是"深藏不露"的。

师： 啊，这是一个很好的词语，你见解很独到。说说你的理由。

生： 林冲是八十万禁军的教头，对洪教头的挑战，他说"不敢，不敢"。其实他的武艺是非常高强的。

师： "不敢、不敢"，林冲不仅谦虚，而且是深藏不露、有本事不显露出来。

生： "智勇双全"的林冲……

师：你们发表了许多高见，有水平，有证据，有的还很深刻。我们不仅要理解得好，还要能把它读出来。第 7 自然段，集中表现了林冲的谦虚谨慎，讲义气，武功高强，足智多谋，临危不乱，深藏不露，智勇双全，根据你的理解，把它读出来。

（在学生散读、个别读、边表演边读、齐读表演后）

师：你们三个人表演得很精彩，林冲武艺高强，临危不乱，洪教头气势汹汹，没有真功夫。阅读和讨论时，你们发现了没有，书中描写得那么好，一旦用自己的语言表达就逊色了。这就是中国古典名篇的魅力，语言特别好，有时甚至不能改动一个字。对于林冲，你们说得好，这是一个谦虚的林冲，讲义气的林冲，是一个武艺高强、临危不乱的林冲，是一个足智多谋、深藏不露、智勇双全的林冲，是一个丰满的林冲，一个主体的林冲。这也是名篇的魅力，人物是丰富多彩的。

师：林冲打的是谁？

生：洪教头

师：文章写得好，我们用了那么多词形容林冲，那可以用哪些词来形容洪教头呢？请你们快速去表达"_____的洪教头"。

生：杀气腾腾的洪教头。

师：杀气腾腾的洪教头，仿佛要置人于死地。你看他用的是"把火烧天"的招式，劈头盖脸打去。

生：高傲自大的洪教头。

生：自以为是的洪教头。

师：说得好，自以为了不起，哪知道天外有天，山外有山，强中还有强中手。

生：自不量力的洪教头。

生：目中无人的洪教头。

生：横行霸道的洪教头。

师：好像没有看出什么横行霸道，欺负人家良家女子。（众笑）

生：贪财的洪教头，为了 25 两白银，他恼恨林冲，使用浑身功夫对付林冲，可见很贪财。

师：目中无人，专只看到钱啊！

生：头脑简单的洪教头。

师：说说理由。

生：林冲说"不敢，不敢"，洪教头以为林冲真的不懂武功，便越发要与林冲交手。

其实这是林冲的谦虚，他没有深刻理解林冲的话，所以说他头脑简单。

生： "以小人之心，度君子之腹"的洪教头。

师： 这是你独到的见解和发现，言之有理，我把你说的特地写在黑板上。

生： 文中写道："洪教头冷笑两声：'只因大官人好习枪棒，往往流配的犯人都来依草附木，冒称武师，找你骗吃骗喝，你怎么能如此轻信呢？'"洪教头以为所有的人都是那么不好，林冲也一样。

师： 真好，你的词汇丰富，用得准确。谁是君子？

生： 林冲。

师： 谁是小人？

生： 洪教头。

师： 洪教头没有见过世面，他头脑太简单了，哪见过林冲这样的高手。

生： 满怀嫉妒的洪教头……

师： 什么叫名篇？这就叫名篇。一个字一个词一句话就可以把人物特点揭示出来。林冲和洪教头的对比是那样鲜明。洪教头开头是挺着胸脯，歪戴着头巾，后面是满面羞惭，灰溜溜地走开了。林冲开头说"不敢，不敢"，后面让我们感到一个威风凛凛的英雄形象。

【评析：这一片段集中体现了三点：一是多元理解，紧扣文本，突出学科特性。这是本教学最大的特点，也是最重要的特点。孙老师非常巧妙地提出"什么样的林冲""什么样的洪教头"两个问题。这两个问题本身具有多元理解的质地，具有可多元理解的特性与价值。孙老师向学生渗透中国名篇名著的人物是丰富的。立体的观点。有了这一渗透，就避免了一般性的为多元理解而多元理解的牵强。更为可贵的是，老师把学生的多元理解与语言文字的品位紧密地结合起来，使学生的理解有根有据，在这种寻根问底的探究中进行语言文字的学习，突显了语文学科的特点。二是教学设计具有生成性。什么样的林冲，什么样的洪教头，教师的教学设计没有框定一个僵化的线路，预设唯一的答案，而是相机依据学生的需要来推进。课堂显得自由、自如、自在，丝毫也没有牵着学生鼻子走的弊病。三是相机矫正，点拨具有及时性和提升性。当学生说林冲乱中取胜，一棒击中洪教头"要害"时，教师及时地将"小腿骨"与"头部"相比较，既矫正了学生用词的不妥，更在深一层次上将林冲的"点到为止"与洪教头的欲"置人于死地"相对照，提升了对人物个性品质的认识，创造性地把教学中的"不利因素"变为闪光的教学资源。

多元理解不离文本，个性飞扬不随心所欲，思维驰骋不胡思乱想是本教学的总体特色。】

五、《儿童诗》（想象式阅读）

—— 《儿童诗》课堂教学实录

（一）课前谈话，激发兴趣。

师：今天三（3）班同学的精神特别饱满，听说你们诗歌背得很好，谁愿意来背一首诗给我们听听？在背诵之前，孙老师有一个建议，我们这个教室比平时上课的教室大，所以你们站起来背诵的时候声音要怎么样呀？

生：响亮！（生齐）

师：我们每个人都有一个小喇叭，（指嘴巴）可以调节音量。你的小喇叭可以很大，对吗？你来！

生：《垓下歌》

《垓下歌》
秦末汉初　项羽
力拔山兮气盖世，时不利兮骓不逝。
骓不逝兮可奈何！虞兮虞兮奈若何！

师：（师生热烈鼓掌）要是音量再大一点就更好了！你来！（指名另一个学生）

生：（声情并茂地朗诵完）

饮酒
晋　陶渊明
结庐在人境，而无车马喧。
问君何能尔？心远地自偏。
……

师：（师生鼓掌）哎哟，真不错，这么长的诗，记得清清楚楚，背得声情并茂。三（3）班的学生果然是名不虚传。好，下面我们开始上课。听说，我们三（3）班的小朋友特别的聪明，上课非常专心，今天来到三（3）班我非常高兴。今天上课，我要学学魔术大师，把你们全变了，愿意吗？

生：愿意！（齐）

师：那你想把你变成什么呢？

生：我想让您把我变成小鸟。

师：为什么呢？

生：因为小鸟可以在天上自由地飞翔。

师：哦，在天上自由地飞翔多快乐啊！

生：我想变成小鱼在水里快乐玩耍。

师：鱼在水里多好玩呀！我也想变成小鱼了。

生：我想变成一个字。

师：噢哟，你想变成一个字！什么字呀，能告诉我们吗？

生：什么字都行！

师：噢哟，什么字都行，那你为什么想变成字呢？

生：好玩！

师：变成字好玩！不但好玩，凡是需要识字的人都要学习你呀！

生：我想变成像闻一多一样的诗人。

师：做一个像闻一多一样的诗人，做一个伟大的爱国主义者，真了不起噢！好，把手放下。今天孙校长这堂课就是要把你们变成一位诗人。（板书：小诗人）一起说。

生：小诗人！（齐）

（二）品读《阳光》，尝试改诗。

师：哎呀，我要把你们一个个都变成小诗人！要变成小诗人，就要先来看看诗人是怎么写诗的。我们来看第一首。（出示诗句）

阳光

台湾　林武宪

阳光在窗上爬着，

阳光在花上笑着，

阳光在溪上流着，

阳光在妈妈的眼里亮着。

师： 我们一起读一读这首诗。

生： 齐读《阳光》

师： 字正腔圆，第一遍就读成这样，真不错！如果能把诗的味儿读出来就更好了。阳光在花上"笑着"，读到这儿，我要看看你们笑了没有？我来听听你们读诗的感觉。《阳光》，齐！

生： 齐读《阳光》（读得很好）

师： 这一次的感觉好多了。你最喜欢这首诗中的哪一句话呢？你来说！

生： 我喜欢"阳光在花上笑着"。

师： 为什么呢？

生： 因为从这句话我感觉到了花儿很活泼，她非常喜欢笑。（学生微笑着回答，笑得很甜美。）

师： 你也是一个喜欢笑的人，所以你特别喜欢"阳光在花上笑着"。

生： 我喜欢"阳光在溪上流着"，因为我觉得小溪在流动，波光粼粼，很美。

师： 好，因为觉得景象很美，所以她喜欢。

生： 我喜欢"阳光在窗上爬着"，阳光从玻璃上射下来，金光闪闪的，很美，很好看。

师： 孙老师有个疑问，阳光没有手，又没有脚，怎么爬呢？我不明白，谁来告诉我？

生： 这句话是拟人句，阳光本来没有手和脚，不可能在窗上爬，现在有脚了，会走路了，我好像看见阳光在窗上慢慢地移动，就像孩子在窗子上爬动一样。

师： 噢，这是你的理解。你们还有不同的理解吗？说说你们不一样的理解？

生： "阳光在窗上爬着"我觉得"爬着"应该就是阳光照在窗上的，其实并不是在窗上爬着。

师： 那如果我把它改成"阳光在窗上照着"行吗？你们说是"照着"好呢，还是

"爬着"好呢？

生：（齐）爬着！

师：为什么用"爬"而不用"照"呢？

生：是作者想让句子变得更活泼，所以用"阳光在窗上爬着"，"阳光在窗上照着"干巴巴的不好听，也不美。

师：这个小朋友说得真好，"爬着"就显得特别活泼，"照着"就不活泼了。那我再问一问，为什么"爬着"就活泼了呢？我还不明白。

生："爬着"说明阳光照在窗上不停地移动，就像孩子们爬过留下了一个一个的小脚印，很活泼。

师：嗯，阳光在窗上留下小脚印，很活泼。阳光像小朋友，阳光和人一样活了，能动了，对不对？

生：（齐）对！

师：那么阳光在窗上爬着还说明了什么？你说。

生：这里还说明阳光非常可爱，阳光会动，阳光有脚，是拟人句，把太阳比作人。

师：说明阳光原来照在窗台下面，慢慢地走到窗户上面去，说明时间在流逝，时间在走动，对不对啊？阳光像一个可爱的小朋友一样，有动作，有生命了，多好玩啊！一起再把第一句读读。

生：（齐读）"阳光在窗上爬着"。

师：写诗的时候，诗人用词特别讲究，怎么讲究呢？你们看，"阳光在窗上爬着"，不说"照着"，照着的阳光就没有生命了，爬着就有生命，可爱了。"阳光在花上笑着"，多么可爱的笑脸啊！第三句"阳光在溪上流着"，我对第三句不满意，溪水是流着，阳光照在那个流动的溪水上，我认为这句话可以改一个字，改得比诗人写得更好，谁来帮诗人改一改？阳光在溪上——？我们看，班上现在出现了小诗人了！能改诗就是小诗人！

生：我觉得应该改成"阳光在溪上跳着"，因为小溪上有波纹，在太阳的照射下一闪一闪的，像阳光在跳一样。

（师生鼓掌）

师：你叫什么名字？

生：王曦。

师：跟我们小王诗人握个手，（师生握手）"阳光在溪上跳着"，一起读！

生：（齐读）"阳光在溪上跳着"。

师：你看，"跳"比"流"好，比诗人高明，谁再来改？

生：我觉得可以改成"阳光在溪上跑着"，因为小溪在流动，阳光和它一起流动，所以我觉得可以改成"阳光在溪上跑着"。

师：你大声把你这句读一读！

生：阳光在溪上跑着。

师：掌声给她！（鼓掌）你叫什么名字？

生：葛咏梅。

师：葛咏梅，葛诗人。我们的小葛诗人又产出了"阳光在溪上跑着"。多好啊！你来改。

生：我想说"阳光在溪上飞着"，因为阳光轻柔地照在水面上，溪水又是流动的，就像飞一样的。

师：哎呀，阳光越来越快乐了，越来越活泼了，跳着，跑着，现在又"飞"起来了，多好玩呀！还有吗？你来改！

生：阳光在溪上跃着。

师："阳光在溪上跃着"，是跳跃的跃吗？（生：是。）

生：小溪一直流淌着，有时水花会调皮地溅起来。

师：说得多好，阳光随着溪水调皮地跳"跃"，很好。还有谁来改？你来改改看！

生：阳光在溪上游着。

师：嗯，阳光像孩子在水里游泳，不错！还有吗？

生：阳光在溪上变着。

师：阳光在溪上变着，怎么变呢？

生：因为小溪上有波纹，阳光照在上面，一动一动的。

师：哦，在上面变着，像变形金刚一样，变出各种各样的形状出来。好的，（看到还有很多学生举手）还有啊？我觉得我好像不会改了，你们还有？

生：有！（齐）

师：那你来改一个！

生：阳光在溪上滑着。

师：滑？怎么滑？为什么说"太阳在溪上滑着"呢？

生：因为我从第一句"太阳在窗上爬着"感觉太阳像个小孩子，"在溪上滑着"，太

　　阳就像一个小朋友在起伏的山坡上滑雪，忽上忽下，姿态很优美。

师：哦，滑了下去，姿态优美、轻盈。多好呀，我怎么没有想到呢！让我看看你的小脑袋，这可是了不起的小脑袋。（生大笑，气氛活跃。）还有吗？（众生举手）我都不敢相信，你们太厉害了！（指名）

生：阳光在溪上舞着，阳光在溪上闪烁，就像一位婀娜多姿的少女在展示自己优美的舞姿。

　　（师生热烈鼓掌）

师：一个"舞"字，多妙呀！你真是个大诗人，你太厉害了。（学生乐滋滋地坐下。）大家把手放下，等会儿老师还会给你们创作的机会。什么是诗呢？就是用恰当的语言，把没有生命的东西写得充满生命活力，写得和小朋友们一样活泼可爱。阳光在溪上跳着，好玩！阳光在溪上跑着，好玩！阳光在溪上舞着，多美呀！这就是写诗。诗中写了四句，阳光在窗上怎么样，在花上怎么样，在溪上怎么样，在妈妈的眼里怎么样，你们能不能给这首诗加一句，阳光在什么地方怎么样？同桌讨论讨论。

师：下面我来看看我们班谁像一位真正的诗人，哇！这么多人举手呀，举手的都是诗人，你来。（指名）

生：阳光在树上睡着。（生鼓掌）

师：阳光在树上睡着，一个"睡"字，让我们好像看到了阳光那张恬静的脸，写得多好，有诗意！

生：阳光在同学们的眼睛里游戏着。

师：可以，但是上面已经有了阳光在妈妈的眼睛里亮着。

生：阳光在我们的脸上笑着。

生：阳光在树枝上荡着。

生：阳光在草地上打滚。

师：好！我们看到阳光在动了，多么活泼可爱。你来。

生：阳光在走廊里玩着。

生：阳光在狮子的背上坐着。

师：哎哟，这阳光够大胆，够勇敢的了，竟坐在狮子的背上，太厉害了。

生：阳光在大地上走着。

师：好，我看到阳光的脚了，看到她轻盈的脚步了。

生：阳光在我们的脸上亲着。

师：掌声送给这位小朋友，（生鼓掌）在小朋友们的眼里，阳光有嘴了，她在亲我们呢。

生：阳光在我身上吻着。

生：（一生听了迫不及待地举手）老师，他这句和刚才那一句有些重复，我想帮他把这句诗改一下，阳光在我们身上抚摸着。

师：阳光有手，轻轻地抚摸着我们，阳光有嘴，亲吻着我们，都不错。老师发现你们个个都是诗人，写得比这位作者诗人都好，是不是呀？

生：是！（听了老师的夸奖，孩子们都很得意、兴奋。）

师：同学们，我们写得这么好，还是要感谢这首诗，它是我们的老师，（师指屏幕上《阳光》那首诗）一起读。

生：（齐读）。

（三）诵读《太阳》，创编诗句。

师：嗯，读得不错。现在我们三（3）班的同学都是小诗人了，下面我们还要继续变，变成什么呀？

生：（齐读）大诗人。

师：你们想做大诗人呀？

生：想呀。

师：到底能不能做大诗人，下面就看你们的了。我们来看第二首诗《太阳》。（出示《太阳》）

太阳
梁上泉

在大海，
太阳是从水里跳出来的；
在平原，
太阳是从土里冒出来的；
在山村，
太阳是被雄鸡叫出来的；

在森林，

太阳是被鸟声闹出来的

……

哦！整个世界，

是被太阳照出来的。

师： 谁来读？（指名）

师： 好的，读得不错，下面我们一起来读，我读上半句，你们读下半句，题目一起读。

（师生对读诗歌。）

师： 读完这首诗，我就纳闷了，太阳怎么会从水里跳出来呢？你说。

生： 我看过夕阳，大海非常大，太阳就像跳出来一样。

师： 那看到的太阳不是跳出来，而是一个猛子扎进去了。（生大笑）

生： 呵呵，我刚才说错了。大海上波涛起伏，太阳升起，就像在海面上跳动，给人的感觉就像从海里跳出来似的。

师： 这次说得有道理，请坐。诗中说太阳从土里怎么样出来的呀？

生： 冒出来的（生齐）

师： 怎么冒出来？

生： 太阳从地平线上升起，就像是从土里冒出来一样。

师： 哦，冒出来的，如果让你把"冒"字改一下的话，你会改成什么字？诗人写的也能改呀，谁来？

生： 伸，伸出来。

师： "伸"字，好像不像是个人呢，"冒"像个小朋友，跟你们躲猫猫呢。你说说。

生： 太阳从土里探出头来。

师： 探出头来，像个小朋友了。

生： 太阳从土里钻出来。

师： 不错，可以的。那太阳在山村里被雄鸡怎么样呀？

生： （齐读）叫出来的。

师： 好了，不说了，下面考考你们是不是大诗人。

出示：

在山顶，

太阳是被（　　　）；

在学校，

太阳是被（　　　）。

师： 这个有难度了，如果你能说一句，老师就很佩服了。在山顶，太阳是被——

生： 在山顶，太阳是被吓出来的。（众生笑。）

师： 为什么是被吓出来的呢？

生： 因为山顶有动物在叫，太阳就被吓出来了。（生说完，自己笑了。）

师： 哎呀，太阳和你的胆子一样小，你说得完整一点，太阳是被什么吓出来的？

生： 在山顶，太阳是被狼嚎吓出来的。

师： 哦，是被狼嚎吓出来的，这是个胆小的太阳。

生： 在山顶，太阳是被风声吹出来的。

师： 不是被风声吹出来的，是被风吹出来的。看来这个太阳像气球一样，轻飘飘的，是吗？（是。）一吹就吹出来了。

生： 在学校，太阳是被妈妈打出来的。（众笑。）

师： 太阳什么会被妈妈打出来呢？

生： 太阳是个小懒虫，早上天冷钻在被窝不肯起床，被妈妈打屁股打出来了。

师： 孙老师明白了，原来这是个小懒虫太阳。

生： 在山顶，太阳是被雏鹰喊起来的。

师： 哦，是被喊起来的，你想象力真丰富。

生： 在山顶，太阳是被山峰托出来的。

师： 很好玩，山峰用手托出太阳，真是个大力士呀。

生： 在山顶，太阳是被蓝天扯出来的。

生： 在山顶，太阳是被人们的欢呼声吵出来的。

生： 在山顶，太阳是被猎人打出来的。

师： 等一下，你看作者写得多优美呀，谁给我们来句优美的？

生： 在山顶，太阳是被云彩弄出来的。

师： 本来挺美的，被"弄"得不美了。谁来把"弄"字改一改。

生： 在山顶，太阳是被云彩画出来的。

生： 在山顶，太阳是被云彩写出来的。

师： 美是美了，但太阳失去了动感。

生： 在山顶，太阳是被云彩吸引出来的。

师： 是被云彩吸引出来的，不错。写诗，不仅要写得可爱、活泼，还要写得优美。下面我们来看第二句，跟你们有关，"在学校，太阳是被——"

生： 在学校，太阳是被老师叫出来的。

生： 在学校，太阳是被同学们喊出了的。

生： 在学校，太阳是被小升旗手升起来的。

师： 真好，在学校太阳和我们的国旗一起被我们的小小升旗手冉冉升起来的。

生： 在学校，太阳是被我们的琅琅读书声召唤出来的。

师： 太阳也想读书呢，被我们的读书声吸引了。

生： 在学校，太阳是被小朋友唤醒的。

生： 在学校，太阳是被我们的吵闹声惊醒的。

生： 在学校，太阳是被我们的脚步声吵醒的。

师： 哦，又是被我们吵醒了，还有吗，有不一样的吗？

生： 在学校，太阳是被我们的笑声唤出来的。

师： 被笑声唤出来的，多美呀，你们银铃般的笑声吸引了太阳。好的，谁再来一句。

生： 太阳是被食堂里的香味引出来的。

师： 被食堂里的香味引出来的，这个妙！但如果把"引"字换一个词，就更妙了，这个"引"字不像我们小朋友。

生： 引诱。

师： 引诱不太准确。

生： 在学校，太阳是被食堂里的香味馋出来的。

（生不由自主地鼓掌。）

师： 大家的掌声是对你最好的肯定，我们好像看到了，太阳在——

生： 流口水了。

师： 一个"馋"字，多形象呀！老师感觉我们三（3）班的孩子人人都是诗人，太厉害了。下面，我们连起来读一读，后面两句你想怎么加就怎么读，不一样没关系。

生： （齐读）《太阳》

（四）展开想象，创作小诗。

师：你们自己创作一首诗可以吗？

生：可以！

师：同学们，能写一句是小诗人，写两句也是小诗人，写三句就是中诗人了，如果你能写四句，你就是大诗人了。如果能写到五句，写到六句，就是什么呀？

生齐：大大诗人。

师：我们来试试看，你可以仿照《阳光》，把同学们发言时优美的句子组织好汇成一首诗，也可以仿照《太阳》发挥自己的想象写一首诗，你们也可以自由发挥创作一首诗。请大家打开本子，每人创作一首诗，先写题目，再写上你的大名。

（生各自打开作业本静静地写诗。）

师：下面我们交流一下，谁先来展示一下自己创作的诗歌？（指名）

生朗读自创诗歌：

太阳

在大海，

太阳是被浪花拍打出来的。

在山顶，

太阳是被云彩吸引出来的。

在学校，

太阳是被琅琅的读书声召唤出来的。

在山村，

太阳是被袅袅的炊烟熏出来的。

（读完后大家热烈鼓掌。）

师：了不起，大诗人呀，一下子就写了四句。（刚想叫孩子回座位，老师突然发现孩子诗中有一个错字，召唤的"唤"写成了"换"字。）等等，我问你，召唤是用什么召唤呀？

生：用嘴呀。

师：你再看看你是用什么召唤的？你要是用手召唤太阳，人家敢出来吗？（生发现自己写错了，不好意思地笑着跑回座位修改。）

师：我们再请人读一首创作的小诗。（指名）

生大声朗读：

阳光

阳光在树枝上荡着，

阳光在草地上躺着，

阳光在小溪上舞着，

阳光在我们的脸上乐着。

（全班鼓掌）

师：最后这个"乐"字"乐"得好呀，我好像看到了阳光下你们一张张灿烂的笑脸。

师：请你来读读你创作的诗。

生：《月亮》

三（3）江玮烨

月亮是被白云拖出来的，

月亮是被花香馋出来的，

月亮是被微风吹出来的，

月亮是被大树摇出来的，

月亮是被泉声敲出来的，

月亮是被大山捧出来的，

一切都闪耀在如水的月光里。

（全班鼓掌）

师：一切都沐浴在月亮的光辉中，写得太美了。今天的课堂上，我看到了你们高高举起的小手，看到了你们饱含激情的脸庞，感受到了你们积极参与学习的热情，读到了你们创作的优美的小诗。谢谢你们，课堂上的你们让孙老师很感动。今天课就上到这儿，下课！

生：起立！

师：同学们再见！

生：老师再见！（全场响起热烈的掌声）

【附录课文】

阳　光（林武宪 台湾）

阳光在窗上爬着，
阳光在花上笑着，
阳光在溪上流着，
阳光在妈妈的眼里亮着。

太 阳（梁上泉）

在大海，
太阳是从水里跳出来的；
在平原，
太阳是从土里冒出来的；
在山村，
太阳是被雄鸡叫出来的；
在森林，
太阳是被鸟声闹出来；
在山顶，
太阳是被＿＿＿＿＿＿；
在学校，
太阳是被＿＿＿＿＿＿＿＿；
哦！整个世界，
是被太阳照出来的！

安徽支教和山里娃娃合影

六、情智田野里绽放的一朵奇葩

——评述孙双金《儿童诗》教学

国家督学　成尚荣

　　说到孙双金，自然想到他的"十三岁以前的语文"，自然想起他的"情智语文"。十三岁以前的语文、情智语文编织成了孙双金的语文世界。在这个世界里，十三岁以前的语文是他研究的领域和对象，像是一片蔚蓝、纯净的天空；情智语文则是他坚守的教育核心理念和所追求的境界，像是一片希望的田野。在蓝天下，在他的田野里，常常绽放出一朵朵绚丽的鲜花。近日，我欣赏到一朵小花，名字叫"儿童诗"。不仅是我，是所有听课的人都为之击掌，兴奋不已。

　　其实，说小并不小。言其小，是因为它太可爱了；言其不小，是因为它小中见大是奇葩，透射出浓浓的情趣和大智慧；而这样的透射，又是"潜伏"着的，是悄悄的，因而，它仍然是"小"的。也许，这正是孙双金语文世界的魅力。让我们来欣赏这朵奇葩，看看孙双金是如何揭开儿童诗教学密码的。

（一）崇高的立意：让孩子们会说"我赞美"

　　《儿童诗》教学之所以如此有魅力，是因为孙双金在自己的心灵深处对诗有着深刻的认识。诗，是最生动也是最深刻的教育。他记着孔子的话："不学诗，无以言"；他记着日本作家池田大作的话，"诗连联接人、社会、宇宙的心"；他也记着高尔基的话，"诗不是属于现实部分的事实，而是属于那比现实更高部分的事实"；他还记着雪莱的话，"诗人是立法者，是民族和时代的先知"。孙双金之所以在教过李白、杜甫等古典诗词以后，又以"儿童诗"为专题，自选教材，进行教学，正是掂量到诗教的特殊价值和意义，尤其是诗对儿童心灵的陶冶，对语言敏感性、高尚性的捕捉，对想象力的激发，有着微妙而不可估量的影响，因而，他的诗教立意是很高的。从整堂课看来，孩子们在孙双金的带领下，沉浸在《阳光》和《太阳》的诗境之中，沐浴在灿烂的温暖的阳光里，沐浴在快乐与幸福之中。课中，我们听到的孩子们一个个回答、一次次吟诵、一句句创作，似乎听到的是："我赞美""我快乐""我幸福"。是的，里尔克曾经就这么讲过："将诗人的工作阐释为'我赞美'。"也许这可看成是今天的教育家的恳求：别忘了我们的使命是引领人们追求崇高。孙双金构筑童诗的教学，让孩子们会自觉地"我赞美"，就是引导孩子们追求伟大与崇高。这是孙双金教学的立意。从这个角度看，孙双金正在努力使自己成为一个语文世界的"立法者"，成为崇高的引领者。

（二）坚定的信念：让"未被承认的天才"真正成为天才

《儿童诗》教学之所以这么有魅力，是因为孙双金的心灵深处还永远住着儿童。儿童是谁？儿童在哪里？有的人不知道，有的人虽知道但很模糊，有的人不模糊但很不坚定。孙双金不。他是语文教师，但他首先是儿童研究者。在孙双金的语文世界里，语文教学与儿童研究不是两回事，而是一回事，两回事融合在一起，就是美国哈佛大学著名学者达克沃斯所说的"教学即儿童研究"。说真的，在孙双金的课堂里，尤其是在这节课教学中，你分不清哪是在教学，哪是在研究儿童，研究儿童已不仅仅是教学的前提条件、基础，而且已"融化"在教学之中。孙双金发现了儿童的什么呢？他发现儿童在哪里呢？也许俄罗斯诗人沃罗申的诗句启发了他："儿童是未被承认的天才。"在孙双金看来，儿童首先是天才，因为在他的生命内部隐藏着巨大的发展和创造潜能。这是他坚定的信念。他承认儿童是天才，才会在教学一开始就说，要把孩子"变"成诗人；才会让孩子们去改诗，"第三句'阳光在溪上流着'，我认为可以改一改，改得比诗人写得更好"；才会让孩子们添加一句诗："阳光在什么地方怎么样"；才会让孩子们创作一首诗。他的那段话：同学们，能写一句是小诗人，写两句也是小诗人，写三句就是中诗人了，如果你能写四句，就是大诗人了，如果能写五句、六句就是大大诗人了。尽管"大大诗人"是孩子自己说的，但这一切不是戏说，不是"忽悠"，而是发自内心的认可与赞赏。孙双金的这一堂课，包括他所上的其他课，都是让"未被承认的天才"真正成为天才。可以这么说，孙双金的语文世界，是激发儿童成为"诗人"的世界，是在登山过程中成为天才的过程。要知道，坚定的信念会变成伟大的力量。

（三）诗与儿童特质的对接：让想象的翅膀飞起来

《儿童诗》教学的魅力还在于他准确地把握住了诗的特质：想象。而且，他又准确地把握住了儿童思维的特质：想象。孙双金正是把诗的特质和儿童思维的特质连接起来，让想象在教学中"接榫"。想象为月光，无处不洒到，想象是自由的、飞翔的，只有想象尚未抵达的地方，没有想象不可抵达的地方。有人说，你可以限制我的脚步，但约束不了我想象的翅膀；你可以遮蔽我的双眼，但遮不住我心中想象的光芒。孙双金则说，想象可以越过高山，越过平原，穿过森林，穿过大江，进入儿童的心灵。是的，想象是诗之所以成为诗的密码与力量，想象是儿童发展的第三种力量与密码。当密码与密码对接的时候，当力量与力量融合的时候，《儿童诗》教学成功的奥秘，就被自然解开。想象已成为孙双金语文世界里飞翔着的"探索器"。你听，孩子们为诗加上的一句句："阳光在树上睡着"，"阳光在树枝上荡着""阳光在走廊里玩着""阳光在我脸上吻着"……何止是语言运用，更重要的是孩子展开了想象的翅膀。就在飞翔、探测的时候，他们思维活跃了，心灵开放了，智慧与情趣都飞起来了，第三种力量已成为儿童不可或缺的重要力量。

（四）动词开发：让诗充溢生命力和灵性

曾有一位特级教师对我说，香港和内地老师教语文时，对词性的关注重点是不同的，内地老师关注名词，而香港老师则关注动词。他接着说，关注动词，可以使文章"活"起来，使语文教学"活"起来。对此，我未去考证，不过，我想，不管实际情况如何，关注词性教学，抓好动词教学是很有道理的。我记得叔本华说过，"形容词是名词的仇敌"。老舍的解释是"好的文字是心中炼制出来的；多用些泛泛的形容词或生僻字去敷衍，不会有美好的风格。"说得好，孙双金深谙此道，深谙诗歌中动词的重要，于是，他整个一堂课都在致力于动词的开发。他从原诗中的四个动词"爬""笑""流""亮"开始，让儿童读出韵味，想象出画面，想象出阳光是个调皮可爱的小孩；然后生发出数不清的动词，跳、跑、跃、滑、舞、睡、荡、玩、亲、冒、馋、闹、叫、探、拍打、抚摸、召唤，等等。一个动词就是一个生命，一个动词就是一种情景，一个动词就是一种情感。动词在孩子们心里飘荡着，在孩子们的脑海里跳跃着，在孩子们的想象中舞动着，于是，诗有了生命，诗教有了生命，孩子们的思维和想象有了生命，有了灵性。这是动词开发的最大价值。我们的讨论再往远处走一走，十三岁以前的语文天空之所以如此美丽而宽广，情智语文之所以如此生动而深刻，可能都是因为孙双金善于用动词去开发文本的生命，再去开发语文的生命，进而去开发孩子们的生命。于是，灵性自然就"探"出了小脑袋，就会像小脚丫在阳光下爬着、滑着、跃着、舞着……

（五）学会学习的诱导：让自己变成儿童

整堂课教学中孙双金既像老师，又不像老师。像老师，因为他确实比孩子们懂得更多也更深，他始终在引导，在教学。不像老师，因为他像个儿童，这也"不懂"，那也"不行"，总是在恳求孩子们帮助他。孙双金就是在"像"与"不像"中穿梭，变换角色，改变方式，诱导孩子们自己学，学会学，创造性学，也享受学习。准确地说，孙双金寻找到了诱导儿童学习的根本办法，那就是让自己"矮下去"，让自己成为学生帮助的对象。一是他像孩子一般发出疑问："阳光没有手，又没有脚，怎么爬呢？"二是他像孩子一般体味："嗯，阳光在窗下留下小脚印，很活泼，阳光像小朋友，阳光和人一样活了，能动了，对不对？"三是像孩子一般发出赞叹："你真是个大诗人，你太厉害了。"四是故意带有"威吓"，激将孩子："诗人写的也能改呀?！谁来？"最后他说："课堂上的你们让孙老师很感动，谢谢你们！"把自己变成儿童，是一种艺术和智慧，正是自己的"变小"，诱导了孩子的大气志；正是自己的"变矮"，诱导了孩子的高追求。往深处讲，当自己变成儿童的时候，教室里三个儿童在相遇、对话：教室里的儿童、诗中的"儿童"，还有教师这个"儿童"。这是多么美妙、感人的情景啊！当大家都在为"以学生的学为核心"而苦苦寻找办法的时候，孙双金却巧妙地化解了难题，他成功了，因为，他把自己当作了儿童，让出了学生学习的权利，让出了学生创造的空间，"让"出了极为和谐的师生关系。

阿根廷的博尔赫斯曾经讲过，诗歌只允许卓越。何止是诗歌呢，孙双金的《儿童诗》教学不也是这样吗？一个苹果里有多少颗种子，是可以数得出来的；可是，一粒种子可以结出多少个苹果却无法预测。孙双金的《儿童诗》教学不正是这样吗？

七、《论语》（情境化阅读）

——《论语》课堂实录

（一）课前交流，自然入课

师：同学们好！（鞠躬）

生：老师您好！（鞠躬）

师：我们每个人啊，心中都有自己崇拜的人，用现在时髦的话说呢，都有自己心中的偶像。你心中的偶像是谁呢？夏昆，你心中的偶像是昆虫吗？

生：我心中的偶像现在是周杰伦。

师：周杰伦是他的偶像。歌唱得那么好，自己作词，作曲。

生：我的偶像是成龙。

师：成龙是他的偶像，武功高超。你就是崇拜他的武功吗？

生：我还崇拜他经常捐献灾区。

师：成龙不仅是武功大师，还是慈善家，是不是呀？著名的慈善形象大使。这次奥运会，成龙就是形象大使，很好。德才兼备的成龙是他的偶像。你的偶像呢？

生：我心中的偶像是爱迪生。

师：为什么？你举几个例子听听，爱迪生发明过什么？

生：他发明过电灯。

师：电灯是爱迪生发明的。如果没有爱迪生的发明，恐怕灯火辉煌的光明会推迟几十年乃至上百年，我们就会生活在黑暗当中。他崇拜伟大的发明家爱迪生。

生：我崇拜湖人科比。

师：科比？我不了解，你介绍一下呢？

生：他是湖人队的一名猛将，算是后卫。

师：他是什么明星？

生：篮球明星。

师：他崇拜科比。同学们，你们有的崇拜歌星，有的崇拜武术大师，有的崇拜发明家，有的崇拜著名的运动员球星。

今天啊，孙老师推荐一位你们必须崇拜的人，谁呢？

（二）谈论孔子，聚集人物

师：（板书：孔子）你了解孔子吗？为什么要崇拜孔子吗？你不了解他怎么崇拜他呢？

生：因为孔子，55 岁时就周游列国，他子弟有 3000 多人，其中最出名的有 79 人，现在改成了 72 人。

师：孔子，一生培养了 3000 多位弟子，72 位贤人，为国家培养了许多的栋梁之材，是伟大的教育家，我们要崇拜他。

生：孔子还是儒家学派的创始人。

师：孔子还是儒家学派的创始人，中国文化的核心文化是什么文化呢？是儒家文化。孔子是中国文化的奠基人。没有孔子，就没有我们今天源远流长的中国文化。所以，我们要崇拜孔子。说得真好，还有吗？

生：我还知道，孔子是个思想家，他是全球十大思想家之一。

师：孔子是伟大的思想家。什么样的人称之为思想家呢？就是他产生出来的想法和思想能影响一个民族，影响全球的发展进程。他的思想影响着几千年后人的行为。孙老师从报纸上看到，1988 年，全球的诺贝尔奖获得者 75 个人，在法国巴黎召开一次会议，研讨进入 21 世纪后怎么让我们全球人过得更好。最后他们发表了一个宣言，叫《巴黎宣言》："世界进入 21 世纪，要让全球的人过得更好。要到哪里寻找智慧呢？要到东方 2500 年前的孔子那里寻找智慧。"孔子是伟大的思想家，直到今天都影响着我们的思想和行为。你还了解吗？

生：孔子一生以温、良、恭、俭、让五个字来做人。

师：说得真好！孔子呀，作为儒家学派的代表人物，在他身上体现最明显的风度是五个字（出示 5 个手指，做手势）。温，温和。恭，恭敬。良，善良。俭，节俭。让，谦让。孔子作为中国文化的符号和代表，在他身上体现的是温、良、恭、俭、让。所以作为一个中国人，真正的中国人，受中国文化熏陶的人，我们表现出来的风度也应该是温、良、恭、俭、让。正因为孔子是伟大的教育家，伟大的思想家，中国文化的奠基人和创始者，所以作为一个中国人一定要了解孔子，崇拜孔子。从哪些渠道了解孔子，你们知道吗？今年是孔子诞辰 2560 年，如孔子活到今天，就是 2560 岁，离我们这么遥远了，我们该从什么渠道了解孔子呢？你说。

生：我们是从《论语》这本书里了解孔子的。

师：真好。《论语》这本书（手指电子屏幕）是孔子去世之后，他的弟子们整理出来的。书中记录了孔子生前和弟子们交流的语言，记录了孔子的语言，就记录了他的思想，就记录了他的文化。

2005 年，我到英国去考察，住在旅馆里面，发现旅馆床头柜上有本厚厚的书，一看是《圣经》。问服务员，服务员说这本《圣经》是送给每一位住店的旅客的。西方人几乎每个人都读《圣经》。西方有《圣经》，我们中国有没有自己的《圣经》呀？有！

我告诉你们，《论语》就是中国的"圣经"。作为一个中国人，一定要读我们自己的"圣经"。今天这堂课，孙校长就和同学们一起走进我们中国的"圣经"——《论语》。

（三）创设情境，学习"开学典礼"

师：当，当，当，孔子学院的钟声响了，四面八方的弟子汇聚在孔子学院的杏树下，静静地等待他们的老师孔子来给他们做开学典礼的讲话。只见高大的孔子稳步走上讲台，看着来自四面八方的弟子们，向他们讲了三句话："学而时习之，不亦说乎？有朋自远方来，不亦乐乎？人不知而不愠，不亦君子乎？"孔子讲完这三句话，用眼睛看了看下面的弟子。有的弟子朝着孔子微微点头，脸上露出笑意；有的弟子眉头紧锁，不理解老师讲的三句话是什么意思。孔子看到大家不同的表情，微微一笑，转身走下讲台，回到他的书房。弟子们等孔子走了，就纷纷议论起来。

一个叫子禽的弟子就问子贡："子贡呀，老师开学典礼讲的三句话是什么意思呀?"子贡也问他同学颜回:"颜回啊,老师为什么在开学典礼上只讲这三句话呢?"

我们今天就来学习孔子在开学典礼上讲的三句话。跟老师读这三句话。子曰"学而时习之……起。"(电子屏幕出示三句话的字幕)

生:(齐读)子曰"学而时习之,不亦说乎?有朋自远方来,不亦乐乎?人不知而不愠,不亦君子乎?"

师:请我们男同学一起读一遍,"子曰,起。"

生:(男生齐读)。

师:这三句话是什么意思,你们懂吗?不懂的同桌讨论,讨论,这三句话是什么意思呢?

生:(同学们相互讨论)。

师:交流一下,你是怎么理解这三句话的?谁来交流?(举手示意发言)

生:"学而时习之,不亦说乎?"我觉得是,学习以后温习,是件很快乐的事。

师:第一句,这是他的理解。第二句呢?

生:"有朋自远方来,不亦乐乎?"有志同道合朋友从远方来,不也是件很快乐的事情吗?

师:"志同道合"这个词说得真好!第三句呢?你来。

生:"人不知而不愠,不亦君子乎?"别人不知道我,我不生气,这不是君子的做法吗?

师:说得真好!三句话理解得很好。我们再读一遍,好好体会一下,"子曰,起。"

生:(齐声朗读)。

师:古代之学和我们今天之学是有区别的,区别在哪里呢?我们看看古代的学是怎么写得呢?(板书:_____)这是一只手,这是另一只手,这二叉代表知识和智慧。一个长长的东西把下面遮住了,遮住的是谁呢?你们看看,下面像什么?像一个什么人?

生:像一个在读书的人。

师:像一个书童,一个孩童,一个儿童。孩子的头呀都是大大的,告诉我们什么呢?小孩子生下来,是有东西把他遮蔽着的,长长的东西把他盖住了,蒙蔽住了,所以我们讲小时候的儿童叫蒙童,小学教育叫启蒙教育。要教孩子们学什么呢?

要教孩子们一只手伸出来去接受知识、智慧和做人的道理。一只手学着把盖着的东西掀掉，这就是古人之学（一边指着板书抽象示意图做手势，一边讲解）。古人把学哪些东西都称之为学呢？你猜猜看？

生：古人不仅学了知识，学习种树呀，不管什么事，只要是你不知道的，你去学，这都是学。

师：生下来，学吃饭是学，学走路是学，学做人是学，学骑车是学，学游泳是学，不仅仅是我们今天的学语文，学数学，对不对呀？所以这个"学"，是广义的学。我们读一读。

生：（齐读）"学而时习之，不亦说乎？"

师：他的弟子子禽他不赞同老师的观点，他急急忙忙跑到孔子书房里和孔子探讨起来。老师，我不同意你的观点，你说"学而时习之，不亦说乎？"很快乐很喜悦的。我认为："学而时习之，不亦苦乎？"子禽认为，经常学习，经常温习是非常苦的事，非常枯燥的事，非常辛苦的事。你是同意孔子的观点，还是同意他弟子子禽的观点呢？你们讨论，同桌讲讲，看谁能说服谁。

生：（同桌相互交流）。

生：我觉得孔子说得对。因为学习完了就复习，这样考试的成绩就能提高，自己能够学到扎实的知识。

生：我的观点是孔子说得对，我们学习之后按时温习，长大了做一个对国家有用的人。

生：我的观点是认为孔子说得对。我们可以联系到一句话就是"温故而知新，可以为师也。"温故之后，你就懂得第二层的意思，所以我认为，学习之后的复习是件快乐的事情。

师：哎呀！（脸上略带笑意）这真是个小孔子。他把这句话和后面一句话联系起来了，为什么学习经常温习他很快乐呢？因为温故而知新，能够知道新的东西，能够做老师了，就是很快乐的。现在有些同学不停地做作业，你不感到是件苦恼的事吗？你有这样的感受吗？

生：有时候学完之后复习，是感觉挺辛苦的。

师：（笑问道）为什么辛苦？

生：因为要一遍一遍地复习，一直在很用心地学，所以觉得辛苦。

师：他认为辛苦，他同意子禽的观点。你的观点呢？

生：我觉得也挺辛苦，因为这样时时复习眼睛也会非常疲劳。

生：我认为孔子的观点是对的，你学会了知识在不断的温习中，有所收获的是快乐。

师：学习是辛苦的，学习有的时候也是比较艰苦的。但是自己想学，自己在学习当中寻找到自己学习的乐趣就是很快乐的事。对不对呀？这里的"习"怎么解呢？有人知道吗？（电子屏幕上的光标点在"习"字下面）

生：还可以说是预习。

师：这里不是预习。学习过的东西再去温习它，练习它，操练它，实践它，就会感到非常快乐。快乐在哪里呢？我们接下去看第二句。

生："有朋自远方来，不亦乐乎？"

师：为什么有朋友从远方赶来，就感到特别快乐呢？说给我们听听看。

生："有朋自远方来，不亦乐乎？"有朋友从远方来，有共同话题，就可以共同讨论，而共同交流是很快乐的事。

师：志同道合的朋友从远方来，会跟你交流什么呢？

生：交流一些自己生活上的问题，学习上的事情。

生：既然是志同道合的朋友，他们两人的习惯是一样的，他们交流的是同样的话题。

师：志同道合的朋友不是说习惯一样，是什么一样？

生：有相同的兴趣爱好。

生：性格比较相同。

师：还有什么相同？最重要的相同是什么相同？

生：他们的志向相同。

师：你叫什么名字？

生：我叫赵润澜。

师：好。讲起话来都波澜壮阔，与众不同。什么样的朋友叫志同道合的朋友？和自己有共同的志向，共同的理想，共同的追求，这样的人叫志同道合。这样的人从远方赶来，肯定是交流你们之间的学问，你们自己的理想，你们自己的人生感悟，你们的人生追求。这样的人在一起交流啊，才叫"酒逢知己千杯少"啊！我们一起读一读。

生：（齐声朗读）。

师： 把你们的快乐读出来。

生： （再次齐声朗读）。

师： 你看，学习不是很快乐的吗？等你有了学问之后，你就有了志同道合的朋友，你有了志同道合的朋友从远方赶来和你交流。如果你没有理想，没有志向，没有追求，你就不会有志同道合的朋友。我们再把这句读一读。

生： （齐声朗读）。

师： 要学习啊！学习是快乐的，他会给你带来朋友。第三句，女同学齐读。

生： （女生齐读）。

师： 这里有一个关键词呀，比较难理解的是这个词，读什么？（电子大屏指光标点在"愠"字的下方）

生： 愠。

师： "愠"是什么意思？这个字比较难懂。

生： 我觉得"愠"是不生气的意思。

师： 那"不愠"呢？

生： "愠"是生气的意思。

生： 我觉得"愠"是怨恨的意思。

师： 心中生气，心中怨恨。所以它是什么偏旁？（板书：愠）

生： 竖心旁。

师： 温习的"温"，三点水改为竖心旁。跟人的心情有关系，心中生气，心中怨恨别人，叫"愠"。和前面的"说"，同今天的"悦"（板书：悦〈说〉），"喜悦"的"悦"，也是竖心旁。学习是个人的事，心中喜悦，都是反映人的心情的，所以竖心旁。

哎呀！子禽又去问孔子："老师，你整天叫我们学呀，学呀，我们学得有本事了，学了一身的学问了，可是人家不用我们，你到过多少个国家，游历了多少个国家，哪个国家的君主都不用你，都不懂你，都不理解你，你还叫我们心中不生气，不怨恨人家，我做不到。人家不了解我，人家不重用我，我就要生气。"你同意谁的观点？

生： （齐答）孔子。

师： 说说理由。

生：最后一句"不亦君子乎"，意思是"不也是君子的做法吗?"。这句话的意思是，别人不了解你，你不生气就是君子的做法。

师：如果生气呢?

生：如果生气了就不是君子了。

师：如果生气的话，就还没达到君子的境界。当别人不了解自己，不重用自己，仍能保持一种快乐的心境，不生气，不怨恨，这就是君子的境界。这是很高很高的境界，一般人都做不到。历史上谁能做到? 诸葛亮! 当别人不了解他，他藏在卧龙冈，整天交友，读书，非常快乐。你们不用我，我还是很快乐，当你用我的时候，我就出来辅助你刘备。"人不知而不愠，不亦君子乎?"这是一个人生的崇高境界。我们要向往之，追求之。我们一起把第三句读一读。

生：（齐声朗读）。

师：看到了吗? 孔子在开学典礼上讲了三句话，"学而时习之，不亦说乎?"内心喜悦。

"人不知而不愠，不亦君子乎?"不生气，也是要内心平静。"有朋自远方来，不亦乐乎?"要快乐（板书：乐）。这三句话都是教我们要做一个什么样的人啊?

生：这三句话是教我们做一个快乐的人。

师：说得好!（竖起大拇指）

生：我觉得这句话是教我们做一个有道德有修养的君子。

生：我觉得教我们做一个乐观向上的人。

生：教我们做一个正直的人。

师：正直的、快乐的、乐观的人。孔子作为一个教育家，开学典礼讲的三句话，要教我们学习做人。他没有讲语文，没有讲数学，他讲要做人。做一个什么样的人呢? 做一个快乐的人，做一个快乐的君子，做一个有修养的人，这才是中国文化，儒家文化最根本所在。大家背一背，好好地体会体会。

生：（放开声各自背诵、并齐声背诵）。

师：我们今天是语文课，所以我们不仅讲要做人。你们看孔子的语言有什么特点呢? 我看谁有发现的眼睛。孔子三句话的语言有什么特点?

生：我觉得孔子三句话都很精练。

师：精练!（语气重）这是孔子语言的一大特点。你真了不起，你能看出精练，我能看出你内心思想精辟！精练，真棒！（竖起大拇指夸奖）一句话顶一百句，这就是孔子的语言。

生：精练，虽然字很少，道理却很深。

师：非常少的字，说了非常深刻的道理。这就是经典的语言。太棒了，请坐！（竖起大拇指表扬）

生：孔子的语言很押韵。

师：（略带欣喜）呀?！你从哪里能看出押韵?

生："不亦说乎，不亦乐乎，不亦君子乎。"

师：你真了不起呀！你有一双特别的耳朵，难怪耳朵这么大，他的耳朵听出声音来了（场下略带笑声）。"说乎、乐乎、君子乎"，最后一个字都是押韵的，你的乐感特好，你读给大家听听看，把这个押韵读出来。

生：（声情并茂地读）"不亦说乎，不亦乐乎，不亦君子乎。"

师：多好啊！有音乐感。孔子的语言，还有什么特点?

生：孔子的语言对仗，朗朗上口，很容易记住。

师：从哪里能看出对仗呢?

生："学而时习之，有朋友自远方来，人不知而不愠"以及他的结尾"不亦说乎，不亦乐乎，不亦君子乎"。

师：这三句话都有一个共同的句式："不亦……乎，不亦……乎，不亦……乎"这是孔子语言的特点（板书：不亦……乎?）"不亦……乎"不也是很高兴的事吗? 不也是很快乐的事吗? 不也是君子吗? 都是什么句式? 反问的句式，排比的句式，语言多么富有文采，读起来特别容易记住，你发现还有什么特点?

生：孔子的语言结尾常常加上"乎""也"，等等。

师：古人的话有"之乎者也"。"之乎者也"也是我们今天的语气词，"啊，喃，呢"所以讲话时，用上一个语气词，能加重你的情感。你连这个问题都不懂吗? 加了一个"吗"，感情加重了。所以《论语》是孔子和弟子对话的语言，是口语化的。口语化的语言很有生命力哦！我们再一起读一读，把孔子的语言一起读出来。

生：（齐声朗读）。

（四）对话交流，体悟"学习之道"

师：是呀，孔子的开学典礼虽然只讲了三句话，可这三句话却流传了 2500 多年。这三句话影响了世世代代中国人，这三句话影响了全球人，这样的语言就叫经典。所以说《论语》是中国的"圣经"呢！

当，当，当，孔子学院的钟声又响起来了，新学期的第一课开始了，他的学生安安静静地坐在教室里等孔子来给他们上课。高大的孔子稳步走入教室，走到讲台前，转身在黑板上写下四个大字——学习之道（板书：学习之道），"你们从四面八方投奔到我的门下，都是来干吗的呢？都来向我求学的，都来向我求学问的，向我求道德的。怎么学习呢？今天第一堂课就和你们讲学习的道理，学问的道理。"孔子在黑板上出示了 5 句话。（电子大屏上显示课文）

子曰："学而不思则罔，思而不学则殆。"

子曰："温故而知新，可以为师矣。"

子曰："敏而好学，不耻下问，是以谓之文也。"

子曰："三人行，必有我师焉。择其善者而从之，其不善者而改之。"

子曰："我非生而知之者，好古，敏以求之者也。"

师：（引读每句，"子曰：……。"）

生：（每句跟着学读。）

师：这 5 句话都是围绕着"学习的道理"来讲的。你对哪一句话特别有体会？（俯下身子谦和地小声地问同学）你能真正理解孔子的"学习之道"吗？

生：我对"子曰：三人行，必有我师焉。择其善者而从之，其不善者而改之。"有理解。每个人都是我的老师，我们班有 49 个同学，48 个同学都是我的老师，各有各的优点，要吸取他们的优点，改掉自身的缺点。

师：你真了不起！把你的名字再一次告诉大家。

生：我叫赵润澜。

师：润澜，润澜，当代的孔子，小孔子。（请三位同学到讲台前）这叫三人行。润澜，他叫什么名字？（指着其中一男同学问）

生：他叫查博诚。

师：他身上有什么方面可以作为你的老师？

生：他很聪明也很机灵，还有幽默感。

师：他很聪明也很机灵，还有幽默感。"择其善者而从之"对不对呀？

生：是的。

师：他叫什么名字？（又指着另一男同学问）

生：他叫缪景昊。他的奥数学得非常的好，有一股钻研精神。

师：奥数好，有股钻研精神，这一点可以作你的老师？

生：是的。

师：他们身上是不是十全十美的呢？有没有"不善者"值得你反省和改正的呢？

生：我觉得缪景昊，有一点调皮，当然我有时也调皮。

师：这一点要"其不善者而改之"。他呢？

生：查博诚有时候粗心大意，我有时候也会。

师：她从别人身上看到了优点和缺点，这叫"三人行，必有我师焉，择其善者而从之，其不善者而改之"。（板书：择）润澜，当代的小孔子，掌声送给他们。（同学们齐鼓掌）

师：真好！对孔子的语言领会得那么深刻。我们把润澜有体会的这句话读一读。

生：（齐读）"三人行，必有我师焉。择其善者而从之，其不善者而改之。"

师：润澜对这句话有感受，你对哪句话有感受呢？

生：我对第一句"学而不思则罔，思而不学则殆"有感受。

师：谈谈你的感受。

生：学习了不思考那我不就危险了吗？思考了不学习，脑袋也危险了。

师："罔"是什么意思？

生：迷惘。

师：迷惘，糊涂，学习了但你不思考，那不就稀里糊涂吗？只思考不学习，你的脑子变得怎么样了？

生：变得危险。

师：为什么只思考不学习就变得危险的呢？

生：我们会容易受骗。

师：整天在家想啊，踱过来想，这个天掉下来怎么办呢？转过去也在想，这个天掉下来怎么办呢？整天在思考天掉下来怎么办？你们说天会掉下来吗？

生：（齐答）不会。

师：这叫杞人忧天。为什么他会担心天会掉下来呢？因为他没有知识，他不学习，对不对？所以只思考却不学习就会变得危险了，就会杞人忧天。学和思要结合，缺一不可。（板书：思）

生：我对最后一句话有感受。子曰："我非生而知之者，好古，敏以求之者也。"

师：子贡问老师，你怎么知道这么多呢？你是天才吗？孔子说道：非也，非也，不是，不是，我非生而知之者，我不是生下来就知道的。"好古"是什么意思？

生：喜欢古代的文化。

师："敏以求之"呢？

生：敏捷而勤奋地学习。

师：子贡懂了，原来他的老师"好古"（板书：好古）喜欢古代的文化，所以才那么有文化思想。你是好"古"还是好"今"呢？（板书：今）是喜欢古代的还是喜欢现代的呢？你们讨论，同桌交流一下。

生：（同桌相互交流）。

生：我认为两个都要喜欢。

师：请讲理由。

生：要了解古代的也要适应现代的。

师：他和孔子一样的，（笑声）经典、精辟。要了解古代，要喜欢现代。给当代孔子来点掌声。（全场掌声）

生：古代人说的话听起来有韵味，不学习古代的只了解现代的，感觉你是喜新厌旧的人。（全场笑声）

生：要"好古"，古代文化是传承下来的，是经历过历史风霜的，是不朽的东西，所以要"好古"。（全场掌声）

师：古代的文化是大浪淘沙，留下来的全是精华，经历了世世代代的考验，怎能不"好古"呢？你是"好古"派的小孔子。

生：古代人说话是有哲理的，把古代的哲理放在现代来用的话，能使科学发达。

生：我好"今"，但也好"古"。（全场笑）"好古"是因为古代的中国是礼仪之邦，现代的人有些没礼貌。我"好今"，就是要学习当今的科学技术，做一个既有礼仪，又有知识的现代人。

生： 我们通过古代的文学，了解许多古人的经验。也要"好今"，我们要与时俱进（场下有部分掌声）

师： 既以史为鉴，还要与时俱进，向前进，真好！当代的君子。为什么孔子那么"好古"呢？因为在公元前 500 年的周王朝时期人们道德高尚，文明礼仪。而到了孔子生活的春秋时期，人心变坏了，道德沦丧了，相对而言，孔子更喜欢有文化、有礼仪的周王朝大统时代。我们今天的人既要"好古"又要"好今"。我们一起把这句话读一读。

生：（齐读）子曰："我非生而知之者，好古，敏以求之者也。"

师： 你还喜欢哪句呢？

生： 子曰："温故而知新，可以为师矣。"这句话的意思是，学到知识要温习一下，才能学到新的知识，这样的人可以当老师。

师： 你可以举一个"温故而知新"的例子吗？

生： 考试的时候，必须要好好复习，一边复习，一边还可以理解老师没有讲解到的知识。

师： 学完一个单元自己复习，在复习的过程中掌握了老师没有讲到的知识，可以领略到新的知识。举一反三，温故知新，这样的人就可以做老师了，你呀，也可以做教师了。（笑着和同学握手）

生： 这堂课我们学习了《论语》部分句子，当我们学过《论语》之后，还要学《论语》更多的道理。

师： 以前我们也学过《论语》，今天我们再学叫"温故"。小的时候我们学过的知识，到了大学之后再去学，这叫"温故而知新"。这样，你就可以做我的老师了。（微笑着看着一位女同学点头握手）。一起背一背。

生：（齐背）子曰："温故而知新，可以为师矣。"

师： 学习的道理还要不断地温习（板书：温）。把剩下的最后一句读一下。

生：（齐读）子曰："敏而好学，不耻下问，是以谓之文也。"

师： 你们尝试"不耻下问"。

生："是以谓之文也"的"谓"是什么意思？

师："谓"是"称呼"的意思。

生："耻"是什么意思？

生：耻辱的意思。

生："敏"是什么意思？

生：聪明好学的意思。

师："是以谓之文也"，"文"是什么意思？

生：是有文化的人。

生："文"是一个人的称号，那个人叫孔文子，是孔子的学生。

师：（脸上略带欣喜）哟，你懂得不少。有一个故事，魏国有一个大官，叫孔圉，他去世之后，后人给了他一个称号，称他为"文"。子贡就不懂了问老师，孔圉去世了，人家为什么称他为"文"呢？孔子回答道，因为这人聪明好学，向不如自己的人请教问题时，一点都不觉得难为情。所以，后人给他"文"的称号。向不如自己的人请教叫"下问"。（板书：问）你有过"不耻下问"，向别人请教过吗？

生：（略带思考回答）在体育课上我们学习跳远，男生比女生跳得好，女生向男生请教怎样能跳得远？有什么技巧可以告诉我们。

师：这叫"不耻下问"？（全场笑）还有没有？

生：四年级时，有一道数学题，别的同学都懂了，而我不懂。我问了杨宇凡同学，杨宇凡仔细解答我的问题。这叫"不耻下问"。

师：向同学问是"不耻下问"吗？也不是。向谁问，是"不耻下问"呢？

生：平时我喜欢拼航模，我比弟弟拼得好，其中有一部分怎么都没弟弟拼得好，于是我向他请教。

师：向弟弟问，向幼儿园小朋友问，向不如自己的人请教，这样的请教一点都不感到难为情，一点都不感到可耻，这样的人叫"不耻下问"。这才是有学问的人，有品性的人。所以我也要经常向同学们请教，因为你们"温故知新"，因为你们"三人行"当中也能做我的老师。孔子的语言真的要好好品味呀。

（五）背诵吟唱，品味升华

师：孔子的语言，孔子的思想代代相传，他的语言化成了名言警句，"有朋自远方来，不亦乐乎？""学而时习之，不亦说乎？""学而不思则罔，思而不学则殆。"

孔子的语言变成了成语，"三人行，必有我师""不耻下问""敏而好学""温故知新"。具有思想魅力的语言，具有文采的语言，才能穿越时空，代代相传，这样的语言就叫——经典。我相信，只要我们人类延续下去，孔子的话将会世世代代传下去。这样经典的语言不要读吗？不要诵吗？大家来背一背，诵一诵。

生：（学生各自背诵，师生互动以一问一答的形式背诵）。

师：今天学习了"学习之道"。学习要喜"好"，要有选"择"地学，学习要有"思"考地学，学习要经常"温"习，要不耻下"问"，要快"乐"地学习，这才是——学习之道。（边说边手指黑板）

孔子的语言穿越时间；孔子的语言温暖着我们。孔子的语言不仅要吟诵还要传唱。让我们在美妙的《论语》歌声中结束今天的课，让我们世世代代诵《论语》，唱《论语》吧。给大家听首歌。（电子大屏出示歌词）

生：（跟着音乐一起哼唱，第二段学生拍手跟着音乐唱）。

师：这歌我都没有唱得怎么好，你们怎么唱得这么好呀？我来采访一下。

生：因为我唱过。

师：上学期"经典诵读"活动时，你们班表演过这节目，你们唱过。

我们全球人都要做孔子的粉丝，我们每个小朋友都要崇拜孔子，学习孔子。做一个真正的中国人。下课。

（全场响起热烈的掌声）

附板书：

孔子
——学习之道

好	（说）悦
择	温
思	乐
愠	不亦……乎？
问	

附课文：《儿童论语》课文

1. 子曰："学而时习之，不亦说（yuè）乎？有朋自远方来，不亦乐乎？人不知而不愠（yùn），不亦君子乎？"（《论语·学而》）

译文：学习并经常温习实践，不是很愉快吗？有志同道合的朋友从远方来，不是很快乐吗？别人不了解我，我却不怨恨，不也是君子吗？

注释：说：同"悦"，愉快、高兴。愠：怨恨。

2. 子曰："学而不思则罔（wǎng），思而不学则殆（dài）。"（《论语·为政》）

译文：孔子说："学习而不思考，就会迷惑；思考而不学习，就很危险。"

注释：罔：迷惘，迷惑。殆：危险。

3. 子曰："温故而知新，可以为师矣（yǐ）。"（《论语·为政》）

译文：孔子说："温习旧的知识，能有新体会、新发现，就可以做老师了。"

4. 子曰："敏而好学，不耻下问，是以谓之文也。"（《论语·公冶长》）

译文：孔子说："聪敏而好学，向不如自己的人请教而不以为耻，所以，称他为'文'。"

注释：敏：聪明、机警。下问：向不如自己的人询问。

5. 子曰：三人行，必有我师焉。择其善者而从之，其不善者而改之。（《论语·述而》）

译文：孔子说："三个人一同走，其中必定有可以做我的老师的人。选择他们的优点长处来学习，看到有什么不好的地方就加（反省自己）以改正。"

注释：择：选择。从：跟从。

6. 子曰："我非生而知之者，好古，敏以求之者也。"（《论语·述而》）

译文：孔子说："我不是生下来就很有智慧、懂得道理的人，而是因为喜欢古代的礼仪和文化，勤奋、敏捷地追求它的人。"

注释：好古：喜欢古代的礼仪和文化。敏：勤奋、敏捷。

八、以儿童的方式亲近《论语》

——教学反思

孙双金

儿童是什么？儿童是蒙童，是被遮蔽的学子，懵懵懂懂、混混沌沌，是未开化的世界。

儿童是什么？儿童是睁着一双大眼睛看世界的孩子，他们充满好奇，满脑子装满了问题，一肚子的"为什么"。

儿童是什么？儿童是充满了无限可能性的世界，他们有无限的潜能，有无限的空间，有无限的生长力。

儿童需要什么？儿童需要故事，故事仿佛有一双魔手，紧紧抓住孩子的心灵。因为故事里有幻想、有神奇、有知识、有营养。

儿童需要什么？儿童需要情境，情境中有画面、有场景、有人物、有真善美的启迪，有假丑恶的反衬。

儿童需要什么？儿童需要对话，对话中有教师的循循善诱，有教师的点石成金，有师生的智慧碰撞，还有柳暗花明的豁然开朗。

《论语》是什么？《论语》是儒家经典，《论语》是2500年前的师生对话体语录，《论语》是没有体系的片言只语、名人警句。

今天我们学习《论语》，让小学生学习《论语》该怎么进行才是孩子们喜欢的方式，有效、高效的方式，语文教学的方式呢？

我在家备课，苦思冥想，心中只有一个字，"难"。难在哪里呢？一难《论语》没有情节，没有故事，有的只是片言只语，况且又没有层次、没有条理，仿佛东一榔头西一棒子；二难《论语》离开我们已经2500多年，历史久远，难以亲近；三难《论语》语言深奥，仿佛均是讲大道理的名言警句，离儿童世界太过遥远，缺少亲和力。我也认真拜读于丹讲《论语》，但于丹讲的是成人《论语》，她可以一个小时，两个小时讲下去，娓娓道来。这样的方式成人可以接受，但小学生不行。如果你这样给孩子上《论语》，我想不出10分钟，课堂上就乱成一锅粥了。

经过反复思考，我给自己的《儿童〈论语〉》确定了几个原则：

（一）教学要有情境。有了情境就有了魅力，有了情境就有了生机，有了情境就有了鲜活的场景、故事和人物。为了把孩子们带到远古的孔子学校，我创设了"孔子开学典礼的情境"，创设了孔子"新学期第一堂课"的情境。在这样的情境中，有当当的钟声，有高大的杏树，有魁梧的孔子，有人物的语言，有弟子的神态，2500年前的孔子学院鲜活地呈现在孩子们面前：孔子活了！孩子们是多么惊喜，多么激动，多么投入呀。请看教学片段场景：

当，当，当，孔子学院的钟声响了，四面八方的弟子汇聚在孔子学院的杏树下，静静地等待他们的老师孔子来给他们做开学典礼的讲话。只见高大的孔子稳步走上讲台，看着来自四面八方的弟子们，向他们讲了三句话："学而时习之，不亦说乎？有朋自远方来，不亦乐乎？人不知而不愠，不亦君子乎？"孔子讲完这三句话，用眼睛看了看下面的弟子。有的弟子朝着孔子微微点头，脸上露出笑意；有的弟子则眉头紧锁，不理解老师讲的三句话是什么意思。孔子看到大家不同的表情，微微一笑，转身走下讲台，走回他的书房。弟子们等孔子走了，就纷纷议论起来。

一个叫子禽的弟子就问子贡："子贡呀，老师开学典礼讲的三句话是什么意思呀？"子贡也问他同学颜回："颜回啊，老师为什么在开学典礼上只讲这三句话呢？"

（二）要让孩子和孔子对话。《新课程标准》说："阅读教学就是教师、学生和文本三者对话的过程。"和文本对话就是和《论语》对话，和孔子对话。对话的目的是什么？是为了走近人物的内心世界，与之探讨、辩论，与之切磋、交流，达到心心相印的境界。如教学中我提出"学而时习之不亦苦乎"与"学而时习之不亦乐乎"之辩，这是让学生和孔子辩论。如"孔子为什么'好古'，我们今天应该好古还是好今"这是学生和学生辩论。对话的形式可有师生对话、生生对话、师本对话和生本对话，等等。教学就是对话，让学生和孔子真正地对起话来，这样的教学才能让学生兴趣盎然，乐此不疲。请看一段对话的片段：

生：我对最后一句话有感受。子曰："我非生而知之者，好古，敏以求之者也。"

师：子贡问老师，你怎么知道这么多呢？你是天才吗？孔子说道：非也，非也，不是，不是，我非生而知之者，我不是生下来就知道的。"好古"是什么意思？

生：喜欢古代的文化。

师："敏以求之"呢？

生：敏捷而勤奋地学习。

师：子贡懂了，原来他的老师"好古"（板书：好古）喜欢古代的文化，所以才那么有文化思想。你是好"古"还是好"今"呢？（板书：今）是喜欢古代的还是喜欢现代的呢？你们讨论，同桌交流一下。

（同桌相互交流）

生：我认为两个都要喜欢。

师：请讲理由。

生：要了解古代的也要适应现代的。

师：他和孔子一样的，（笑声）经典、精辟。要了解古代，要喜欢现代。给当代孔子来点掌声。（全场掌声）

生：古代人说的话听起来有韵味，不学习古代的只了解现代的，感觉你是喜新厌旧的人。（全场笑声）

生：要"好古"，古代文化是传承下来的，是经历过历史风霜的，是不朽的东西，所以要"好古"。（全场掌声）

师：古代的文化是大浪淘沙，留下来的全是精华，经历了世世代代的考验，怎能不"好古"呢？你是"好古"派的小孔子。

生：古代人说话是有哲理的，把古代的哲理放在现代来用的话，能使科学发达。

生：我好"今"，但也好"古"。（全场笑）"好古"是因为古代的中国是礼仪之邦，现代的人有些没礼貌。我"好今"，就是要学习当今的科学技术，做一个既有礼仪，又有知识的现代人。

生：我们通过古代的文学，了解许多古人的经验。也要"好今"，我们要与时俱进。（场下有部分掌声）

师：既以史为鉴，还要与时俱进，向前进，真好！当代的君子。为什么孔子那么"好古"呢？因为在公元前500年的周王朝时期，人们道德高尚。而到了孔子生活的春秋时期，人心变坏了，道德沦丧了，孔子更喜欢有文化有礼仪的周王朝大统时代。我们今天的人既要"好古"又要"好今"。我们一起把这句话读一读。

（三）要有语文味。语文课要有语文味，特别是《论语》这样的文章稍有不慎就会上成思想品德课。语文的因素在哪里呢？在语言文字的推敲和品味。例如："不亦说乎""不亦乐乎"，这个"说"和"乐"的区别在哪里呢？"说"是内心的喜悦，所以是竖心旁，而"乐"的喜乐是洋溢在脸上。有朋友来了，要喜笑颜开，乐在脸上，握手，拥抱，泡茶，上酒，把你的快乐充分表达出来。如果你只是内心高兴，面无表情，朋友来了还以为你不高兴呢，下次他还会来吗？"人不知而不愠"的"愠"是内心的怨气，内心的怨恨。一个君子不仅表现在脸上没有怨色，还须内心没有怨气，这才是真正的君子。另外，《论语》是孔子和弟子的对话语录，是完全口语化的，这种"不亦……乎"的句式十分具有生命力和感染力，具有穿越时空的力量。这些都是值得学生细细品味，反复玩味的。

我为什么要上《论语》？我觉得这是我们语文教师的使命！是语文教师的文化使命！语文教师的使命就是把我们中华文明源远流长的经典文化传承给我们的一代又一代。中华民族五千年的灿烂文化，尤以儒家文化为主流、主脉。儒家文化涵养了中华文明，儒家文化浸润了中华民族，儒家文化哺育了中华儿女。儒家文明是当今世界最具强大生命力的古代文明。当今中国正走在复兴中华文明的道路上，我们理应以世界的眼光和胸怀，重新审视和观照我们的传统文化。我们应有强大的民族自信心，珍爱传统文化，传播传统文化，让我们的下一代成为有根、有魂的中国人，成为有传统文化基因的，真正中国人。

我们今天使用的语汇有多少是我们的祖先孔子留传下来的啊。"温故而知新""不耻下问""敏而好学""三人行必有我师焉""学而不思则罔，思而不学则殆"……这是老祖宗的文化遗产，没有了它们，中国文化要消亡，中华文明要断流啊！我们可不能做数典忘祖、割断文化传统的历史罪人啊！

孔子是中国符号，《论语》是中国"圣经"。如果中国人不了解《论语》，那就不是地道的中国人；如果语文教师没有读过《论语》，我敢武断地说，他就不是一位真正意义上的中国语文教师。这就是我今天给孩子们教《论语》的体会和感悟。

参加中国杭州西湖博览会名校长论坛作演讲

九、《走近李白》（情智式阅读）

——《走近李白》课堂实录

（一）轻松对话，走近学生

师：（对大家）今天，我带来了我的一堂新课——古诗欣赏课。这是我刚刚备出来的一堂新课，也是一种探究吧！探究在我们小学课堂如何引领我们小学生进行古诗欣赏。还请同行多多指教！（鞠躬）

师：（对全体学生）你们认识我吗？以前见过我吗？

生：没有！

师：没有。我们是刚刚见的面，是不是？初次见面，请多关照！（鞠躬）这堂课，你们怎么关照孙老师呢？你准备怎么关照我呢？

生：上课多回答问题。

师：多回答问题就是对我最大的关照！你叫什么名字？

生：秦旭尧。

师：秦旭尧同学，握个手！（握手）谢谢你！理解我的心。你是我的知音！（笑声）还有人，你准备怎么关照我呢？

生：上课认真听讲！

师：认真听讲就是对我最大的关照！你叫什么名字？

生：曲苏晨。

师：什么曲？

生：歌曲的曲。

师：能不能解释一下？

生：苏是江苏的苏，晨是早晨的晨。

师：苏晨。这名字是谁给你取的？

生：我爸爸。

师：你爸爸为什么给你取这个名字呢？

生：他突发奇想。（笑声）

师：突发奇想？（笑声）你是江苏的早晨！你还是中国的早晨！你是东方的早晨！你是世界的早晨！你就像早晨八九点钟的太阳！苏晨同学，握个手！（握手，同学笑。）祖国的未来！你还准备怎么关照孙老师？……你！

生：我觉得我们上课时候应该保持良好的纪律！这样才是对孙老师的关心！

师：保持纪律，才是对我最大的关照！关心、关照应该是相互的。孙老师也应该关心大家！你希望孙老师怎么关照你们呢？

生：教给我们更多的知识。

师：我想你问我，没想到你替我回答了。你来说。

生：我想（希望）你给我们上课幽默一点、有趣一点。

师：幽默一点、有趣一点。你给孙老师提要求，孙老师一定按你的要求去做，好不好？做得不好，你多包涵！啊！（笑）孙老师要多欣赏大家！多表扬大家！多赞美大家！在孙老师的课堂，讲对了的，表扬；讲错了的，还是表扬！我表扬他什么，讲错了的我还要表扬他什么？猜猜看。

生：表扬他回答问题的勇气。

师：勇气！还表扬他什么？

生：他已经动脑了。

师：表扬他动脑的精神。表扬他什么？

生：他有自己的主见和思想。

师：有自己的主见和思想。所以，上孙老师的课，只要你回答问题了，答对答错全是表扬。就是什么人得不到表扬呢？

生：不回答问题的人。

师：你不举手，我不能强迫你说，是不是？你不回答问题，我就没法表扬你了！

生：如果他不回答问题，他就没有积极动脑，你就不会表扬他。

师：我看你长大了一定是个好老师，你叫什么名字？

生：我叫管芮。

师：什么芮？

生：草字头，下面加上内蒙古的内。

师：这个芮，是什么意思呢？

生：以前，在字典中，表示一个国家的意思。

师：现在呢？

生：就是现在的意思。

师：现在表示一个人的意思。（笑）你一个人就能代表一个国家，（笑）你肩上的担子该是多重啊！假如出了国，你代表的就是我们中国！（拍拍肩）芮同学，请坐！我们初步认识了，就开始上课，好不好？好，上课！

生：（起立）

师：同学们好！

生：老师好！

（二）讲述故事，走近李白

师：请坐！同学们，我们中国是诗歌的王国。在诗歌王国的灿烂天空中，出现了许许多多杰出的伟大诗人！你报几个诗人给我听听看？

生：李白、杜甫。

生：孟浩然、白居易。

生：王维、王昌龄。

生：苏轼。

师：苏东坡。

生：王之涣。

师：同学们知道得真多！是呀！这许许多多诗人，就像星空灿烂的星星。我们作为诗歌王国的后人，我们要了解我们的先人，了解我们著名的诗人。今天我们就一起走进诗歌王国中那最璀璨的一颗星星……

（播放课件：课题——古诗欣赏：走近李白，配乐）

师：今天，我们上一堂古诗欣赏课。课题是（抬手示意）

生：（齐读）走近李白。

师：你了解李白吗？你说……

生：李白，他是诗仙。他一生作诗很多，他是 701 年出生。

师：李白是诗仙，作诗很多，给我们后人留下多少诗歌呢？九百多首。李白不仅是诗仙，他还有一个仙呢！是什么仙？

生：（异口同声）酒仙。

师：还有一个仙，是酒仙。李白既是诗仙，又是酒仙，（板书：李白是仙）孙老师简称……（抬手示意板书）是什么？

生：李白是仙。

师：李白是仙，此话怎讲呢？

（出示幻灯片）

师：我们来看看他同代的一位诗人——诗圣杜甫是怎么评价李白的？

（出示杜甫《饮中八仙歌》：李白斗酒诗百篇，长安市上酒家眠。天子呼来不上船，自称臣是酒中仙。）

师：杜甫在他《饮中八仙歌》中是这样写的：李白斗酒诗百篇，长安市上酒家眠。天子呼来不上船，自称臣是酒中仙。这首诗写的是这么一个故事……想听故事吗？

生：想。

师：话说唐玄宗李隆基携他的爱妃杨贵妃到沉香亭畔去赏牡丹花。到了沉香亭畔，亭子下面坐着一排、两排、三排、好几排的乐工，也就是现在的演奏家、歌唱家。李隆基和他的爱妃刚刚落座，下面的演奏家、歌唱家就演奏起优美的曲子。这曲子刚刚响起，李隆基就摆摆手说："停，停，停！老的曲子我不想听了，今天，朕高兴！李龟年，就是当时著名的乐师，去翰林院，把李太白把我给请来，叫李太白给我的爱妃作几首新诗。李龟年得了皇帝的令，那叫圣旨，是不是啊？

生：是！

师：急急忙忙赶到翰林院，问李白的同事。同事说："李太白到街上喝酒去了。"李龟年只得又赶到街上，经过一家酒店。只听到酒店楼上有人高声吟唱。李龟年一听，李白在上面。跑到上面一看，李白已经喝得酩酊大醉。李龟年上去摇摇李白："李学士，学士，快！皇上有请！"李白醉眼朦胧睁开一看，是李龟年，把手一挥："你走！你走！皇上请我也不去，我是酒中仙！"这皇上叫李龟年请李白，他就一定要请到李白。李龟年只得叫人把李白扶到马上，把李白驮到了宫中，带到了李隆基的面前。李白还没有醒来，李隆基亲自过来，给李白灌了醒酒汤。李白醒过来一看，李隆基对他说："爱卿，李学士，今天朕高兴，给我爱妃作几首新词。"李白醒过来第一句就是："拿酒来！"李隆基说："你不刚喝酒的吗？"李白说："我是斗酒诗百篇！"李隆基没办法，又叫人给李白喝了三杯酒。李白喝了酒，提笔写了《清平调》，赞美杨贵妃的诗篇。根据这个故事，杜甫就写了这首诗。我们一起把它朗读一遍。

生：李白斗酒诗百篇，长安市上酒家眠。天子呼来不上船，自称臣是酒中仙。

师：诗仙写的诗，跟常人有什么不同呢？我们今天就走进李白的诗篇。好不好？

生：好！

（三）紧扣"紫"字，体会浪漫

师：先看第一首。

（出示：《望庐山瀑布》）

师：听孙老师朗诵一下：《望庐山瀑布》，日照香炉生紫烟，遥看瀑布挂前川。飞流直下三千尺，疑是银河落九天。谁想吟诵吟诵？你来……

生：（朗诵《望庐山瀑布》），日照香炉生紫烟，遥看瀑布挂前川。飞流直下三千尺，疑是银河落九天。

师：我看到了一个小李白。请坐，谁还想吟诵吟诵？叫一个女同学。你来……

生：《望庐山瀑布》，日照香炉生紫烟，遥看瀑布挂前川。飞流直下三千尺，疑是银河落九天。

师：这个女李白诵得多柔和。我们一起来诵一诵。

生：（齐诵）《望庐山瀑布》，日照香炉生紫烟，遥看瀑布挂前川。飞流直下三千尺，疑是银河落九天。

师：日照香炉生紫烟，庐山上一个峰，叫什么峰？

生：香炉峰。

师：香炉峰上生出的是什么烟？

生：紫烟。

师：我纳闷啊，我出去看到的都是白色的云雾，白色的云霞，为什么李白看到是的紫色云烟呢？猜猜看，用你的小脑袋猜猜看？

生：因为李白十分富有想象力。

师：有想象力也不能把白的想象成紫的？

生：也有可能烟是白的，但石头是紫的，所以他看成了紫烟。

师：你说那儿的石头是紫色的？

生：路上的石头是紫色的。

师：你去过庐山没有？

生：没有。

师：那是你想象的。我去过庐山，石头不是紫色的。

生：我想，是那个晚霞把烟染成紫色。

师：晚霞怎么会把云烟染成紫色呢？

生：我看过晚霞是彩色的。

师：通红的晚霞。红彤彤的晚霞映在香炉峰顶端的白色的云雾上，把它映成、染成了紫色的。也有可能是朝霞，红彤彤的朝霞，红彤彤的晚霞把云雾染成了紫色的，那紫色的云霞升啊升啊，一直升到哪里？

生：天上。

师：升到天上。这样的情景，你看到过吗？

生：我没有看到过。

师：我也没有看到过。谁看到了？

生：李白。

师：他给我们描绘了一幅宛如仙境的图画。

（板书：宛如仙境）

师：这样的景象只有天上神仙才能看到。诗仙看到了，把它写下来了，我们一起诵一诵。日照香炉生紫烟……

生：日照香炉生紫烟。

师：好像没有把我带到仙境。日照香炉……起！

生：日照香炉生紫烟……

师：哎！虚无缥缈的，如梦如幻的浪漫的仙境，我已经感受到了。这就是诗仙的风格！看看下面的诗句，还有哪些地方看出李白的诗篇写得与众不同呢？

生：疑是银河落九天。

师： 什么地方不同？

生：他把庐山的瀑布，比作银河来写。一般的诗人，是做不到的。

师： 银河，从天上哇——落来了人间！你想得到吗？

生：我想不到。

师： 你想不到，我也想不到。（笑声）这样的想象……

　　（板书：想象）

师： 是一般人想不到的，只有谁想得到？

生：李白。

师： 诗仙！如果在"想象"之前，你给我添两个字。李白的诗中，是怎样的想象呢？给我加两个字。

生：丰富的想象。

师： 丰富的想象，一般人还能够做到，不能成仙。

生：夸张的想象。

师： 夸张就是夸张，不能说是夸张的想象。你说……

生：超凡的想象。

师： 超凡的想象，哎，超越凡人。你认为是什么想象？

生：出人意料的想象。

师： 两个字，出人意料是几个字？

生：四个字。

师： 也可以。但没有达到我要求的两个字。你来说。

生：大胆的想象。

师： 大胆的想象。还有不同的说法吗？超凡的，大胆的，诗仙的想象都是……你说，说错了，表扬！（笑声中，师将话筒凑近一个学生的嘴边。）

生：没有把握的话，不说！（哄堂大笑）

师： 叫什么名字？

生：许威。

师： 真老练！没有把握的，不说。你想得到我的表扬吗？

生：无所谓！（再次大笑）

师：厉害！达到了仙人的境界！超凡脱俗！（满场笑声）你说……

生：可以说四个字的吗？

师：（点头）四个字的——

生：惟妙惟肖。

师：惟妙惟肖是逼真。银河的水，银河里是没有水的。

生：脱俗的想象。

师：超凡的想象，脱俗的想象。就用你们的吧！你们说得好就用你们的吧！我本来想好的一个词，你们知道吗？

生：不知道。

师：神奇的想象。既然你们说超凡，我就用超凡。

（板书：超凡）

师：超凡的想象，才叫诗仙呐！还有什么地方写得好？

生：就是"遥看瀑布挂前川"。

师：好在哪儿？

生：我觉得那个"挂"用得好。一般的诗人想不到把瀑布用"挂"来写。

师：把瀑布挂在悬崖峭壁上，这也是……

生：这也是李白作为诗仙的一个奇妙的想象。

师：让我看看你的眼睛。（笑声）你是什么眼？慧眼噢！有智慧的眼睛才能看见那个"挂"，把瀑布挂起来啦！又是超凡的！还有哪些地方写得好？要有发现的眼睛。

生：我认为那个"飞流直下三千尺"的"飞流直下"写得好。因为那个"飞流"能写出了瀑布来势汹涌，"直下"又写出了山特别险峻。

师：你欣赏"飞流直下"，还有人欣赏它后面的吗？

生：我欣赏那个"三千尺"。

师：欣赏它什么？

生：这句中，李白运用了夸张的修辞手法。

师：你真了不得哎！你还知道夸张呐！说得好，孙老师奖励你，把你这个词写下来。

（板书：夸张）

师：李白的夸张是怎样的夸张呢？"飞流直下三千尺"（举手示意），这叫什么夸张呢？用一个词来形容它。

生：疯狂的夸张！（笑）

师：疯狂的夸张！哎！这个意思哎，就像李阳的疯狂英语一样，但是，用疯狂来形容诗仙，不雅。（笑）把我们诗仙搞俗了（笑声）。你用什么来形容？

生：不要命的夸张。

师：不要命的夸张？那更俗了！（笑声）一个比一个俗。（笑）

生：极度的夸张。

师：再说一遍给大家听听？

生：极度的夸张。

师：你叫什么名字？

生：冯智荆。

师：冯智荆同学，你是什么脑袋？（笑）给我看看（笑），这个脑袋怎么这么聪明（抚摸学生小脑袋)？是什么元素造成的？（笑声）请坐！写下来！

（板书：极度）

师：这不是一般的夸张，而是极度的夸张，"飞流直下三千尺"，什么叫诗仙？写的是"宛如仙境"，诗歌当中是"超凡想象"，它的夸张是"极度夸张"，给我们以丰富的美感。谁来把这首诗诵一诵？让我也来到这样的仙境之中。

（播放音乐）

师：看你的眼睛炯炯有神的，你来诵。

生：《望庐山瀑布》，李白，日照香炉生紫烟，遥看瀑布挂前川。飞流直下三千尺，疑是银河落九天。

师：你的嗓子真好听，已经把我带到了半空中了。（笑声）你来朗诵。

生：《望庐山瀑布》，李白，日照香炉生紫烟，遥看瀑布挂前川。飞流直下三千尺，疑是银河落九天。

师：掌声！

（掌声）

师：把我带到了八重天，还没有到九重天。你们一起来朗诵，把我带到九重天。

生：《望庐山瀑布》，日照香炉生紫烟，遥看瀑布挂前川。飞流直下三千尺，疑是银河落九天。

（四）补充徐诗，对比体会

师： 好！自从李白在庐山写下了《望庐山瀑布》之后，后来的诗人来到庐山，看到了那壮丽的瀑布，都有感而发，也想吟诗一首，但想到李白的诗写得太好了，太妙了，于是只能摇头作罢，罢了，罢了，不写了吧，不要写了吧，写了出丑了吧。可是，到了唐朝中期，有一位诗人叫作徐凝，在他的朋友带领之下，也来到庐山，看到庐山壮丽的瀑布，他心中激荡着汹涌的波浪。他控制不住自己，也要写一首《望庐山瀑布》。旁边的人劝他："别写了，诗仙李白写过了。"徐凝说："我就要写一首诗，跟李白比试比试！"于是，他也写了一首《庐山瀑布》。

（出示：徐凝《庐山瀑布》）

师： （朗诵）《庐山瀑布》（徐凝）虚空落泉千仞直，雷奔入江不暂息。今古长如白练飞，一条界破青山色。李白把瀑布比作天上的银河落到了人间，把瀑布说成"飞流直下三千尺"，这里的徐凝把瀑布比作什么呢？同桌三个人讨论讨论。

（生讨论）

师： 告诉孙老师，徐凝把瀑布比作什么呢？说！

生： 雷。

师： 雷，轰隆隆地像雷那样奔腾地流入大江，他把瀑布的声音比作雷声。

生： 他把瀑布比作了一条利剑，劈开了青山。

师： 像一条利剑劈开了青山，远远看去，青山一片，中间一条白练——白界。你这个想象比徐凝的还要厉害哟！徐凝听到你的评说，他都感到惭愧惭愧。一条白界！还把瀑布比作什么？

生： 白色的绸缎。

师： 白色的绸缎。你把那句诗读一读。

生： 今古长如白练飞。

师： 把它比作白色的绸缎。白练就是白色的绸缎在飞舞。你们比较比较看，一个把它比作一条线，像剑一样的，像白色的绸缎。和李白的比作"银河落九天，飞流直下三千尺"哪个厉害？你说。

生： 李白厉害。李白他写出了庐山瀑布的气势。

师： 写出庐山瀑布的气势。你觉得哪个厉害？

生： 我也认为李白厉害。而且我还认为李白写得好像就是刚，庐山瀑布呢就是柔。

师： 庐山瀑布柔，李白写得……

生： 刚。

师： 把柔的写刚了。写得有气势，是不是？请坐，你认为呢？

生： 因为李白写得比这首诗更加夸张，更加生动。

师： 更夸张，更生动，更有气势。你认为呢？

生： 我听了那位女孩子的话，我认为徐凝写得好。

师： 你认为徐凝的好在哪里呢？

生： 他把庐山真实的情景写出来了。李白没写出真实的情景。我觉得给读者写就应该写真实的情景嘛！

师： 你叫什么名字？

生： 曲苏晨。

师： 江苏的早晨哎，就能发表与众不同的意见。发出与众不同的意见，是要有勇气的！你有勇气！你认为呢？

生： 我补充曲苏晨的。我认为还是徐凝写得厉害，他敢跟李白写的诗比，我觉得他厉害。

师： 大家都不敢跟李白比，徐凝敢跟李白比。勇气、精神就可嘉。你还想说。

生： 我认为李白厉害。因为当时在唐朝，宇宙是人类遥不可及的，他能把银河与庐山瀑布联系起来，我觉得他厉害。

师： 把银河和庐山瀑布联系到一起去，这样神奇的想象，是一般人都做不到的。谁厉害呢？

（生举手）

（五）拓展苏诗，增加情趣

师： 放下手，听我说下去。历史的车轮滚滚向前，走到了宋朝。宋朝一位大诗人——苏东坡，伟大的浪漫主义诗人，也去到庐山游玩，也看到了庐山的美景，那壮观的瀑布景象，他也想吟诗一首，但一想到李白的诗，他不敢作了。陪他的和尚说："唐朝还有一位诗人徐凝也写了一首《庐山瀑布》。"苏东坡说："我都没听说过，拿来给我看看。"和尚把徐凝的《庐山瀑布》拿来给苏东坡一看。苏东坡一看这首诗，鼻子里哼了一声。和尚说："你哼什么？什么意思？"苏东坡说："拿笔来！"和尚递个笔，苏东坡提笔写了一首诗，题目叫……
（出示《戏徐凝瀑布诗》帝遣银河一派垂，古来唯有谪仙词。飞流溅沫知多少，不与徐凝洗恶诗。）

师：（朗诵）《戏徐凝瀑布诗》：帝遣银河一派垂——上帝派遣银河从天上垂落到人间。古来唯有谪仙词——从古以来，只有李白从天上……谪仙，就是仙人被贬到了人间，他是天上的仙人贬到人间，才写出这样绝妙的辞章。飞流溅沫知多少，不与徐凝洗恶诗——他把徐凝的诗比作什么诗？

生：恶诗。

师：为什么苏东坡这么不喜欢徐凝的诗呢？因为苏东坡也像李白那样，是一个浪漫主义诗人。他不像杜甫是个现实主义的诗人，写得很真实，是不是啊？（指着两位学生）你们两位长大恐怕像现实主义作家？李白是浪漫主义作家，所以他喜欢浪漫的，不喜欢现实的。当然，徐凝的诗，比孙老师的诗不知要好多少倍了！是不是啊？《戏徐凝瀑布诗》，起！

生：《戏徐凝瀑布诗》，苏轼，帝遣银河一派垂，古来唯有谪仙词。飞流溅沫知多少，不与徐凝洗恶诗。

（六）反复吟咏，品味"摘"字

师：这是诗歌当中一段非常美妙的佳话，李白，后人称他为诗仙。作为诗仙，一首诗是不能看出他的风格的。我们再看几首李白的诗歌，是不是有仙人之风？
（播放音乐，出示《夜宿山寺》：危楼高百尺，手可摘星辰。不敢高声语，惊恐天上人。）

师：《夜宿山寺》，危楼高百尺，手可摘星辰。不敢高声语，恐惊天上人。谁来诵一诵？最边上的女孩儿，你来。

生：《夜宿山寺》，危楼高百尺，手可摘星辰。不敢高声语，恐惊天上人。

师：最后一句？

生：恐惊天上人。

师：听着你的朗读，把我带到了从前。（笑）没有把我带到唐朝。你来。

生：《夜宿山寺》，危楼高百尺，手可摘星辰。不敢高声语，恐惊天上人。

师：到了宋朝了。（笑）古典的韵味怎么读出来呢？古色古香，怎么出来呢？你知道啊？试一试好不好啊？

生：《夜宿山寺》，危楼高百尺，手可摘星辰。不敢高声语，恐惊天上人。

师：你认为把我们带到了哪里？

生：我认为带到了远古时期。（笑）

师：（笑）带到了远古时期了？你认为怎么读才能把古典的韵味读出来了呢？

生：读得像古代人一样。

师：古代人一样？慢一点儿，缓一点儿，悠扬一点儿。你来。

生：《夜宿山寺》，危楼高百尺，手可摘星辰。不敢高声语，恐惊天上人。

师：（掌声）

师：我特别欣赏你最后一句：不敢高声语，恐惊天上人。你还想咏一咏？诗歌就诵得有味了。你来。

生：不是，我刚刚听了戴枫诵的诗，感慨万千。（笑）

师：感慨万千？说个一千给我听听？不要说万千了。

生：这首诗是深夜里李白写的，当时应该是非常的宁静，李白就在这种宁静的夜色中，仿佛是自己一个人的世界，而戴枫就读得非常平静，又舒缓，所以呢，我的最高的启示就是，以后读诗要根据诗人所在的环境、心情，读出它的高低、抑扬顿挫。（掌声）

师：叫什么名字？

生：许文新。

师：许文新站出来！拥抱一下。

　　（师生拥抱，笑声）

师：最高奖赏。什么水平哦？哪里是小学生啊？就是小李白嘛！你还想说？

生：一开始刚才读了那个，就是苏轼的那首诗，你说的是他喜欢浪漫主义的，我觉得这首诗也体现了李白这种浪漫主义。从"手可摘星辰"，还有"恐惊天上人"，"星辰"应该就是天上的星星，"天上人"就是天上的神仙。他在写诗的时候，不是写得很现实的，他写的是有点儿朦朦胧胧的感觉，就是让人陶醉在其中，耐人寻味。

师：让我看你的眼睛，不仅是慧眼，而且是火眼金睛！像俺"老孙"的一样。（笑声）朦朦胧胧，宛如仙境，把你的右手伸出来，告诉我你的手摘过什么？

生：摘过水果。

师：你的手摘过什么？

生：也摘过水果。（笑）

师：除了水果，不许说水果。你的手摘过什么？

生：我也摘过水果。（笑声更大）

师：哎哟，就摘过水果？其他就没有摘过？你还摘过什么？

生：做过作业。

师：我问你摘过什么？你不要老想着作业。（笑）你说。

生：我还摘过美丽的鲜花。

师：摘过鲜花？你的手采摘过什么？

生：虫。

师：虫？小虫子。

生：我摘过星星。（笑）

师：你摘过星星？告诉我，你在哪里摘过星星的？

生：树上的假星星。（哄堂大笑）

师：树上的假星星！我以为是李白再世了呢！只有诗仙李白才能想到他的手能摘到天上的星星啊！诗仙啊，"不敢高声语，恐惊天上人"，那天上的仙人仿佛就在他的左边、在他的右边、在他的头顶之上。李白已经到了一种仙境啊！这就叫诗仙啊！有味道吧？这首诗有味道吧？你品品看？自己诵一诵，我给你们来点儿音乐，好不好？吟一吟，把这个味道吟出来。自己练。

（播放古筝音乐，学生自由练习朗读）

师：谁来诵一诵？这一次，把奖励的机会送给你吧——我的"火眼金睛"，你来诵。

生：《夜宿山寺》，危楼高百尺，手可摘星辰。不敢高声语，恐惊天上人。

师：最后一句，味道出来了。（夸张地高叫）"不敢高声语，恐惊天上人。"（笑声）能这样诵吗？你夸张了一下，实际上读得已经不错了。（朗诵）"不敢高声语，

恐惊天上人。"谁来？

生：《夜宿山寺》，危楼高百尺，手可摘星辰。不敢高声语，恐惊天上人。

师：来点儿掌声嘛！

（掌声）

（七）品读诗眼，走进内心

师：能读成这样已经很了不起了！孙老师想当年上六年级的时候，读得比你们差多了。李白的诗就是宛如仙境，就是具有超凡的想象，又极度的夸张。一伸手就能摘到天上的星星。我们再来看一首。

（出示《秋浦歌》：白发三千丈，缘愁似个长。不知明镜里，何处得秋霜？）

师：（朗诵）《秋浦歌》：白发三千丈，缘愁似个长。不知明镜里，何处得秋霜？

（掌声）

师：一首诗，有它的诗眼。你认为这首诗的诗眼是哪一个字呢？你说。

生：愁。

师：愁啊，你怎么能看到李白的愁呢？他内心的愁怎么能让我们看到呢？他是怎么写的呢？

生：我是从那个"白发三千丈"，还有那个后面的"何处得秋霜"，他那个"白发三千丈"是很夸张的一个句子，这首诗是在他晚年的时候作的。我觉得他那时候一定有很多的忧愁，就写到头上的白发特别花白。

师：头发花白了，"白发三千丈"原来是因为我内心的忧愁，像这般长啊！对着镜子照一照，不知那明亮的镜子里，什么时候我的满头青丝变成了满头白发？（有生举手）你有话说？

生：李白的诗，都是很夸张的。让人从夸张里面再回到现实。这首诗是李白在晚年作的，因为他受小人的忏悔。他很想报国的，但是皇上却不重用他，所以他很伤感。

师：小人诋毁他，诽谤他，小人一般是不会忏悔的。（又有生举手）

生：大家都知道，白发是因愁而生，所以我可以体会到李白的愁很长。

生：我可以从那个"何处得秋霜"看得出来。大家都知道，"秋霜"是很冷的，李白的心也跟秋霜一样，心也冷了。

师：什么眼睛？你们说他是什么眼睛？（议论纷纷）他都能看到诗歌中的温度啊！冷啊！寒啊！寒若秋霜啊！（有生举手）你有话说？

生：我要补充，因为这句话中可以看出李白处在水深火热之中，他急需一些冷的东西降降温，（哄堂大笑）借此消愁。

师：你叫什么名字？

生：我叫陆天宇。

师：我知道你，说的不是实话，说的是幽默的话，你们可不能当真，他是调侃一下，（笑）他是太热了，给他冷一冷！（笑）即使诗仙，也有忧愁啊！但是诗仙的愁不像我们常人的愁，写得悲悲切切，凄凄惨惨，诗仙的愁写得那么豪放，"白发三千丈"，那么豪放，那么夸张，那么洒脱，那么飘逸。一起来诵一诵：白发三千丈，起！

生：白发三千丈，缘愁似个长。不知明镜里，何处得秋霜？

师：你看到过谁的白发有三千丈？

生：没有。

师：只有谁能看到？

生：李白。

师：因为李白是——

生：诗仙！

（八）再叙故事，体味仙骨

师：只有仙人的眼中、心中，才能看到有那么长的白发啊！同学们，李白作为一位诗仙，一位伟大的浪漫主义诗人，他写了九百多首诗。在他的身上，更有许多动人的传说。（出示）话说有一次李白去浙江的湖州游玩。在一家酒楼上独自饮酒，酒醉之后，又一人高声歌唱，引来不少看热闹的人——在一般人的眼里，都把李白当作疯子了。这时，湖州司马经过此地，问道："酒楼高歌者是谁？"李白听了之后，用诗回答他："青莲居士谪仙人"——"青莲居士"是他的号，"谪仙"是贺知章给他的美称。"酒肆逃名三十春"——李白也曾经得到过唐玄宗的召见，但是召见到宫里干吗呢？就是写几首诗赠送给他的爱妃杨贵妃，博得他爱妃的一笑。李白他有济世的旷世奇才，他是要为国家报效啊！他怎么能写几首诗博妃子一笑呢？李白就愤然离开宫廷，再次来到人间，飘逸于名山大川之中，在街市酒店之中借酒消愁。"湖州司马何须问"——湖州司马你还要问吗？"金粟如来是后身"——我李白百年之后就变成如来佛啦！就成仙成佛啦！那种高傲，那种不屑一顾，尽在诗中。喜欢李白吗？

生：喜欢。

生：我也喜欢李白。因为李白有超凡的想象，而且他的诗很豪迈，所以我喜欢他的诗。

师：你喜欢吗？

生：喜欢！我喜欢他的诗里的韵味。

师：韵味！李白是酒仙，李白是诗仙，我说（示意板书）：李白是仙。李白是一座高山，如果你们还想学习的话，下次我再给你们上一课——《李白是人》，他也是常人。下课！

附板书：

```
┌─────────────────────────────────────┐
│                  宛如仙境             │
│                                      │
│   李白是仙       超凡想象             │
│                                      │
│                  极度夸张             │
└─────────────────────────────────────┘
```

走近李白（组诗）
——李白是仙

望庐山瀑布	庐山瀑布
李　白	徐　凝
日照香炉生紫烟，	虚空落泉千仞直，
遥看瀑布挂前川。	雷奔入江不暂息。
飞流直下三千尺，	今古长如白练飞，
疑是银河落九天。	一条界破青山色。

夜宿山寺

李 白

危楼高百尺，

手可摘星辰。

不敢高声语，

恐惊天上人。

秋浦歌

李 白

白发三千丈，

缘愁似个长。

不知明镜里，

何处得秋霜？

十、《走近李白》教学中的创造性

国家督学　成尚荣

这的确是堂好课。它从整体上体现了新课程的理念与要求，又从一个侧面体现了情智语文的特色与追求，可以解读与研究的方面很多，可供开发与借鉴的元素也很多。不过，通览课的全过程，我以为解读与研究的内容可以归结到一点，那就是创造性。稍加注意，不难发现，无论是专题与主题的设定，还是教学的设计与过程中细节的处理，都闪现着创造的智慧；创造性地教，让学生创造性地学，师生共同创造教学过程，是这堂课最主要的优点，也是情智语文之魂。

（一）创造性地设定教学专题，让学生在丰富资源的整合中领会中国传统诗性文化的意义

"走近李白"是一个教学专题，是孙双金语文教学研究中的一个重要课题。何为教学专题、如何设定教学专题是专题教学研究中的基本命题。对这些问题，"走近李白"的课例都做了较为清晰的回答，其间无不体现了创造性。

"走近李白"中李白的诗及其有关内容，学生在教材中学习过，但并非都是教材中的，即使在教材中学习过，也并非在同一个年级或同一个学期。这些如今在"走近李白"的"召唤"下走到一起来了，一起走进"走近李白"这一专题。显然，教学专题有别于教材中已编排的教学单元，它是围绕一个主题，对教材中和教材外的有关内容进行内在关系的梳理，重新组合，形成新的教学单元。可见，教学专题往

往是超越教材、超越年级的，主题性、整合性、超越性是其主要特征。教学专题是一个新的教学结构，这种教学结构具有"召唤力"，"召唤"着新的教学资源，激发着学生学习的欲望，开发了学生学习的潜能，把学生引向丰富、生动的教学情境，增加了新的体验。专题教学中，学生的综合比较、概括能力得到了培养，进而形成新的知识框架。这就是"走近李白"给我们的启示，孙双金也在《我教〈走近李白〉》中作了很好的介绍。我还想说的是，教学专题是教材规定以外的"自选动作"，这种"自选动作"可选也可不选，严格地说，这个"选"实际上是自己的创造。"走近李白"专题形成的过程告诉我们，教师不仅是课程资源的使用者，也是课程资源的开发者。不仅是课程的忠实实施者；也是课程的创造者；不仅表现了教者的责任感，而且表现了教者的创新精神。"走近李白"正体现了孙双金对这一精神境界的追求。

　　无疑，"走近李白"的资源远比教材丰富，视野远比教材开阔，但更为有价值的是"走近李白"所彰显的文化意义和文化张力。学习李白的诗，进一步领悟诗中蕴含的意境，欣赏李白的诗情才华，为的是"走近李白。"但是，"走近李白"背后的深层意蕴又是什么呢？孙双金的回答是："对学生进行诗教。"他认为，中国是诗的国度，诗歌浸润了我们的民族文化，启迪了民族智慧，陶冶了民族情操，"诗教是传统文化教育的核心"。的确如此，"中国文化的本体是诗，其精神方式是诗学，其文化基因库是《诗经》，其精神峰顶是唐诗。一言以蔽之，中国文化是诗性文化。"（刘士林，《在唐诗宋词中走上"回乡"之路》）孙双金对李白、对李白的诗正是有较为深刻的认识与体验，"走近李白"，就是在中国古代优秀诗词的学习中走近中国的传统文化，领会诗性文化的魅力，生长诗性文化的智慧。在全球化进程不断加快的当今，走近李白，走近中国传统的诗性文化显得更有价值也更为紧迫，因为"全球化和地方化是同步的，有全球化就一定有地方化"，"全球化不是同质化"。（杜维民，《对话与创新》）"走近李白"，意在引导学生重视"地方化"，重视中国传统文化，坚守民族传统和民族精神。其实，"走近李白"，在学习古代诗词中走上"回乡"之路的同时，我们也怀着民族的情怀走向世界，走向现代化。这就是"走近李白"所彰显的文化意义和文化张力。

（二）创造性地设计教学过程，让学生在参与教学的过程中领悟与欣赏李白及其诗作的仙气与风骨

　　"走近李白"的教学过程如湖水一波又一波，层层涟漪，又如海水一浪高一浪，

高潮迭起，精彩不断。教学过程是需要设计的，未经设计的过程是无序的，也不可能有真正的生成。没有设计就不可能有教学过程。我们强调生成性思维，并不否认、更不排斥教学过程的设计，从严格意义上说，教学过程是生成性思维下的教学活动设计的完整组合。正因为有精心、周到、巧妙的设计，"走近李白"才会如老师所评价的那样"浑然天成""流光溢彩"。

"走近李白"的教学过程的设计呈现以下特点：以"李白是仙"为主题，以李白的经典绝句为主块，用故事来串联和推进，以吟诵、想象、比较等为主要方法，引导学生欣赏和感悟李白诗的浪漫色彩与巧妙意境，领略和领悟李白的仙风仙骨。

以"李白是仙"为主题。这一主题的设计是以学生感悟与评价的方式来呈现的："你了解李白吗？"学生在这一问题的冲击下，调动了已有的知识，回答李白是诗仙。这种以学生主动方式呈现的主题，给人以开门见山的感觉，简洁、鲜明，成了"课眼"，引领着教学进程。教者这种意识是强烈的，而正是这悄悄地点击，起到了恰到好处的"点睛"作用。这种"点睛"又是一首诗赏析的小结，另一首诗赏析的开始。诸如"这样的景象只有天上神仙才能看到。"

"把庐山的瀑布比作银河来写，一般的诗人是做不到的。""作为诗仙，一首诗是不能看出他的风格的，我们再看几首李白的诗，是不是有仙人之风？""只有仙人的眼中、心中，才能看到那么长的白发啊！"可贵的还在于最后由表及里、由此及彼的拓展和深化：点化李白"谪仙人"高傲的风骨，点明"李白是人"，是常人。这样，仙人的平民化，诗人的仙化，这么辩证地融合为一体，主题的贯穿与深化便在教学过程中顺畅、鲜明了。

以李白的经典绝句为教学主块。李白的诗歌近千首，如何选择，如何组合成学习模块？孙双金有两条选择标准：经典的，又是适合儿童的。于是他"将注意点转向了李白的绝句"。因为李白的绝句犹如"清水出芙蓉，天然去雕饰"，是"高声唱出来的，是心中流淌出来的"。最终他选择了《望庐山瀑布》《夜宿山寺》和《秋浦歌》，形成了"走近李白"的组诗教学，一首一首地引导学生吟诵、欣赏、理解。这三首经典绝句成了教学的三大主块。实践证明，三大主块支撑了整个教学，让学生逐步走近李白。这种组合方式平实、清晰、易学。

用故事来串联与推进。整个教学一共安排 4 个小故事，其中李白的《望庐山瀑布》、徐凝的《庐山瀑布》、苏东坡的《戏徐凝庐山瀑布》为一组。且不说故事的精心挑选与巧妙编排，只说故事在教学中的作用：故事的讲述与铺陈绝不是教学的附庸物，更不是教学的赘物，而是教学的有机组成部分；不只是为了学生的兴趣，制造一些欢乐的氛围，而是用故事来串联教学，使之成为整体；更为重要的让学生从比较和欣赏中理解了李白诗的意境之高远，气势之磅礴，以及李白诗仙的高贵、高超与风骨。所以，故事的推进不是一个程序的概念，而是极具深度意蕴。

以吟诵、想象、比较等方法来领悟。孙双金说的好："中国诗歌更像中国的写意画，追求的不是形似而是神似，诗歌教学更要关注内在的神韵。""诗歌教学要超越理解，强化欣赏。"观点极有见地。是的，诗歌是一种想象世界的方式，是现实世界的折射。李白诗之伟大，也许就在于此；而"走近李白"教学之精彩正在于它应和了这种"想象""感悟""欣赏"的方式，让学生真切地感受到这现实世界折射的斑斓与奇妙。

（三）创造性地开发和利用教学细节，让学生处在积极的思维状态，感受和生长智慧

"走近李白"教学的精彩，与孙双金非常敏锐地发现教学中的问题、创造性地开发并利用细节分不开。

情智语文成功的关键在于教者本身的情感和智慧水平。笔者以为，情感内涵中的道德感、理智感、审美感，以及智慧内涵中的观察力、敏感性以及创造力，都影响着教学过程，影响着教师教学风格的形成，与此同时也影响着学生情感的发展及智慧品格的培育。孙双金原有的文化积淀、情感品位、思辨水平，加之教学本课前大量的阅读准备，周到的设计安排，以及设计中对教学情景的超前想象，都让他面对教学中的细节，心中有数，手中有法，从容应对，能在瞬间生成处理的对策，使细节熠熠生辉。以下一些要点值得我们思考与借鉴：

对学生吟诵的反应。对朗读的反应，孙双金不是止于一般性的评价与鼓励，而是逐步提高要求，从朗读走向吟诵，并提升吟诵的水平。如此，对诗的吟诵情况的反应已成了教学的有机组成部分，其本身成为教学内容和要求。你的吟诵"已经把我带到半空中了""把我带到了八重天，还没有到九重天"。这妙在何处？妙在与诗中的"飞流""银河""九天"相呼应，吟诵中我们似乎在追寻着那高高的"九天"。

"你认为怎么读才能把古典的韵味读出来呢？""慢一点儿，缓一点儿，悠扬一点儿""以后要根据诗人所在的环境、心情，读出它的高低、抑扬顿挫"。一个"古典韵味"的难点竟被化解得如此简单、迅速。真智慧、大智慧总是不张扬的，总是悄悄地展开的。

对关键字眼的讨论。"危楼高百尺，手可摘星辰""告诉我，你的手摘过什么？""摘过水果""摘过鲜花"……有一学生竟然说："我摘过星星——树上的假星星。"这是一个很有意思的细节：第一，只有在宽松、民主的氛围中，学生才可能毫无顾忌地作答；第二，学生摘的是树上的假星星，而李白却说可摘天上之星，教者把"天上""树上"摆在一起，让学生在对比中领悟"高"的含义；第三，"只有诗仙李白才能想到手能摘到天上的星星啊！李白已到了一种仙境啊！"在嬉笑中，又回到主题，一个庄重的话题——"李白是诗仙"走进了学生的心灵深处。就是这么一个"摘"字生出了如此丰富的内容，这就是创造性。对《秋浦歌》中"愁"字的处理同样智慧。

对浪漫主义色彩的讨论。"想象"与"夸张"的确是李白诗的特点，李白诗处处漫溢着浪漫主义的色彩。值得注意的是，孙双金不是把想象、夸张作概念式的呈现，更不是让学生机械地记忆概念，而是让概念来自学生的讨论，来自学生自己的理解和概括。当讨论到"飞流直下三千尺"，用什么词来形容"夸张"，有学生说"疯狂的夸张"时，孙双金在调侃中说："用疯狂来形容诗仙，不雅，搞俗了。"就在笑谈中，道出了诗仙的高雅品格，理解了"极度夸张"的准确性。

对不同意见的讨论。徐凝的《庐山瀑布》当然在李白的《望庐山瀑布》之下，但不能说徐凝的诗毫无可圈之处。就是在理解"今古长如白练飞"时，学生才会有徐凝诗的"柔"，李白诗的"刚"的感觉，进而对现实主义与浪漫主义有了感性的认识；同时，孙双金对徐凝的勇气与学生发表不同意见的勇气都做了肯定。可以说，问题不在谁好谁次，而在于在比较中有了自己的评价标准和评判的勇气，这比简单的结论更有价值。

对学生"不顺从"的处理。用什么词来形容想象，一位学生竟然当众回答："没有把握的，不说！""无所谓！"孙双金不气不恼，而是顺水而下，把问题引向"仙人境界"的理解："厉害！达到了仙人的境界！超凡脱俗！"而正是老师表扬的"超凡脱俗"被学生迁移用来形容"想象"。正如加拿大教育现象学家马克斯·范梅南所说:"机智将小事变得有意义","幽默的机智创造了新的可能性"。

"走近李白"教学实践中的智慧跃然纸上,生动的情景浮现于眼前。教学过程总是由一个个细节联结、组合成的,因此,细节不是孤立的,离开教学目标和教学的全局,细节就失去了存在和开发的价值;细节不开发不利用就是教学中最大的浪费,一旦被开发和利用,就会鲜活起来,指向了学生情智的发展。这是什么?这就是教育的智慧。而孙双金,孙双金的情智语文正在智慧之路上迅捷地行走,走近的不仅仅是李白,也不仅仅是传统的诗性文化,而且也是学生语文素养的全面提高和个性的丰富。

创造性,"走近李白"成功的根源;创造性,情智语文之魂!

十一、《小偷罢工》(创编式阅读)

——《小偷罢工》课堂实录

(一)师生对话　奇思妙想开思维。

师:同学们,上午好!

生:孙校长,好!

师:到这个礼堂上过课吗?

生:没有。

师:没有。有点紧张,是不是?我们先玩个游戏放松一下,好不好?

生:好。

师:胆子大一点,声音响一点。好不好?

生:(大声)好。

师:麻雀见到过吗?

生:见过。

师:麻雀的特点是什么?(示意举手)

生:麻雀的特点是它非常小。

师：非常小。

生：麻雀特点还有胆子小。

生：麻雀飞行速度很快。

生：麻雀非常灵巧。

生：麻雀走路的时候一蹦一跳的。

师：麻雀的最大特点啊，就是叽叽喳喳。对不对啊？下面来一个脑筋急转弯的题目，看哪位脑筋转弯快：怎么让麻雀安静下来？

生：可以让老鹰把麻雀吃掉，它就叫不起来了。（全班笑）

师：我只是让你想办法让麻雀安静下来，没有叫你消灭它！

生：用乌鸦可以让麻雀安静下来，有个成语叫"鸦雀无声"。

师：给他掌声。（全班鼓掌）

师：太厉害了！你的脑筋转弯转得真快！

师：好。再问第二个脑筋急转弯题。（板书：米）什么字？

生：（齐）米。

师："米"的妈妈是谁？你说。

生：我觉得"米"的妈妈是"花"，因为花生米。

师：掌声给她。（全班鼓掌）太棒了。还有不一样的呢，你说。

生：我觉得"米"的妈妈是"米老鼠"，因为"米——老——鼠"。

师：为什么米老鼠就是它的妈妈呢？（笑）没有说出来，你说。

生：应该是老鼠，因为是老鼠爱大米，妈妈最爱孩子。

师：老鼠爱大米，那老鼠不是米的妈妈，老鼠是米的爱人。

生：（全班笑）

师：我再出一个题难难你们。你们上到四年级，学过很多数字是不是？你说这么多数字中，哪个数字最勤劳啊？哪个数字最懒惰？

生：1是最懒惰，2是最勤劳。

师：为什么？

生：因为有一句俗语叫：一不做二不休。

生：我认为0最懒惰，1最勤劳。因为0长得那么胖那么圆，而1长得那么瘦。我认为1是一直干活一直干活，所以那么瘦；0它不干活，所以它那么胖。

师：给她掌声。（全班鼓掌）这叫创造性思维。

（二）出示课题　引发质疑激兴趣

师：（板书：罢工）读。

生：罢工。

师：什么意思？

生："罢工"的意思，就是停止干某些工作。

师：我今天到单位上班，然后回家了。算不算罢工？

生：不算。罢工是永久性的，不干这件事情了。

生：我觉得是正在做这件事，突然不干了。

生：突然不干叫辞职。

生：是一些群体不干某些事情。

师：不是一个人不干，而是一个群体不干，接近词义了。

生：是因为不给钱，所以不愿意工作。如果给钱，就应该愿意工作。

师：给她掌声。（全班鼓掌）因为钱给得少，因为一些不合理的规定，人们群体性抗议不干了，叫什么？

生：（齐）罢工。

师：你还有补充？

生：也有可能压力太大了而罢工。

师：对。也有可能因为待遇太低、工作时间太长、压力太大等让人们无法忍受了，大家集体抗议，停止干活了，希望满足正当要求。我们生活中，听说过哪些人罢过工？（示意举手）

生：我在电影上看过一群牛奶工罢工。因为老板总是不发工资。

师：牛奶工罢工，因为欠薪。

生：我在电视上看到一群建筑工人罢工，也是因为老板欠薪。

生：我在书上还看到，以前中国还有矿工罢工。

师：有牛奶工罢工、出租车司机罢工，听说过教师罢工没有？

生：没有。

师：听说过小偷罢工吗？（板书：在"罢工"前加上"小偷"二字）

生：（齐）小偷罢工。

师：读了这个题目，你有什么想法？

生：奇怪，小偷他天天偷钱，他怎么会罢工呢？

生：这样很好，没有必要再担心有小偷偷自己的东西了。

生：我觉得很不可思议，小偷怎么可能罢工呢？

（三）走进故事　畅想罢工新气象

师：今天我们就来学习一篇有趣的童话故事，题目《小偷罢工》。

（播放课件《小偷罢工》。示范读课文1~3节

城里有个小偷协会。这天，协会集体通过了一项决议——罢工。

小偷罢工？不就是说，从现在起再没人去撬锁、偷钱包了吗？所有听到这个消息的市民都感到轻松和安慰。和以往不同，这次有组织的罢工没给市政府造成丝毫的压力，市长在晚间电视节目中发表了讲话："衷心地希望他们永远不要再复工了，让小偷见鬼去吧！"

从小偷罢工的第二天开始，城里就出现了新气象。太太小姐们戴着珍藏的首饰招摇过市；警察的神经彻底松弛；银行职员面前的铁栅栏全部被拆除；总经理同清洁队的垃圾箱办公室联系，准备转让银行的三千只保险箱……值得庆贺的事太多了。）

准备转让银行的三千只保险箱后面是个什么符号？一起说。

生：省略号。

师：今天我们不仅读童话故事，还要创编有趣的童话故事。创编要基于现实还要超于现实。想想，小偷罢工之后——（板书：新气象）城里出现了新气象，除了太太小姐们、警察、银行职员、总经理的这种新气象之外，还会出现哪些新气象？

生：把所有的摄像头都给拆了。

师：好的，新气象。

生：那些卖锁的都要改行了，因为没有小偷，他就没必要再卖锁了。

生： 平民百姓都会把家里的防盗门拆了。

师： 太棒了！

生： 到银行取千万元的钱的人，也不用请护卫了。

生： 许多人直接把家里的保险箱的门打开了，省得每次按密码烦死了。

师： 看到没有？这就是城里出现的新气象。我们一起把这段读一读：从小偷罢工的第二天开始，起——

生： 齐读。

师： 故事就这样写下去，你们都可以想象到结果，就不好玩了。好故事就应该让你想象不到下面该出现什么情况，这就叫峰回路转、出人预料。

生： 好故事一路顺风的话，没有波折，别人读了没有意思，根本就不会津津有味地读下去。

师： 我特别欣赏你的"波折"。

生： 故事应该有些转折。比如说：气象台报今天不下雨的，可是突然下雨了。

（四）故事转折　始料不及失业增

师： 故事好，就好在有起有伏、一波三折。好故事的波折来了，往往会用一个什么词呢？（板书：然而）

生： （齐）然而。

师： （播放课件。示范读课文第 4～5 节）

　　然而，过了没几天，一群妇女来找市长，要求取缔警察，理由是没有必要养活这些成天无所事事的闲人。银行经理也来了，自从小偷罢工后，人们不再到银行去存钱，所以银行已面临倒闭，不得不裁减 90% 的职员。

　　坏消息比好消息来得更快更多：＿＿＿＿＿＿工人失业了、保险柜＿＿＿＿＿、八百名夜间巡逻队队员＿＿＿＿＿，）想想：还可能有哪些坏消息？同桌讨论一下。

　　学生讨论。

师： 集体交流一下：会有哪些坏消息？

生： 会有一些卖锁的店都倒闭了，他们也会去找市长。

师：工人找市长。

生：老鼠也是小偷，它们不再偷东西，成天上街走来走去。老鼠身上带有鼠疫，万一传染给人怎么办？

师：这真是童话世界，老鼠到大街上走来走去的，超现实的状况来了。

生：也有可能这是个假象。小偷罢工了，趁人们都不往银行存钱了，他们突然神不知鬼不觉地又复工了。然后，那些防盗门没有之后，他们就可以进入别人家里抢钱。

生：还有卖保险箱的商店也快要倒闭了。

生：而且那些汽车的防盗器麻烦，又不管用，所以很多车都要求停用，那些汽车维修店都忙不过来了。

生：小偷不盛行，盛行抢劫犯了。

师：哦，这是他的想法，很现实。

生：那些卖摄像头的都倒闭了。

生：警察局也会罢工，因为警察已经没用了。现在都没有小偷，他还抓什么人呢？

师：我认为你们的思维都超越了作者，那么作者是怎么写的呢？（出示文字：生产门锁、自行车锁的工人失业了；保险柜厂家的产品大量积压；八百名夜间巡逻队队员都被解雇了；车站的小件寄存处关门了……）

又过了几天，多少失业的人上街游行，他们喊着口号说："我要工作，我要就业，让小偷们复工吧。"遇到这个局面，你想想市长会怎么办？

生：市长会非常奇怪，不是他们让小偷不要回来吗？怎么又要小偷回来了呢？

师：市长纳闷啊。

生：市长肯定是进退两难，如果他们让小偷复工，小偷会继续偷东西，说不定还会造成更大的财产损失。而不让小偷复工，那么多失业的人挤在市政府门口，抗议那又怎么办？

（五）故事发展　市长小偷急磋商

师：市长要尽快解决啊。于是故事发展——市长（板书：紧急磋商）派人去小偷协会"紧急磋商"。一起读——

生：（齐）紧急磋商。

师："紧急磋商"什么意思？

生：就等于紧急地开个小会。

生："磋商"可以分开来解释："磋"是撮合的意思，"商"是商量的意思。也就是市长和小偷协会一起商量一个解决这场危机的办法。

师：好极了！给他掌声。（全班鼓掌）学语文就要这样学，这是一个很好的学习方法：拆词解义。

生："紧急"大家都知道是什么意思，而"磋商"我们可以解释为商量的意思，也就是紧急商量。

生：小偷协会正在商量到底要不要复工。

师：市长派代表跟小偷协会紧急磋商，怎么办？小偷会听市长的吗？故事起起伏伏，小偷的代表们提出了一个又一个——（板书：苛刻），这个词读什么？

生：（齐）苛刻。

师：什么叫苛刻的条件？

生：苛刻的条件就是严格的条件，非常的刻薄。

生："苛刻"的意思，就是：不符合现实过分了。

生：是一些无理的条件，叫苛刻的条件。

师：就是非常高的、几乎难以达到的、不合理的条件叫苛刻的条件。

（出示文字：派去的代表灰溜溜地回来了，因为小偷们提出了苛刻的条件：要求＿＿＿＿＿＿；要求＿＿＿＿＿＿；要求＿＿＿＿＿＿。）

小偷提了三大条件。如果你是作者，你可以编写一下小偷提出了哪些苛刻的条件？

生：第一，给我们每人很多钱；第二，给我们每人一份稳定的工作；第三，给我们每人 400 平方米的房产。

生：每月给我们发工资，必须敞开大门让我们尽情去偷。

生：必须每年给我们每人 100 万，然后再加上我们偷来的钱。

师：苛刻，苛刻！无理，无理！

生：所有保险柜的密码全部告诉他们。

生：偷东西偷到就算了，没偷到还要给他们 100 万。

生：我们罢工的这段时间，钱要给我们补回来。

生：还有博物馆的报警设备全部拆掉。

生：所有人的防盗门只许关着，不许锁着。

师：同学们的想象力真丰富，小偷提了这么多苛刻的条件。故事的创编，除了情节的发展——（板书：情节曲折），除了情节曲折，我们还要看作者的语言——（板书：语言），好的情节，要有好的语言去表达。语文语文，是通过语言文字去表达的。我们来看看作者的语言是怎么表达的。

（出示文字：派去的代表灰溜溜地回来了，因为小偷们提出了苛刻的条件：要求给他们发加班费。理由是逢年过节别人都休息了，而小偷还在没日没夜地工作；要求市政府按每个小偷的实际工作年头（从掏第一个钱包那天算起）给补发工资，另外附加岗位津贴、危险职业补助等；要求将小偷协会正式接纳为市政府的办公机构，让小偷派代表参加市长竞选。）

师：面对这些苛刻的条件，市长会同意吗？

生：（齐）不会。

师：不会同意，但问题又不能解决。这怎么办呢？所以，这面临的问题——（板书：棘手）是一个非常棘手的问题。你们想象一下，面对这个棘手的问题，市长在办公室里表现得怎么样？

生：市长会在办公室里不停地四处走动，烦躁不安。

生：市长会想得焦头烂额。

生：市长在那儿抓耳挠腮，出了一头的汗。

生：会进退两难地在房间踱步。他会想：如果不同意，会有很多人失业；但同意了，这世界不就乱套了！

生：不停地叹气。

师：市长像热锅上的蚂蚁，条件太苛刻了，这个问题太棘手了。故事到这里就停止了吗？能停止吗？

生：（齐）不能。

师：故事还要继续发展。你准备让这个故事怎么继续发展？

生：市长会成立一个假小偷协会，他们不偷东西，但装成小偷飞檐走壁。

师：假小偷协会，目的是什么？

生：让警察他们看见小偷，然后来抓他们。

师：那真小偷协会呢？

生：让他们继续待着。

师：你呢？

生：市长会派自己的保镖去劫持小偷的老爸，逼他们复工。

生：我补充一下：成立一个假小偷协会让人们以为小偷又复工了，为防不测，还需要装锁，所以锁匠又可以复工了。

生：他们用手榴弹逼着小偷，让他们复工。

生：市长跟他们再继续磋商，再商量一次。

生：市长可能会找一些贼眉鼠眼的人，在大街上假装偷东西。

师：你准备怎么创编？

生：市长会准许小偷偷东西，但每年要把 80％的行窃收入捐给慈善事业。

（六）故事高潮　小布丁奇招解困境

师：故事的创编往往出乎我们的预料，一个英雄出现了。这个英雄的名字叫什么呢？（板书：小布丁）读，叫什么？

生：（齐）小布丁。

师：幼儿园的小朋友，身份是市长的孙女。她给爷爷想出了两大妙计——（板书：解困）第一大问题：就是给下岗的工人安排新的工作，不让他们游行示威，小布丁给他们安排新的工作。（出示文字：根据小布丁的安排，所有失业的人都有了新的工作：制锁工人＿＿＿＿＿＿；银行的职员＿＿＿＿＿＿＿；最快乐的要数警察，＿＿＿＿＿＿＿＿＿……）你来想一想：小布丁会安排制锁工人干什么？银行职员干什么？最快乐的要数警察，他会给警察什么工作？

生：会让制锁工人当矿工。

生：给制锁工人打铁的工作。

生：制锁工人的工艺很好，让他们制作出更多、更好的玩具。

生：他们可以把前期不需要的锁拆掉，让他们做拆锁工作。

生：他们可以制作孔明锁，这样既能够变成游戏给小孩子玩，又能够提高他们的智力。

师：银行职员安排什么工作？

生：可以安排他们做数学老师，因为他们有数钱的技能。

师：太棒了！

生：可以让他们做公司会计。

生：可以让他们当厨师。

师：为什么银行职员当厨师？

生：因为没什么其他职业可以让他们做的。

生：银行职员可以当超市的促销员。

生：还可以当服务员。

师：那么小布丁会让警察干什么？什么事最快乐？

生：会让他们当向导，因为可以让他们把一些迷路的小孩送回家，还可以告诉一些外来游客他们怎么走。

生：可以让他们管理游乐园的秩序，然后还可以自己玩。

生：还可以给市长当保镖。

生：可以当幼儿园的老师，跟玩乐在一起。如：捉迷藏。

师：我们来欣赏欣赏作者是怎么创想的。（出示文字：根据小布丁的安排，所有失业的人都有了新的工作：制锁工人为儿童们生产玩具；银行的职员被派到学校帮助笨孩子补习算术；最快乐的要数警察，他们的全部工作是在幼儿园陪小朋友做游戏、玩"打仗"，当然，必须用木头手枪……）

师：这就是故事当中语言的幽默。（板书：语言幽默）除了有曲折的故事情节，还要有幽默的语言，故事才能丰满起来。安排下岗工人工作这个难题比较好办，故事的高潮最难的是：怎么让这全城一千名小偷全部失踪。好，请四人小组讨论。

生：讨论中……

生：可以让警察把那些小偷空运到别的国家去。

生：可以让小偷他们去当海盗。

生：可以进行小偷比赛，评谁的手段最高。小偷都为了证明自己的手段最高，就把自己给偷走了或者是把别人给偷走了藏在家里。结果，最后一个小偷为了证明自己的手法更高，就把自己给偷走了。

师：掌声。

生：（全场鼓掌）

师：叫什么名字？

生：王佳怡。

师：我们班坐了一个了不起的作家！

生：可以把小偷送到看守所去，因为他们之前都偷过钱，所以都有罪。

师：没有证据啊，要人赃俱获才行。

生：把这些小偷抓起来赶到别的地方去，然后在边境上装上栏杆，这样小偷就进不来了。

生：小偷不是会偷东西吗？让他们去设计会偷东西的机器人，然后去把其他国家的先进武器偷过来。

生：打电话给外星人，把小偷接到外星旅游去。

生：可以让小偷当间谍，派他去偷情报。

生：假装让他们去旅游，实际上是把他们空运到没有人的孤岛上。

生：专门收拾一个地方，给小偷活动。

师：让我们来做作家的话，你们的想象五花八门、无奇不有。我觉得，你们其中就有许多作家，点子很好。有的人的点子，几乎和作家的一模一样。看看作者的——小布丁发表电视讲话：全市举行小偷大赛，要证明你们是真正的小偷，因为小偷协会里也有冒牌货。既然要举办小偷大赛，就要有规则。怎么让小偷失踪？小偷比赛，你们认为偷什么东西最难？

（点击课件）

生：偷同行的东西是最难的。

生：把人家房子的主人偷走是最难的。

（全班齐笑）

师：偷活人是最难的。小偷协会要他们失踪，那么偷的活人一定是谁？

生：（齐）自己。

师：一定是小偷本人，一定是自己偷自己。对不对？这是一个规则。第二，全城的一千名小偷必须怎么样？（示意举手）

生：首先，让他们偷对方，剩下最后一个可以获得"最佳小偷"称号。然后要证明这个"最佳小偷"称号，就必须把自己偷走。

师：看作者怎么创编的故事。（出示文字：市长宣布了大赛的三条规则：一、小偷协会的 1000 名会员必须全部参加大赛；二、被窃物定为小偷本身，因为偷活人要比偷钱包难得多，所以更能看出每个小偷的实际水平；三、"赃物"由小偷妥善保管，藏到谁也找不到的地方。

既要去偷人，也要防着自己被偷走。这大赛真够刺激！所有的小偷都激动万分。

好咧！大显身手的时候到啦！

第一天，就有三百多名小偷失踪了！

第二天，又有五百多名小偷不见了！

第三天，还剩十八名小偷！）一起把这几段读一下：既要去偷人，也要——

生：（齐读）既要去偷人，也要防着自己被偷……

师：觉得这语言怎么样？第一天、第二天、第三天，他的语言有什么特点啊？

生：语言的特点是对照。

生：语言很有规律。

生：这三个表达的都是同一个意思，但是语句不重复。

师：你说说看怎么不重复？

生：第一天是小偷失踪了，第二天是小偷不见了，第三天是只剩下 18 名小偷了。

师：语文，同样的意思却用不同的句式来表达，整齐当中有变化，这就是语言的魅力。如果你写成：第一天，就有三百多名小偷失踪了！第二天，又有五百多名小偷失踪了！第三天，还没有失踪的是十八名！这样读起来就没有味了。所以，读故事要欣赏人家的语言特点。（出示文字：到星期六下午，全城只剩下最后一名小偷了。这位正是小偷协会主席、桃李满天下的小偷总教练——A 先生。该如何处置这最后一个小偷呢？全城市民提出了种种方案：关监狱、送博物馆、进动物园……就在大家争论不休的时候，又传来了最新消息……）

（七）故事结局　同学出招小偷大赛出人意料

师：这名总教练怎么失踪的？打开练习本。

（学生打开练习本）写在你的本子上。周瑜问诸葛亮：赤壁之战用什么方法攻？

周瑜说：我们两个都不说，每个人在手上写一个字。于是诸葛亮写了一个字，周瑜写了一个字，然后互相一亮。总教练怎么失踪？你们写下来，亮给我看。

（学生在练习本上练笔）

师： 先写好的，可以送上来给我看。

（学生陆续上交练习本）

师： 我们来看看几位小作家的结尾。

这位作家叫司诺舟。他这样写的：Ａ先生找到了所有的小偷，并且交给了市长先生说："我最厉害，因为我能把所有的小偷都找到。"他是到市长那里去邀功的，这是一种结尾。

第二种结尾是尹家福的：总教练知道了公民提出的方案，有一个让他大为激动——"进博物馆"。于是，他神不知鬼不觉地进了博物馆，偷了镇馆之宝之后逃到国外去了。

陈雨婷的，总教练觉得没有人等着他教自己偷东西的本领了，于是自动向政府投降，请求政府把自己关起来。悔过自新了。

最后再看刘天一的，Ａ先生是个狂妄自大的人，他决定要表现出自己的技艺是无与伦比的。于是，在一天深夜，本人把自己偷走啦！

来点掌声好不好？

生： （全班鼓掌）

师： 好的故事的结尾是多么重要啊。（板书：结尾）那么作者原来的结尾是什么呢？

（出示文字：Ａ先生为显示本领高强，自己把自己偷走啦！）刘天一同学想的跟作者一样精彩，这样奇妙的结尾（板书：结尾奇妙）我想只有天才才能想到。那么这堂课学下来之后，我发现我们班有二分之一同学写的就是这个结尾。你们想知道小偷罢工的作者是谁吗？

生： （齐）想。

师： 猜猜看。

生： 小偷。（全班笑）

师： 猜猜看作者是谁？（示意举手）

生： 我觉得是写童话很厉害的郑渊洁先生。

生： 我觉得是您——孙双金校长。

生：（全班笑）

生：我认为是这个市的市长。

生：是一个小偷。

生：是 A 先生本人写的。

生：可能是小布丁写的。

师：作者是谁呢？远在天边，近在眼前——就是你们，就是我们。

（全班惊讶！）

师：下课。

生：起立。

师：同学们再见。（鞠躬）

生：老师再见。（鞠躬）

（全场响起热烈的掌声）

附：板书

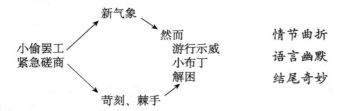

附原文：

《小偷罢工》

武玉桂

城里有个小偷协会。这天，协会集体通过了一项决议——罢工。

小偷罢工？不就是说，从现在起再没人去撬锁、偷钱包了吗？所有听到这个消息的市民都感到轻松和安慰。和以往不同，这次有组织的罢工没给市政府造成丝毫的压力，市长在晚间电视节目中发表了讲话："衷心地希望他们永远不要再复工了，让小偷见鬼去吧！"

从小偷罢工的第二天开始，城里就出现了新气象。太太小姐们戴着珍藏的首饰招摇过市；警察的神经彻底松弛；银行职员面前的铁栅栏全部被拆除；总经理同清洁队的垃圾箱办公室联系，准备转让银行的三千只保险箱……值得庆贺的事太多了。

然而，过了没几天，一群妇女来找市长，要求取缔警察，理由是没有必要养活这些成天无所事事的闲人。银行经理也来了，自从小偷罢工后，人们不再到银行去存钱，所以银行已面临倒闭，不得不裁减百分之九十的职员。

坏消息比好消息来得更快更多：生产门锁、自行车锁的工人失业了；保险柜厂家的产品大量积压；八百名夜间巡逻队队员都被解雇了；车站的小件寄存处关门了……

很快，游行示威队伍一支支来到市政府门前，他们高举标语牌，上面写着"要工作，要吃饭""生活离不开小偷"……

迫于各界的压力，市长决定派代表去和小偷协会进行紧急磋商，希望他们能顾全大局，立即复工。市长还许诺，今后对小偷要从轻处罚。

派去的代表灰溜溜地回来了，因为小偷们提出了苛刻的条件：要求给他们发加班费。理由是逢年过节别人都休息了，而小偷还在没日没夜地工作；要求市政府按每个小偷的实际工作年头（从掏第一个钱包那天算起）给补发工资，另外附加岗位津贴、危险职业补助等；要求将小偷协会正式接纳为市政府的办公机构，让小偷派代表参加市长竞选。

对小偷们提出的条件，市政府当然不会答应，但受罢工影响，全市有近三分之一的职工已经失业或面临失业，有百分之八十的家庭生活水平开始下降……市长和助手们日夜在一起商讨对策，但事情毕竟太棘手了。

说出来让人不敢相信，这道难题被一个幼儿园小朋友、市长的孙女——小布丁解开了。

根据小布丁的安排，所有失业的人都有了新的工作：制锁工人为儿童们生产玩具；银行的职员被派到学校帮助笨孩子补习算术；最快乐的要数警察，他们的全部工作是在幼儿园陪小朋友做游戏、玩"打仗"，当然，必须用木头手枪……

当晚，小布丁在电视台发表了一次讲话。她说，市政府已决定接受小偷协会提出的全部条件，但所有的福利待遇只能给那些真正的小偷。谁敢保证"偷协"的会员没有冒牌货呢？为了辨别真假小偷，市政府将举行一次"小偷大赛"……

市长宣布了大赛的三条规则：一、小偷协会的1000名会员必须全部参加大赛；二、被窃物定为小偷本身，因为偷活人要比偷钱包难得多，所以更能看出每个小偷的实际水平；三、"赃物"由小偷妥善保管，藏到谁也找不到的地方。

既要去偷人，也要防着自己被偷走。这大赛真够刺激！所有的小偷都激动万分。好咧！大显身手的时候到啦！

第一天，就有三百多名小偷失踪了！

第二天，又有五百多名小偷不见了！

第三天，还剩十八名小偷！

……

到星期六下午，全城只剩下最后一名小偷了。这位正是小偷协会主席、桃李满天下的小偷总教练——A先生。

该如何处置这最后一个小偷呢？全城市民提出了种种方案：关监狱、送博物馆、进动物园……就在大家争论不休的时候，又传来了最新消息：A先生为显示本领高强，自己把自己偷走啦！

在情智语文高层论坛上发言

十二、语文教学要突出重围

——教学反思

　　下面还有些时间，我把这节课的思考向老师们做个汇报。

　　先说我为什么要选《小偷罢工》这篇文章做教材。我在学校试上的时候，有个老师跟我说："孙校长，你选的这篇文章价值取向有问题。好像有那么一点误导：让孩子们感觉这个社会不能没有小偷。"呵呵，老师一开始就给我当头一棒：教材的价值取向有问题。我是怎么想的呢？这是一个童话故事。童话故事源于现实又超于现实。我们老师生活在现实世界里，难以走向儿童的想象世界、童话世界。第二，我认为，困扰我们现在老师的一个很大的制约——上语文课要有意义，要有主题，要有思想。我的观点：儿童的语文，"有意思"比"有意义"更重要。我心目中最好的语文课是：好玩而有意义。好玩的语文课，在玩中学语文、在玩中建立素养、在玩中发展思维、在玩中激发想象、在玩中创生语言。所以，语文教学要突出重围。

　　我认为语文教学要突出哪些重围呢？

（一）语文教学要突出教材的重围。

　　老师们一听，哎呀，你教材不要了。不是，老师们不要误解我的意思。教材的优点在哪里？教材的优点：第一，体现在国家意志，按照课标编的；第二，汇聚了那么多名师，精选了那么多名家名篇，集中了全国的名师、广大教师的集体智慧；第三，教材还按照学生认知层次和顺序有一定的体系性。但是，我认为当下的教材也有几点局限。第一大局限，我们的教材受政治的影响太深。例如，我小学时候的教材，小学第一篇课文《毛主席万岁》，第二篇课文《共产党万岁》，第三篇课文《千万不要忘记阶级斗争》。当下要比那个年头好了许多许多，但不排除仍有影响。第二，当下教材是选文式教材，它是一篇一篇文章选择起来编写的教材。虽有一定体系，但系统性还不强。我们都感叹：学生一个月不来上课，没有任何问题。好学生在家里歇一个月，歇一个学期不来上，下学期来上，保证没有问题。第三，我们当下的教材对传统优秀文化，经典文化的传承太少。第四，我们当下的教材，小学6年毕业之后，学生缺乏"童子功"。小学阶段就是练童子功的阶段，但是我们学生学了6年之后不如以前私塾学生。我们现在高中生学了12年，不如从前在私塾里读个四五年。私塾读四五年，有一手好毛笔字，可以写对联，文章写得很漂亮，肚子里装了好多的经典名文、古典诗词。我们现在小学生、高中生跟人家能比吗？我分析了新中国成立之后三代名师的特点。第一代名师，以我们尊敬的斯霞、霍懋征、于永正老师为代表。我们这一批的60年代的像王崧舟、窦桂梅、薛法根等名师，是从打造自己的精美课堂走出来的名师。精心设计怎么开头、怎么结尾、怎么过渡、怎么板书、语言怎么优美、怎么精致。我认为第一代和第二代名师他们的最大特点是：课堂中走出的名师，公开课中走出的名师。有一次，我跟管建刚在一起聊的时候，我就说："管老师，我在反思从公开课中走出来成为名师之路时，我觉得要抛弃，我们再不能沉醉在我们一堂一堂精美的公开课中。"他说："孙校长，你下面要往哪里走？"我觉得第三代名师体现了教改的方向，以韩兴娥、常丽华、管建刚为代表，从华美的课堂中突破，走向课程建设。这期的上海《小学语文教师》介绍了常丽华老师。我把这篇文章《我和我的小蚂蚁教室》推荐给我们全校所有的语文老师看。我说：我欣赏常丽华老师什么呢？她的教材，她一个月不到就把教材教完。一年级以背儿歌为主，在儿歌当中学拼音，儿歌王国走向拼音王国。在拼音王国里读儿歌又识字。一个月识字，把教材上的生字全部教完，一年级上学期接下来走向阅读王国。她说，其他班还在教拼音的时候，还在学课文的时候，我们班的学生已经在大量地阅读儿童故事、儿童童话。什么叫课程意识？为什么第三代名师课程意识那么强呢？感谢十年课程改革。这十年的课程改革，就是要求我们语文老师不仅要上好一堂堂精美的课，更要有强烈的课程意识。像韩兴娥建构自己的海量阅读课程；管建刚老师建构自己的作文课程的。前个礼拜我到苏州去跟美国56号教室的雷夫老师进行对话。雷夫老师是怎样建构自己的课程：他建构莎士比亚的戏剧课程。他把莎士比亚的戏剧全部编成情景剧、话剧，让孩子们去演，每个孩子都要表演戏剧、话剧。把莎氏的著作改编成话剧，让孩子们大段大段地背下台词来表演。这种表演剧课本剧的课程，他当场给我们播放了一段视频，那些孩子的表演让人觉得孩子们的朗诵非常动情。诵着诵着，读着读着，那个孩子的眼泪潸然而下。常丽华老师她的课程是什么呢？她把小王子、匹诺曹这样的经典童话，全部改编成情景剧、课本剧，让所有学生参与当中进行表演，这是一个表演的课程。雷夫还有什么？雷夫还有旅游课程，叫"读万卷书，行万里路"。常丽华老师也有她的旅游课程，她跑遍了青岛的所有景点。我十年前到南京来工作的时候就想，我有一个愿望：我要把南京所有的景点走一遍。但是，快十年了，我这个愿望还没有实现。我觉得把南京六朝古都的所有景点看一遍，这对提升与南京文化、南京历史、地域文化相关的素养该有多好啊！南京人就应该把南京的大街小巷、所有景点跑一遍，在此之中感受南京博大而厚重的文化。常丽华老师还有编成二十四节气的诗词课程，从冬至开始，冬至这一天，中国古代历史上有哪些围绕冬至的诗和词，全部集体背诵。冬至过去了之后，走向谷雨，走向清明，24 个节气组成了 24 个节气的诗词课程。老师们可以想象一下，在常丽华老师这个班上的孩子学习语文，6 年下来将积累多少诗词，将跑遍多少地方，将参演多少话剧，将阅读上百上千本的儿童文学作品。这叫什么？这就是课程，这就叫"教材之外的天地"。所以，我认为第一要突破的是教材的重围。

（二）语文教学要突出分析理解的重围。

新中国成立以来，我们阅读教学向苏联学习，几十年来就是分析分析再分析。把一本那么简单的课文，嚼过来嚼过去，问过来问过去，问得学生昏昏欲睡，问得学生倒了胃口，问得自己也索然无味。刘胡兰是多少岁被敌人抓住的？15 岁。敌人抓住她之后怎么办呢？严刑拷打。拷打完之后带到哪里？带到刑场。最后用什么把她杀掉的？用铡刀。刘胡兰牺牲之前怎么喊的？书上写得清清楚楚，明明白白，我们老师还要一个问题，一个问题地问下去，还美其名曰：分析理解。崔峦老师说过，我们的阅读教学要跟分析理解说再见。为什么要跟分析理解说再见？我说，老师要建立脑科学的意识。我们大脑的特点是什么呢？我把它概述成这么几个词：好奇、好新鲜、好问、好琢磨、好幻想。这是每一个正常大脑的共同特点。所以，我们的孩子来到人间之后，小孩子会问十万个为什么。他看到什么都要问，你教他的吗？你没有教他，这是他的本能，这是大脑、人类几亿年进化成人类大脑的本能，天生就会思考、会疑问。就如我们的胃，把东西吃下去，它的本能就是消化，不要我来给你摸摸让你消化，它天生就有消化的本能。大脑把文本读进去天生就要思考，这是人脑的本能。第二，我们当下读的文本都是白话文。白话文的最大特点：白话白话，明白如话；白话白话，通俗易懂。我相信，我们全班 90% 的同学读完一篇新课文之后，90% 他都懂。仅仅 10% 或者是 5%、1% 学生不理解。而我们还在从零开始，分析来分析去。我们要用孩子的脑机制来了解人类大脑的特点是什么，大脑的本能是什么，大脑的机能是什么。当我们知道人的大脑的特点是什么，你再问过来问过去的时候，孩子们会说你问得太简单了，你问得太没有水平了，你问得太没意思了，不好玩了。小朋友跟你玩个两年之后，就不跟你玩了（众笑）。他一年级进来的时候，兴致勃勃、小眼发光，但读了两年之后他觉得一点意思也没有，最不喜欢的课就是语文了。

（三）语文教学要突出成人思维的重围。

突出成人思维的重围，要有儿童心灵。成人思维有什么特点呢？我认为成人思维最大特点有这么几个：第一，思维定势。我们成人思维往往是定势的。不是举过例子吗，在幼儿园里画个圈，问小朋友是什么？小朋友的答案五花八门：太阳、月亮、苹果、月饼、足球、篮球、乒乓球什么什么，小朋友一共讲了五六十个答案。到大学里面老师在黑板上画个圈，问这是什么？一个答案：圈。这个成人思维是几十年的教育教化、驯化的结果。儿童的思维是什么呢？我觉得儿童思维具有无限的可能性、发散性、创造性，儿童想问题的时候向四面八方去想，这是我们儿童思维和成人思维的区别所在。第二个特点，我们成人思维一定要有意义、要有主题。所以我们好多老师在学校里问：孙校长，你这篇课文到底给学生什么价值取向？我说我给学生价值取向：第一，语文课要好玩；第二，故事创编要波澜起伏；第三，制造一个好故事的结尾很重要。这是我对学生的语文的价值引领。而原来我们成人，就是强调思想的价值引领、主题的价值引领。我们要从成人的那种教化思维走向儿童的游戏思维。儿童的思维是游戏的、快乐的、有趣的、好玩的、出人意料的、与众不同的、新鲜的，这是儿童的思维。

（四）语文教学要突出应试的重围。

语文教学要突出应试的重围，要有素养意识。我们北京东路小学定下这么个规矩，语文考试就考三个方面：知识与积累；阅读与理解；作文与表达。第一块考试就是基础与积累，基础就是什么？小学阶段的字词这是基础，掌握了生字词就是基础。积累是什么？积累成语、中国古典诗词中的名言警句。我以为白话文原则上不需要学生背诵，考试背诵部分不考白话文。为什么？白话文的语言句式是很长的。古典的三言、四言、走向五言、走向七言，然后最多的十几言。为什么三言、四言、五言就容易记住呢？就像我记忆身份证号码，你一定知道我会把它分解为 3211 一组，1010 一组，以四个数字为一组来记忆。因为三个数字、四个数字我们的大脑容易记住，而一个 21 位的数字我们就很难背下来了。所以我们古人很聪明，古人创造语言是从两言走向三言、走向四言、走向五言，人的大脑越来越发达，然后从五言到七言。语言的变长反映人智力的发展，但是人的记忆特点是以短句朗朗上口为容易记住，长句就是记不住的。白话文的一句话很长，有 50 个字的，长的句子有 100 多个字，怎么记？不符合人的大脑记忆规律。第二个考阅读与理解。但是我立个规矩，凡是课文中的阅读理解，教材中的阅读题一概不考。分几层啊，什么意思啊，一概不考，跟语文书上有关的课文一概不考。为什么不考语文书里面的？因为一考语文书里面的，老师就会把参考书上的答案抄给学生，在课堂上讲过后背下来之后得个高分，那叫应试。我考的阅读全是课外的，考的是什么？能力。你再用应试教学方法在学校里不行了。什么是考试指挥棒？我就用这个指挥棒指挥。第三，作文与表达。像那些扩词组词、改病句、把长句子缩成短句子、疑问句改陈述句这样的一概不考，琐碎的单项训练不考，要考就考学生对语言的综合运用。最终考的就是积累、素养、能力、语言表达。

我要用这样的指挥方法指挥我们学校的语文教学改革，从教材走向课程、从应试走向素质、从成人走向儿童、从分析走向利用孩子的脑科学，这样我们就从传统的语文围城中突破出来，走向了语文教育的广阔天空。

这就是我给老师们做的一个简要的汇报，题目叫：语文教学要突出重围。谢谢大家！（全场响起热烈掌声）

社会反响

一、诗情，在课堂里悠悠漾起

——记著名特级教师孙双金

袁　浩

九月的丹阳，硕果香风远，

金陵的九月，炽热又多情。

带着家乡的果香，踩着九月的阳光，四十一岁的语文特级教师孙双金跨进了南京市北京东路小学。绿树葱茏的校园里，石榴花灿烂似火，毛白杨修直挺拔；硕大的圆球上，雄鸡兀立，引颈啼鸣，银光璀璨，还有，那紫藤，那碧梧，那清泉，那红蘑菇亭、绿草坪、五彩路……宛如诗情浓郁的画卷，生机勃勃、新意盎然。

这里，是一所中国名校，饮誉遐迩，蜚声海内，引人注目；

这里，晨曦曾映照着著名教育家斯霞护送孙辈上学的身影；

这里，课堂中走出了令人崇敬的一代小学语文名师王兰、陈树民……

1989 年，孙双金，这位江苏省首届语文青年教师课堂教学大赛一等奖获得者，江苏省参加全国首届小学语文评优课大赛的唯一代表，曾来到这里练兵，向前辈们请教，与北小人切磋。斯霞、王兰、陈树民、朱家珑……会聚这里从教材选择、处理，到教学结构、语言、板书设计，都做了详尽的指导分析。

正是从这里，孙双金带着前辈们的期望和教诲，走出江苏，走上了全国的大舞台，用自己的才华和汗水，为自己、为江苏的小学语文赢得新中国成立以来第一个崇高荣誉。

孙双金钟爱北小——这方撩人情思的神圣天地！

九月的北小，也正敞开胸怀，欢迎他的新校长从丹阳前来就任。在北小人眼里，他儒雅、博学、睿智、英气勃发、勇于开拓创新。他那凯歌频频的成功道路，他那画意融融的迷人课堂，都是一篇篇色彩明丽的诗篇。

求索篇

将小学语文教学引入艺术的殿堂，是孙双金矢志追求的理想境界：他力求既教给学生知识，又发展学生能力，并在培养学生能力的同时，给学生以情感的陶冶，心灵的洗涤，以及艺术的享受。他梦中的课堂，"学生兴致勃勃，浮想联翩，如沐春风，沉浸在美的画面、诗的境界、爱的怀抱之中。"

为了这一境界，22年来，他在"上下求索"的道路上，洒下了一串串晶莹的汗水，印下了一行行开拓者的足迹，也留下了迷惘、执着、痛苦和欢乐。

（一）梅花香自严寒来
——苦练

孙双金永远也不会忘记走上教师岗位后的第一节公开课。

那是1981年一个热浪炙人的九月。

星期三下午，丹师附小三（1）班教室。

初出茅庐的他站在讲台上"试教"。他的对面不是小学生天真明亮的眼睛，而是全校50多位教师一双双满含期待又十分严厉的目光。孙双金心头掠过几丝紧张，他提醒自己，为自己鼓劲：为了上好这堂课，他已备了整整半个月的课，课文《手术台就是阵地》早已烂熟于心。于是，他微笑着放开声音，娓娓动听地讲了起来……

但他万万没有想到，刚讲几句，就被听课的老师们打断，毫无顾忌地评头论足，出乎意料地质疑询问："不行，这句话不合适，要重新修改。""你这么讲，学生越听越糊涂！""停下来，这里不应该那样问，应该这样问……""你这一口方言，要好好改改！"……

冷雨倾盆！孙双金几乎被浇蒙了，浇僵了！多么漫长，多么难熬的四十分钟啊！

下课时，老校长一锤定音，语重心长："教学语言平淡，没有起伏和高潮，不能激发学生的情感，拨不动学生的心弦。小孙，你可得好好努力啊！"

课终人散，只有孙双金还孤零零地留在空荡荡的教室里。他脑里一片空白，脊梁凉飕飕的，似有无数的小虫在蠕动。伸手一摸，原来衣裳早已湿了一片。

这堂公开课对孙双金刺激太大了！

他想起自己上初中二年级时那位年轻漂亮的女老师。学生原本都喜爱漂亮老师，一听说她来教物理，大家非常高兴。可有一天，她教"作用力和反作用力"一章，讲到桥面对桥墩存在作用力，同时桥墩对桥面也有反作用力时，同学们当时却怎么也弄不明白下面的桥墩为何会对上面的桥面存在反作用力，于是就向她询问、与她争论。女老师白嫩的脸急得通红，可就是讲不明白。于是同学们吵着嚷着到教导处，要求换老师……这个场景在孙双金的脑海里烙下了深深的印痕，从那时起，他心里就产生一个念头，如果我当老师，一定要讲得清楚明白，决不能自己急得满脸通红，却让学生稀里糊涂。

可今天，当了教师的自己竟也成了那位女教师！孙双金好难过。

记忆的画面在他脑海里一层层叠印：

在农村读书时，他就是老师的得力助手，常常帮助老师批发作业，当小老师，帮助小伙伴们弄懂学习上的疑问。

读师范的第二年，实习前夕，他曾作为毕业班 300 多名学生代表在全校执教公开课，一堂《雨中》给人们留下了深刻印象，为许多同学消除了走上讲台的畏惧心理。

师范毕业那天，他请班主任老师题词留言。老师挥笔写下了一行大字：立志做一名优秀的人民教师——

这堂让孙双金冷雨淋头、汗湿衣衫的公开课逼着他静下心来认真反思，他认为优秀的语文教师应当具有扎实的教学基本功，字要端正秀丽，话要标准动听，要有演员的表演素质，导演的创造才干，应当有丰厚的文化底蕴，有诗人、画家……的艺术修养，能利用自己的情感智慧，在课堂教学中谱一首令人回肠荡气的诗篇，作一曲令人心驰神往的乐章，演一幕摄魂夺魄的戏剧。我有吗？我离优秀教师的标准还差十万八千里呢！"台上 10 分钟，台下 10 年功。"万丈高楼平地起，只有练就了扎实的基本功，楼层才能越建越高。

从此，孙双金每天多了两节"必修课"。清晨，他迎着旭日，在操场边朗声吟咏唐诗宋词，美文佳篇；晚上，他听广播，跟着广播员"鹦鹉学舌"般地练习发音，练讲普通话，同时，还从字典中寻找学习普通话的规律，他跟着学校一台破旧的收音机练朗读、背诵小学语文课文。他字正腔圆地读，激情澎湃地诵，入情入境地咏。他还留心向所有的表演艺术学习，从朗诵、演讲、相声和影视艺术语言中汲取营养。渐渐地，他练就了一口标准的普通话，他的音质浑厚有磁性，他的语言激越清晰、富有感染力和动人的魅力。

于是，办公室黑板上从此多了孙双金专用的一块练字栏，每天用正楷抄一首古诗，临柳体的金戈铁骨，仿欧体的圆润端庄。从笔画结构到布局神韵，他一一请同事们指教。渐渐地，他的字工整隽秀，有精神了。

孙双金从此把每一节课都当成公开课对待，尽自己最大努力备好每一节课，上好每一节课。有时为了考证一句诗的出处，他几乎翻遍了学校图书馆里所有相关的资料。终于，有一天，以严厉著称的老校长在随堂听了孙双金的一堂课后，露出了难见的笑容，转身对其他听课教师讲，"小孙的素质好，要注意培养。"从此，老校长常会带他到各处听课，尤其不放过优秀教师讲课的机会。

于是，孙双金案头、枕边的专著、名著从此多起来了。他大量阅读教育学、教学论、教学法、教育哲学、心理学、文学理论和美术理论等方面的书籍。还参加了自修大学中文专业，系统地学习理论和文学知识，为了学习理论，他几乎用上了一切可以利用的时间。学校图书管理员看到他把大捧大捧的书借回家，吃惊地问："你哪有时间看这么多的书呀？"哪来的时间呢？孙双金充分利用了"三闲"：教学之闲到阅览室，晚上之闲读书，节假日之闲以校为家，闭门苦读。孙双金的父亲是在中秋节车祸中遇难的。那年中秋节恰逢星期天，为了自己挚爱的事业，他强按下思念家人的情感，仍然留在办公室苦读钻研，他以自己的勤奋和实绩告慰了父亲的在天之灵。

读书拓宽了他的视野，启迪了他的心扉，净化了他的心灵，孙双金在与名家大师对话中，走进了教育的自由世界，走向教学的成熟。

孙双金越发深信"人才只能由人才来建树，能力只有靠能力来培养，志向只能由志向来培养，才干也只能由才干来培养。"（苏霍姆林斯基语）

（二）风乍起，吹皱一池春水

——飞跃

种瓜得瓜，种豆得豆，种下智慧和汗水，收获丰硕的果实。

孙双金宵衣旰食，不断求索，终于跃上了一级又一级台阶。

1985 年秋天，金风飒飒，桂花阵阵。

在丹师附小能容纳 500 多人的礼堂内，座无虚席，挤挤挨挨。来自省内的教学中青年骨干教师正在听孙双金执教古诗《春望》。

他大胆创新，补充了诗人的另一首诗《闻官军收河南河北》，他从容不迫，引领学生详学《春望》，略读《闻官军收河南河北》。这两首诗，一首是忧极而惊，一首是喜极欲狂，极忧极喜，两相对照，形成鲜明对比，给学生以强烈的震撼，突出了诗人与多灾多难的国家、百姓悲喜与共的博大情怀。

这是怎样的课堂啊！

"国破山河在，城春草木深。"

"却看妻子愁何在，漫卷诗书喜欲狂。"

讲台上，孙双金的眼里噙着泪花，

座位上，学生们的泪花在眼眶里闪亮，

听课的同事们的眼睛也都湿润了……

下课铃响，课堂里自发地响起雷鸣般的掌声，经久不息。

《春望》是孙双金第一堂为其赢得广泛声誉的公开课。

为了这节课，他查阅了 12 本相关的参考书籍，研读了诗人杜甫的创作风格和生活事迹，深入研究了有关《春望》的分析文章，闭门练读了两天；他精心设计课堂教学；大处着眼——对比教学，详略结合；小处着手——着力教学中的推敲讲解、设问、吟诵和留白。

在百花园中采集花粉，用心血酿造，他提供的蜜汁，自然是甜美的。

市内外来听他课的人多起来了，"后起之秀""教坛新秀"等溢美之词不绝于耳，孙双金愉悦而振奋。但他没有陶醉，没有懈怠，因为他清楚地知道"满招损，谦受益""路漫漫其修远兮，吾将上下而求索"，前面的路还长着呢。

他不停地耕耘着，积蓄着，盼望着成功，期待着机遇。

1988 年，江苏省举办全省青年教师优秀课评选活动，参赛教师必须是层层选拔出来的。从学校到县里，再到市里，最后才有资格参加全省的比赛。

机遇来了！孙双金非常珍惜。他广泛搜集创新的教改信息，虚心解读名师课堂教学的"诀窍"，在自己的课堂中不断尝试、探索……

机遇总是青睐有准备的头脑。

在学校比赛中，他获得了优胜。

一课《中国琼浆——丹阳封缸酒》，醉倒了家乡的评委，他从丹阳走到了镇江；

一课《迟归》打动了市里的"裁判"，他又以第一名的优异成绩从镇江脱颖而出。

在"仪征化纤"的大厅里，他的一曲《小溪流的歌》把全场听课老师的激情都调动起来了。

他站在讲台上，风度翩翩，神采飞扬，清晰的语言幽默生动，工整的板书隽秀典雅，寥寥数笔，黑板上就显现出小山和小溪，线条流畅、形象。教学节奏张弛适度，教学过程流光溢彩，给人以艺术享受，让在座的教师为之倾倒。

孙双金，毫无争议地获得了江苏赛课一等奖。

一年以后。

11 月的四川成都，阳光明媚，温暖宜人。军区招待所的大院中，葱郁的梧桐用浓密的绿荫笼护着别致的礼堂。全国小学语文研究会举办的全国首届中青年语文阅读教学观摩比赛在这里举行。

这是新中国成立以来的首次教学大赛，盛况空前。礼堂上下两层，坐满了来自二十几个省、自治区、直辖市的两千多位听课教师，几十台 34 寸的彩电散布在会场各处同时直播。

孙双金受江苏省教研室和省小学语文研究会选派前来参赛。他上的是大散文家袁鹰的代表作《白杨》，选教这篇课文的竟有 4 名选手，竞争变得更激烈了，有人就开玩笑说"这次白杨大战，就看哪棵最壮、最秀了。"孙双金上课时，是与会老师听课的最后一天，老师们已经十分疲惫。

上课伊始，孙双金从容地在黑板上板书"白杨"二字，圆润隽秀，苍劲挺拔，顿时，台下响起一片啧啧赞叹声。紧接着，教师范读，他那金属般的声音在课堂里响起，音韵和谐，声色并茂，令人回味无穷，一扫大礼堂里沉闷的空气，听课老师的神情舒展了，学生的情绪被激发起来了，课堂气氛活跃起来了！

孙双金沉着、冷静，充分发挥了自己的优势，他睿智的目光，具有魔力的语言、表情，把学生领进了课文的意境……

礼堂里响起了雷鸣般的掌声。

高惠莹、斯霞、袁瑢、李吉林、朱作仁等 15 位评委，小语界的最高权威向他投来赞赏的目光。

坐在他身边的一位北京的老师对他说："祝贺你，小伙子！转眼间你就成了全国有名的教学明星了。"

　　第二天，竞赛结果揭晓，孙双金获得一等奖，总分第一。经过"一番彻骨寒，""东风第一枝"终获绽放。

　　《新华日报》头版报道了他获奖的消息，《江苏教育》《湖南教育》《山东教育》《福建教育》《小学语文教学》先后开辟专栏介绍他的实录的过程。凭借一节《白杨》教学课，孙双金扬名巴山蜀水之间，波及塞北与岭南大地。

　　一颗新星就这样升起来了！从此，在广袤的天宇中，又出现了一片绚丽耀眼的强光。

（三）柳暗花明又一村
——升华

　　自从获得全国阅读教学一等奖以后，孙双金年年都被邀请到全国各地去上课讲学。中央电教馆，江苏电教馆录制了他的教学法，在全国和亚太地区播放。同行们、专家们纷纷赞誉，"他的课目的明确、重点突出、手法多样、语言优美，听他的课是一种艺术享受。""他的课是真正意义上的语文课。"

　　此时，满面春风的孙双金却陷入了深深的苦恼之中。

　　在辗转南北的上课、讲学中，他发现同一篇课文，同样的设计，同样是全身心投入，在此地上得很成功，甚至很轰动，而到彼地却上得很沉闷，甚至很吃力。这是怎么回事呢？

　　孙双金谢绝了讲学邀请，潜心学习、反思。

　　他苦苦探索语文教育的真谛！

　　为此，他广泛涉猎、读书、听报告、听课……

　　20 世纪 90 年代中期，他萌生了自己的好课观："书声琅琅，议论纷纷，高潮迭起，写写练练。"一堂课下来，学生要把课文读得有滋有味，有情有趣，有声有色。

　　世纪之交，他提出一堂好课应上得学生"小脸通红，小眼发光，小手直举，小嘴常开。"学生是课堂的主人，课堂应充满生命的活力。

　　而今，他认为"课堂应成为师生精神的天堂，师生在课堂上应该是自由的，快乐的，充实的，美好的，成长的，幸福的！"

　　这些年来，孙双金矢志追求的，不再是如何展示自己的才华，而是如何唤起学生的学习热情，点燃学生智慧的火花，并使其发展成燎原之势。他着力关注的不再是预设教案的精巧诡奇，而是在生成的课堂中，达致自由快乐的境界，实现生命灵动的活力。

他认定，语文课堂的主角永远是学生，而教师只是一位学习活动的组织者、引导者，"一位顾问、一位平等对话的参加者，一位帮助发现矛盾观点而不是拿出真理的人。"

于是，他主动走近学生，倾听学生的问题，倾听学生的见解，倾听学生的心声。"柳暗花明又一村"！

走近学生，关注动态生成，使孙双金的语文教学进入了崭新的天地！

让我们欣赏一下他的那节在"全国小学语文名师观摩会"上引起轰动的《落花生》吧。

在学生初读课文的基础上，孙双金要求大家默读课文，并拿出笔来，把自己不理解的地方画出来，待会讨论。

学生纷纷拿起笔读起课文，但几乎没人在书上做记号。

5分钟后，他请学生找出自己不理解的问题，学生目光茫然，竟无一人举手。

一阵酸楚漫过孙双金心田，5年啦，这个班的学生竟然不会提一个问题！

他调整一下情绪，笑着轻声对学生们说："有没有不理解的词语呀？有就找出来，我最喜欢勇敢的同学。谁第一个举手？"他目光柔和、亲切，充满期望。

孩子们你看我，我看你，课堂里一片寂静，仍无一人举手。这时，一个男孩的小手，小心翼翼地举起来了，孙双金当即请他起来发言。

小男孩声音轻轻："老师，'茅亭'是什么意思？"

"你是班上最勇敢、最聪明的同学，你找了第一个问题，了不起，请大家掌声鼓励！"热烈的掌声中，孩子们的眼中流露出羡慕的目光。

第二位同学站起来提问了，"老师，'新花生'是什么意思？"

第三位同学问，"老师，'开辟'是什么意思？"

又一位举起了小手……

小学生具有从众心理和思维定势，全都停留在就词语含义发问的水平。这时，孙双金启发道："你们有没有不理解的句子呢？"

不一会儿，一位女生说："'那晚上天气不好，可是父亲也来了，实在很难得'

这句话我不懂。"

"你真能干，一下子就找到了这么重要的问题。"孙双金充分肯定，大加夸赞，并随即把学生找的这句话用实物投影仪展示在全体学生面前，他说，"我想，就这句话，我们起码可以提三个问题，你们动脑筋想想看，我相信你们一定可以提出来。"

孩子们的目光、思绪一下子全都集中到这句话上。突然，一个男孩举起了手："那天晚上为什么天色不好呢？"他的问题引得大家全笑了起来。课堂气氛更轻松了。

"老师，在我们家里父亲和我们一起吃饭是经常的事，为什么这家父亲却很难得呢？"

孙双金马上鼓励了一番。"真聪明，他联系自己家的生活实际提出了很有价值的问题。"在老师的激励下学生提问的热情高涨，提问的水平也越来越高。

"'那晚上天色不大好，可是父亲也来了'，为什么要用上'也'呢？"孩子们开始咬文嚼字了。

"父亲也就是为了吃花生吗？他还有什么用意呢？"

······

多么令人欣喜、令人振奋的场面啊，在孙双金的鼓励和循循诱导下，学生们提出了一个又一个有价值的问题。孩子们从不敢问、不会问渐渐地敢问、会问了。孩子美丽的智慧火花燃成了燎原之火。其间无处不展示着教师高超的引导、点拨艺术。

众里寻他千百度，蓦然回首，那人却在灯火阑珊处。经历了迷茫中的追求、痛苦中的执着，年至不惑的孙双金步入了色彩斑斓、硕果累累的秋天。

二十多年的磨砺锤炼，孙双金把理想化为了现实，党和人民给了他充分的肯定。

1989 年孙双金获"江苏省优秀教育工作者"称号；1991 年获"全国小学语文教学改革积极分子称号"；1992 年，作为教育界唯一的代表被评为"镇江市十大杰出青年"，获"新长征突击手"称号；1993 年获"镇江市优秀科技工作者"和"丹阳市有突出贡献的中青年专家"称号；1993 年他被破格评聘为中学高级教师；1994 年当选为江苏省教育学会理事；1999 年被评为"江苏省十大杰出青年"，2001 年被评为全国师德先进个人······他的名字和事迹还被收录在《江苏省教育名人录》和《中国当代教育名人录》内。

孙双金的心中充满幸福和甜蜜。

"路漫漫其修远兮，吾将上下而求索。"这句镶在他办公室墙上的名言告诉了人们他今后的追求。

在全国首届"12岁以前的语文"教育论坛做大会发言

风格篇

凡听过孙双金课的人都有一个共同感受：教师教得潇洒灵活，不失严谨，学生学得主动快乐，却又扎实，用中外教育比较专家、华东师大钟启泉教授的话来说，是一种"艺术享受"。

苏教版国家课程标准小学语文教科书主编朱家珑先生曾这样评价他的课堂教学："孙双金老师在讲台前，风度翩翩，光彩照人，他出众的才华、缜密的思维以及和学生之间特有的默契把教学活动引入了艺术的殿堂。"

潇洒不失严谨、灵活而又扎实，把教学活动成功地引入艺术殿堂，引人入胜、拨人情弦，独辟蹊径，这就是孙双金。

（四）如闻其声　如见其人　如临其境

——形象生动　引人入胜

丹青经妙笔一点，色彩便由水晕渲染开去，于是浓淡、疏密、干湿各尽其妙，意境自现。孙双金一节节别开生面的语文课不正是一幅幅形象生动的彩墨画吗？色彩斑斓，引人入胜。学生上他的课，总能被深深地吸引住，并留下深刻的印象。

他说，"小学生往往用形象、色彩、声音来进行思"。（苏霍姆林斯基语）小学生形象思维占主导地位的特点要求我们的教学具有形象性。小学语文课本中绝大部分文章形象生动、情节感人。教材的这一特点也要求我们的教学具有形象性。

为此，孙双金在教学实践中特别重视课堂教学的形象性，他善于进行绘声绘色的讲解，善于运用生动形象的比喻，创设悦目、悦耳、悦心的情境，令人如临其境。

让我们回到成都那次全国阅读教学观摩比赛中去吧。

课开始不久，孙双金引导学生学习课文第一节。

他在学生面前展示了一幅茫茫大戈壁的图画：画面辽阔，色彩灰黄；地上沙丘起伏，空中风沙弥漫。

这时，孙双金浑厚的声音在学生们耳鬓悠然响起，"看，这就是茫茫的大戈壁：没有山，没有人，也没有人烟，有的只是满地的沙石。大风一起，飞沙走石，遮天蔽日，一片浑黄。分不清哪里是天，哪里是地。大戈壁是多么荒凉呀！"犹如塞外的一曲高歌、粗犷、苍凉、动情，萦绕在学生的耳际，撞击着他们的心扉。直观的图画，形象的描绘，一下子吸引了学生的注意力，把他们带到了人迹罕至的大戈壁。

当学完爸爸介绍白杨的第三句话，学生们就白杨的特点你一言我一语发表意见之后，孙双金朗声作了这样的归纳——

"在风沙面前，白杨像城墙一样巍然屹立；在风雪面前，白杨像青松一样挺拔高挂；在干旱面前，白杨像骆驼一样耐旱耐渴；在洪水面前，白杨像中流砥柱一样牢固坚定。这就是白杨坚强不屈的品格！"

多么简洁明快，多么生动形象！孙双金就是凭借这种浓烈的书面语言气质和引人入胜的艺术魅力，把学生的情绪推向了高潮。

课后，全国各地的老师纷纷向孙双金索要教案，对这段排比句更是倍感兴趣，大家认为形象鲜明、气韵生动，用得恰到好处，起到了渲染气氛，画龙点睛的作用，真可谓神来之笔。

孙双金比较重视发挥课本插图的作用，认为有时利用插图来设计教学会使主线显得分外别致新颖。他说，课本中的插图是编者为了帮助师生理解课文内容，增加课文的形象性而精心绘制的，应该认真研究，努力发挥其作用

孙双金执教过这样一节题为《小音乐家杨科》的阅读课。

他首先挂出放大的插图，问学生："跪在小提琴前面的是什么人？"当学生回答是杨科后，他又问："杨科是个怎样的孩子呢？"让学生们带着这个问题学习第一段，了解到杨科是一个穷苦人家的孩子，但酷爱音乐，大自然的一切响声在杨科听来都是乐声。

接着，他又引导孩子观察插图思考："杨科为什么要跪在小提琴面前呢？这把小提琴是谁的呢？他把双手伸向小提琴想干什么呢？"带着这个问题，师生共同学习了第二大段，知道杨科太爱小提琴了，甚至愿意用自己的一切去换取一把小提琴。在这强大力量的驱使下，他情不自禁地来到食具间，想摸一摸主人的小提琴，结果挨了一顿毒打。

最后，孙双金又第三次引导学生看图，问："为什么杨科仅仅摸一摸小提琴就挨了几次毒打？杨科的悲惨结局揭露了什么？"

利用插图组织教学，增加了教学的形象性、新颖性，使学生水到渠成地理解了课文最后的难点。

孙双金常说，语文课应该有语文味。

在教学实践中，他总是引导学生从语言文字入手，咬文嚼字、扣词折句，直到让文字在学生脑海里形成清晰、生动的图画，让学生能从语句中体会出所表达的神韵，品出语言文字内含有的"滋味"，读出语言文字描绘的画面。

他执教《我的战友邱少云》中"邱少云像千斤巨石一般，趴在火堆里一动也不动。"这一比喻句的过程，就颇能予人启示。

师：邱少云是一位伟大的战士，作者为什么把他比作"石头"呢？它们有哪些相似的地方呢？

生（思索后回答）：石头在烈火中是不动的，邱少云在烈火中也一动不动，所以比作石头。

师： 这是他们的一个相似之处；一动不动。还有呢？

生： 石头是不会发出声音的，邱少云在烈火中也没有发出一点声音，所以比作石头。

生： 老师，还有一个原因。石头是坚硬的，不怕火烧的，邱少云也像坚硬的石头那样不怕烈火烧身，突出了他坚强的意志，惊人的毅力。

师： 噢，石头是不动的，烈火中的邱少云也纹丝不动；石头是无声的，烈火中的邱少云也一声未吭；石头是坚硬的，烈火中的邱少云也意志坚强，不怕火烧。正是因为这三个相似点，所以作者才把烈火中的邱少云比作"石头"。这一比喻句用得多么恰当啊！

师： 那为什么作者不说"邱少云像石头一样"，而说"邱少云像千斤巨石一般"，这里的"千斤"和"巨"两个词各突出了什么呢？

生： "巨"是高大的意思。这里用上"巨"字突出了邱少云趴在烈火中的高大形象，仿佛要抬起头来才能看得清楚！

生： "千斤"说明很重很重，这里的邱少云像泰山一样稳稳地趴在烈火之中，即使别人去推也推不动的。这里突出了邱少云为了严守潜伏纪律，宁愿牺牲自己也决不暴露潜伏部队的决心。

师： 看，普通的一个比喻句竟然包含着这么丰富的内容，到这里我们才真正理解了这句比喻的含义。这句话写出了邱少云在烈火中形象的高大，行为的伟大。

这一比喻句看似平常、其实不平常，它是全文的"文眼"，孙双金能在学生似无疑处，根据比喻句本体与喻体相似的特点设计问题，引导学生体味在烈火烧身这一特定环境中邱少云的高大形象和惊人的意志，使学生如临其境，如见其人。在这基础上，他又抓住"千斤"和"巨"字，引导学生深入探索，直到学生真正咬嚼出这一比喻句的真正含义。

（五）一枝一叶全是情
——拨人心弦，情感共鸣

孙双金特别欣赏赞科夫说的一段话："教学法一旦触及学生的情感和意志领域，触及学生的精神需要，这种教学法就会发挥高度有效的作用。"他提出：情感是教学艺术的核心，是教学艺术的生命。"感人心者，莫乎于情，"在课堂上打动学生的是情，感染学生的是情，震撼学生的仍然是情！教师走进课堂的首要任务就是调动学生的情绪。

他在自己的教学实践中努力拨动学生情感的心弦，引起他们内心世界强烈的反响与共鸣。他通过自己较深的艺术修养和丰富的生活积累，透彻深入地钻研并掌握教材，与作者一同欢笑，一同悲歌。他总是把课文中的情感化为自己的、再和学生交流，用自己的情感感染学生，使学生与教师一起读文"入情""入境""悟神"，在教学中合奏一曲感情奏鸣曲。

有一次，他教《一张珍贵的照片》。

课文中讲周恩来总理来到小桂花家，"小桂花的爹连忙让座，用袖子把一条长凳抹了又抹。"对这看来似乎极为普通的一句话，孙双金引导学生主动去与文本对话。

首先，他引导学生注意"抹了又抹"这一动作。采取与"抹一抹"相比较的方法，实践、观察、思考；"抹了又抹"与"抹了抹"的意思有什么不同？表达的情感有什么不同？让学生比较、揣摩、体味，领悟到"抹了抹"指草率地擦了两三下，说明主人对客人的感情一般；而"抹了又抹"是指反复多次地擦，左抹右抹，抹过来抹过去，不仅抹的次数多，而且动作快速。再把这一动作与"连忙"联系起来想想，"连忙"表示要让周总理能快点坐下来，"抹了又抹"却又使周总理不能很快坐下来。小桂花的爹是既要使周总理早点坐下来歇着，又生怕自己家的凳子弄脏了周总理的衣服，要抹到自己认为一尘不染了才好让总理坐啊！表达了他对周总理的尊敬、热爱之情。

最后，再引导学生思考：小桂花的爹为什么用"袖子"抹，而不用抹布抹呢？那是因为周总理是突然来到小桂花家，小桂花的爹毫无思想准备，一下子见到了总理，他是多么激动、兴奋！他来不及去找抹布了，也怕抹布还没有找到周总理就已坐上去了，情急之下他就用"袖子"给总理抹凳子，这真切地反映了小桂花的爹真诚朴实，对周总理无比崇敬、爱戴。

语言的感染力，实质上是以真切的情感打动人的心灵。孙双金精心设计教学，引导学生"披文入情"，语言中蕴含的情感清泉汩汩地流入了学生的心田。

孙双金认为教师必须"要有情感丰富的语言，讲到庄严处，学生肃然端正；讲到豪壮处，学生热血沸腾；讲到义愤处，学生横眉立目，讲到愉快处，学生笑意盈盈。"

孙双金的教学语言就是情味浓烈的。

有人说，他的教学语言，情真意切，每句话都情感飘溢。有人说，他的教学语言，精练实在，渗透了一种从容的激情，因为从容，酣畅遒劲；因为从容，风趣洒脱。他的一个提问，就能激起学生思绪的波澜，略一点拨就能点燃学生智慧的火花。为此，他的课总能上得学生"小脸通红，小眼发光，小手直举，小嘴常开"。

还是让我们领略一下他在课堂里的风采吧。

2002 年 11 月，孙双金在杭州执教《天游峰的扫路人》。

学生自读课文之后，他安排了一个就文质疑的环节，微笑着对学生们说："在读书的过程中，你们一定有许多疑问，请大胆提出来。谁能够提出有质量的问题，我就请他把问题写在黑板上，并署上自己的大名"，他的语调亲切、和蔼、流淌着鼓励和期待。

孩子们来劲了，小手举成了一片小树林。

一个女孩子首先起来说："课文中有一句，'笑声惊动了竹林里的一对宿鸟，它们扑棱棱地飞起来，又悄悄地落回原地。'这句话好像跟课文没有联系，作者为什么要把这句话写上去呢？"

孙双金热情称赞她："你有一双慧眼！我们只注意到扫路人，而你连小鸟都注意到了，读书是多么仔细啊！请你将问题写在黑板上，并署上自己的大名。"

孩子们热情更高了，接连提出了几十个问题，他都让他们写到黑板上。

面对写满黑板的问题，孙双金高兴地说："你们这节课发现了几十个问题，我想提出一个问题比解决上百个问题还有价值，但是，面对这么多问题，课怎么上呢？你们帮我出出主意。"

有的孩子提出，围绕问题阅读课文，一个个地解决。他说："这么多问题一个个解决，时间来不及，这只能算个铜点子。"又有孩子建议，把问题分给几个小组，每组讨论几个问题，然后再集中讨论。他笑着点点头，夸奖道："唔，这个主意不错，分工合作，能提高效率，但还不能算最好的点子，只是个银点子。谁还有更好的主意？"

一个男孩兴奋地说："挑出几个重点问题讨论，重点问题解决了，其他问题也就解决了。"孙双金快步走到这个孩子面前，热情地握着他的手说："金点子来了！抓要点，你跟毛主席一样会抓主要矛盾。"孙双金的言语中充溢着真诚、风趣。

教室里响起一阵阵银铃般的笑声。

这时，孙双金眉头却又微微皱起，显出疑惑、为难的神色，他用商量的口气说："那么在这许多问题当中，哪几个是主要的，还真不容易找呢，你们能不能在小组里讨论讨论，找出主要问题呢？"

孩子们点点头，三五一群，交头接耳，"茶馆式"地议论起来。

在孙双金的课堂里，师生的情感沟通总是这么和谐，学生的学习热情总是如此高涨，他那饱含真情的话语犹如催人奋进的号角，总是激励着孩子们主动、积极地参与学习。

在他的课堂里，人们经常能听到这样的话语："发现一个问题比解决十个问题更有价值，我最喜欢爱提问题的学生。"

"看谁能提出与众不同的问题，老师最喜欢提出不同问题的学生！"

"同学们提出这几十个问题真了不起啊！这是几十个思想，几十个智慧的火花！"

"为什么要这样写呢？你读书真会思考，我认为你像个小思想家，你叫什么名字？"

"这是读书的高境界，我为你感到自豪！"

"你的点评，就像个小老师，真令人佩服！"

这些话语中渗透着孙双金对学生的一份爱心，充满着人文关怀，体现着新的教育理念。他常讲，他上课时口袋里总是装着"高帽子"。他认为真情的欣赏、激励能使人心智开启，灵感涌动，学生往往会给你意外的惊喜和回报。

（六）总把新桃换旧符

——不拘一格，独辟蹊径

又是一个金秋九月。

孙双金应邀前来南国名镇讲学。

南国的海风挟着椰林的气息，悠悠袭来，清凉、湿润、怡人。气势恢宏的报告厅里座无虚席。

面对来自全国各地的专家、同行，孙双金侃侃而谈，十分潇洒。他时而激昂、时而委婉，时而严肃，时而诙谐，从他嘴里流淌出思想、睿智、机敏和幽默。

　　他说，艺术贵在创新，每一堂成功的课例，都体现着教师对美的独特感受，对教材的个性理解，体现着教师新颖的设计和创新的方法。教学工作是创造性很强的工作，教育对象不同，班级基础不同，讲解课文不同，时代要求不同……这些不同都要求我们教师发挥自己的聪明才智，跳出模仿的圈子，去不断探索，不断创新……

　　孙双金的报告引起强烈的反响。

　　前辈们赞不绝口，年轻人满怀崇敬，会议休息时，老同志、新朋友，众星捧月般围定"孙老师"。

　　不拘一式，不限一法，独辟蹊径，把课上活，是孙双金的阅读教学的一个显著特点。他根据自己的实践经验，认为独创性主要表现在三个方面：教材处理，教学结构和板书设计。正因为他的课具有独创性，课才上得活，上得新，上得个性鲜明、独具魅力。

　　孙双金在教学实践中坚持走自己的路，即便有现成的东西也不照搬，每一次教学都要有自己的思考，要上出新意来。在上海市静安区第二中心小学的一堂公开课上，孙双金领着学生学习王安石的《泊船瓜洲》。他曾多次听到别的老师上过这篇课文，有的还是获奖的公开课，但总觉得他们在整体理解这首诗的含义上把握不准。通常的教学法是把"绿"字当作诗眼，成了写景诗，孙双金觉得应把落脚点放在"还"字上，教成抒情诗。

　　于是，一节别开生面的《泊船瓜洲》就展现在人们面前了。

　　孙双金首先引导学生从读中整体把握"这首诗写的是什么内容?"思考"哪一个字集中表达了诗人想回到家乡的想法?""诗人的家在哪儿?""为什么产生想回家的思想感情呢?"

　　然后，他引导学生在学习每一句时都联系诗的中心意思，从字词中体会诗人思念家乡的心情。

　　他把这首诗的句义分成三个层次。一是句面义；二是句中义；三是句外义。

　　第一、二句，句面义家乡只隔着一道江，数重山；句中义是靠家近、想回去很容易；句外义是飘落在外，应该回家看看。

　　第三句，句面义是几度春风又绿江南；句中义是诗人来去匆匆，离家时间已经很久了；句外义是更应该回家去看看。

第四句，句面义是夜深人静，明月高照，诗人辗转无眠，句中义是思念家乡的心情更加迫切，学到这里，孙双金穿插介绍时代背景，作为一位重臣、政治改革家，诗人政务缠身，不能以公济私，句外义当然就是只好把思乡情留在心中，不能回家了。

在这节课的教学中，孙双金独辟蹊径，把"还"字作为这首诗的"诗眼"，构成一条教学主线："靠家近，应该还→离家久，更该还→思家切，不能还"。这样，紧扣"还"字，步步深入，层层挖掘，高潮迭起。表现了诗人王安石的精神面貌和博大胸怀，引起深切思考。

课后，一位著名语文教育专家连声称赞"想不到古诗教学还能这样引人入胜。"上海师范学院老院长动情地说："好久没有听到这样的好课了。"这不是一普通的溢美之词，而是权威人士发自内心的叹服，是专家对于勇于创新的后辈的高度肯定。

孙双金的独创性是从不断学习中得来的。对他人的探索成果，既有借鉴，也有创新；对前辈的宝贵经验，既有继承，也有发展。"千淘万漉虽辛苦，吹尽狂沙始到金"，孙双金肯下"淘沙"功夫，他不仅"博采众长"，而且"化为己有"，坚持"扬己之长，走自己的路"。

譬如《白杨》一课不知有多少人教过，积累了不少成功的教学经验总结。但孙双金认为在白杨形象的处理上仍显单薄、呆板，尤其是象征意义还不够清晰、鲜明，因此，他断然进行一个新的教学设计，从学生实际出发，关注课堂的生成，力求上出新意。

让我们再次回到成都那次全国观摩比赛中来吧。

课已上到尾声，孙双金和学生一起总结课文。

师：课题是《白杨》，课文写的仅仅是白杨吗？

生：不只是写白杨，主要写爸爸。

师：课文赞扬了爸爸什么精神？

师：赞扬了爸爸服从需要、扎根边疆的精神；还赞扬了爸爸教育子女扎根边疆，建设边疆的感人精神。

师：边疆建设者仅仅是爸爸一个人吗？赞扬爸爸实际就是赞扬什么人呢？

生：实际上是赞扬许多的边疆建设者。

师：对啊，有多少的边疆创业者，他们把自己的青春献给祖国的边疆建设事业，有的甚至献出宝贵的生命。（略顿）这次来成都开会的新疆代表队，十四人中就有十三人是从全国各地到新疆去的。新疆有许多的白杨树，台下有许多的白杨树，我们台上也有白杨树，是谁啊？

生：（露出笑容，朗声回答）我们，我们就是小白杨树！

师：（深情地）对，你们就是小白杨。我相信你们这些小白杨，也一定会长成高大挺秀的白杨树，成为祖国的栋梁之材⋯⋯

孙双金精到地把握课文，做到了"文道结合"，利用了教学最佳"火候"——学生入情入境之际，水到渠成、画龙点睛地对他们进行服从祖国需要，哪儿艰苦哪儿去的爱国主义教育，充分使学生、老师、作者三者感情产生共鸣，达到"神悟"的理想境界；同时也显示了他高超的"教学机智"，捕捉现实因素，就像信手拈来，把新疆代表队十四人中就有十三人是内地到新疆扎根这一活生生的事例，自然融合到课文中去，真可谓是"随风潜入夜，润物细无声"，可见他匠心独运的教学艺术功底。

孙双金正在成功地由语文课堂教学的必然王国走向自由王国。

但他对自己上过的课，即使非常成功的课，再上时，也从不照搬。他总是找出自己的不足，尽力改进。成功的探索者是不会迷恋自己的过去，满足于已有成就的。"欲穷千里目，更上一层楼"，在营造艺术化语文课堂的宏伟工程中，孙双金总是永不满足，永不停步，不断追求，不断创造。他坚持研究课堂教学的"空白"艺术，追求"此时无声胜有声"的艺术效果；研究教学设计艺术，讲究结构的张弛有度，疏密相间，追求先声夺人、引人入胜、拨人情弦的教学效果，创造言有尽而意无穷的教学意境；研究教学高潮的艺术，讲究逐层递进、层层剥笋、跌宕起伏⋯⋯所以，他教学的形象性、情感性、独创性特征就一直在他的课堂里凸现出瑰丽夺目的光辉，具有强大的生命活力。

《学记》有云："善歌者使人继其声，善教者使人继其志"，孙双金是当代的"善教者"，在小学语文的教坛上，正应和着时代前进的节拍，谱写着他独具风韵的乐曲。

※ ※ ※ ※ ※ ※ ※ ※ ※ ※ ※ ※ ※ ※ ※ ※ ※ ※

正午的阳光，从白杨枝叶的缝隙里射下来，照着镶在墙上的校训"求真"，金光灿烂，照着孙双金白皙的脸庞，透出亢奋，透出激动。他深知自己肩负的重任，也深知自己潜在的能量。因此，他步履坚实，胸怀旷达，凭着对事业、对孩子的忠诚与挚爱，他要在"北小"这方神圣的天地里，以坦荡的姿态接受新的挑战和检阅。

他沐浴着阳光，大步走向校园深处。

一串串脚印留下他昔日创业的风采，同样也预示着他未来的辉煌。这是探索者的足迹，这是开拓者的步履，勇敢地走下去吧，成功永远属于勇于开拓的跋涉者！

这里，明天一定更加光华灿烂。

【袁浩，特级教师，江苏省首批名校长，全国科研型校长，中国教育会全国小学语文研究会理事，江苏省教育学会小学语文委员专业会理事长，国家课程标准苏教版小学语文教科书主审，南京市北京东路小学前任校长】

孙双金教育教学艺术系列报道之一

二、"文—情—道"：一个新的教学骨架

《中国教育报》记者　李建平

编者按：

苏霍姆林斯基曾说，教师需有一种细腻的审美情感。相对来说，语文课直面人物的情感世界，更容易表现一个人的真性情，因而要上好语文课，教师不仅要具有一定的个性魅力，还要拥有丰富的教学手段。从今天起，让我们走进语文特级教师、南京市北京东路小学校长孙双金的课堂，感受他独特而优美的教学艺术，一窥语文教学的奥秘。

一位资深语文教育专家曾经这样描述孙双金的课堂："学生在老师的点拨下字正腔圆地读，激情澎湃地诵，入情入境地吟。学生兴趣盎然，兴致勃勃，思接千载，浮想联翩，如沐春风，如痴如醉。学生小脸通红，小眼发光，小手直举，小嘴常开……"

孙双金的语文课在小语界颇具影响。《我的战友邱少云》曾以壮美之情打动无数人的心；《泊船瓜洲》因抓住诗眼，丝丝入扣，让张田若先生发出"古诗教学竟能如此引人入胜"的感慨；《落花生》将辩论引入课堂，《天游峰的扫路人》凭借自主、合作、探究教学方式，博得满堂赞叹："此课淋漓尽致地阐释了新课标的理念"；而《林

冲棒打洪教头》则因多元解读和生成性教学，赢得"大家风范，大道无痕"的美誉。

孙双金语文课堂教学的鲜明特色可以用两个字来概括——"情"和"智"。这些年来，在语文教学中，他总是敏锐地发现教材中情、智的结合点，以情感为纽带，构成了一个"文—情—道"新的教学骨架。"情智语文"，给人带来了无尽的启迪和诗意般的享受，引起小语界的广泛关注。

多年的实践让孙双金领悟了教学的真谛，语文是一门特别富有情感的学科，语文有了情感和智慧这两翼，又怎能不"鲲鹏展翅九万里，巡天遥看一千河"呢！只有"情感"和"智慧"的融合，才有语文教育的效率，才有学生语文素养的提高。

那么，"情智语文"是什么呢？孙双金认为，"情智语文"是情感语文，是智慧语文。情感是教学艺术的核心，情感是教学艺术的生命。在课堂上，打动学生的是情，感染学生的是情，震撼学生的仍然是情。因此，教师走进课堂的首要任务是激发学生的情感。语文是交流思想的工具，思想是人类几千年智慧的结晶，人们在交流思想的过程中传递智慧，碰撞智慧，产生智慧。语文教学要在学习语言文字的过程中发展智慧，丰富智慧。因此，在语文教学中要引导学生读思结合，浮想联翩，思接千载。

每一位儿童都具有丰富的情感潜质和深厚的智慧潜能，关键在于如何将其唤醒和激发。"情智语文"着眼于发展学生情感潜能和智慧潜能，通过语文教学唤起学生内心的情感，点燃学生智慧的火花，让情感更丰富、更高尚，让智慧更灵动、更丰厚。

为此，在语文课中，孙双金把开掘儿童情智潜质作为神圣的使命。他提出教师要创设平等、民主、和谐的教学氛围，这是情智教学的土壤和空气，教师要用自己的情感来唤起学生的情感，以情激情，以情唤情；用自己的智慧火种点燃学生智慧的火花，以智启智、以思启思。

语文离不开字词句篇、听说读写、语修逻文，离开了语文的工具性，"情智语文"就成了水中花、镜中月。孙双金的"情智语文"始终关注语文的工具性，注重在字词句篇的教学中生成情智，在听说读写的训练中培养情智，在语修逻文的感悟中放飞情智。在孙双金的课堂上，人们常常感受着"情智语文"的魅力。书声琅琅是情智的抒发；议论纷纷是情智的倾诉；高潮迭起是情智的迸发；静思默想是情智的萌动；奋笔疾书是情智的倾泻；滔滔不绝是情智的奔涌。一个词能生出情智之根，一句话能长出情智之叶，一段文能开出情智之花，一篇文章能结出情智之果。正如孙双金所说，"情智语文"是扎根在工具语文这片沃土中的参天大树。

在教《我的战友邱少云》时，孙双金问学生："为什么把邱少云比作'千斤巨石'呢？他（它）们之间有什么相似的地方呢？"学生回答："石头在烈火中是不动的，邱少云在烈火中也一动不动，所以比作石头。""石头在烈火中是无声的，邱少云在烈火中也没有发出一点声音，所以比作石头。"孙双金进一步启发："那为什么把邱少云比作'千斤巨石'呢？这个'千斤'和'巨'各突出了什么？"学生回答："'千斤'突出了邱少云在烈火中稳如泰山，纹丝不动。'巨'字突出了邱少云在烈火中的高大形象。"孙双金总结道："在这里，我们才真正理解了这句比喻的含义，这句话写出了邱少云在烈火中行为的伟大。"在这里，我们不难看出，孙双金利用这一比喻句，开启了学生的智慧之门，使学生实实在在地品味其中的文、情、道，达到知文、动情、明理，而且，文不抽象，情不空泛，道不概念。这样的语文课，我们实在是需要很多很多。

孙双金印象

语文特级教师，江苏南京市北京东路小学校长，全国首届中青年教师语文阅读教学大赛一等奖获得者。儿时，他唯一的梦想就是当一名教师，一个平凡的乡村教师。在"文革"中度过学生时代的他，自认为"先天不足"，读师范时整整在图书馆里泡了两年。自那时起，读书便成了他生命的第一需要。

1981年，从走上丹阳附属小学三尺讲台的那一天起，他就立下宏伟志愿，要"将小学语文教学引入艺术殿堂"。27年来，他在语文教学改革的路上"上下求索"，从县城的小讲台走向了全国语文教学的大舞台，形成了"潇洒而不失严谨，灵活而又扎实"的教学风格，在无数节语文课上演绎着生命的精彩，也实现着他心中那个遥远而美丽的梦想。

孙双金教育教学艺术系列报道之二

引导不着痕迹

《中国教育报》记者　李建平

有人这样评价孙双金："孙老师站在讲台前风度翩翩，光彩照人，他出众的才华、缜密的思维以及与学生之间特有的默契，把教学活动引入艺术的殿堂，听他的课是一种艺术享受。"

"语文课竟然可以上得如此美丽"。听了孙双金的《只拣儿童多处行》，许多人发出由衷的赞叹。

那天，清脆的上课铃儿响起，孙双金扶了扶架在鼻梁上宽大的眼镜，右手轻轻一点，欢快的音乐《春天在哪里》响起来了，美丽的画面、动听的歌曲把学生一下子带进明媚的春光里。音乐结束了，他开始用好听的男中音与学生谈话："春天来了，你们到哪里去找春天呢？"同学们有的说去田野里找，有的说到草地上找，有的说在校园里找……无论是谁，无论说得怎样，只要发言，他总是那么专心地听，从不随意打断学生。这是他的一种教学信念，始终把学生的思考作为自己宝贵的教学资源，真正让学生在课堂上享受被尊重的感觉，找到自己是课堂主人的感觉。

学生初读课文之后，孙双金提出两个问题：一位62岁的老人，到大自然中去寻找春光，为什么不走清静的地方，而只拣儿童多处行呢？"儿童多处"又有什么特别的呢？文中哪些地方写了冰心奶奶只拣儿童多处"行"呢？冰心奶奶为什么只拣儿童多处"行"呢？然后给学生充足的时间读书、讨论、感悟和体会。孙双金一会儿俯下身子听听这组的讨论，一会儿问问那组的想法，在他的课上，他总是夸这个学生"独具慧眼"，那个学生"火眼金睛"。在他的启发下，学生边读边悟，在充分感知教材、熟悉教材的基础上，纷纷说出了自己的感受：因为儿童多的地方，往往是春光最美丽的地方。因为儿童是朝气蓬勃的，是快乐的小天使。因为儿童充满活力，儿童是春天的使者，他报告我们春天来了……学生边说孙双金边写：儿童多处春光美，儿童是春天的使者，儿童是人间最美的春光。教师的引导不着痕迹，板书完全是随着学生对问题的探究而自然生成的。课后有人为孙双金的板书没有形成一首诗而遗憾，而更多的人认为，其实，学生的真情实感本身就是一首诗，它比老师刻意拼凑的一首诗要完美百倍。

接下来，孙双金朗读冰心的《雨后》和《小白船》，让学生感悟冰心那颗博大深厚的爱心。伴着优美的音乐，那浑厚而有磁性的音质，富有感染力的语言，回荡在教室，紧紧地抓住了孩子的心，给人留下深刻的印象。黑板上出现了巴金评价冰心的一段话："一代代的青年读到冰心的书，懂得了爱：爱星星、爱大海、爱祖国、爱一切美好的事物……"最后，孙双金用力地在课题的后面写了一个大大的"爱"字，教学戛然而止。此时此刻，学生被深深地吸引了，他们因有这样一位"有了爱，就有了一切"的冰心奶奶而幸福，因给他们带来美好熏陶的孙老师而激动。

这节课赢得了满堂彩。课上，冰心活了，学生活了，一位听课的老师激动地说："教师的生命在课堂，这样的课堂才是生命力迸射的课堂。听完这节课，我最大的感受就是真想好好去读一读冰心，了解这位了不起的百岁老人。"

为了这节课，整整半个月的时间，孙双金翻看着冰心的著作，沉浸在冰心的世界里，很纯净，很幸福。对于孙双金来说，每一次上课都像演员塑造一个角色，他自己完全融入其中，以充满真诚的教学，把学生带到一个非常美好的世界中。

能在一节语文课中通过一篇作品走近一位作家，是何等不易。这节课，孙双金以"从哪些地方看出冰心专拣儿童多处行？""为什么冰心专拣儿童多处行？"这两个看似简单的问题统领全文，深刻地揭示了文章的主旨，在学生心中矗立起来一位作家的形象。

这堂课让孙双金领悟了教学的真谛：要上好课，一要有扎实的功底，二要有精彩的设计，三要有真挚的情感。

孙双金教育教学艺术系列报道之三

轻松但不失深邃

《中国教育报》记者　李建平

在多年的语文教学实践中，孙双金始终认为，要提高语文课堂教学效益，首先要研究"什么样的课是一节好课"，他把一堂好课的标准归纳为 16 个字："书声琅琅，议论纷纷，高潮迭起，写写练练。"

在孙双金的语文课上，"书声琅琅"是十分鲜明的特征，他始终坚持把读书训练放在第一位，而且，读书不是为了读书而读书，而是按照循序渐进的原则，有层次地读书。他把读书分为三个层次：一是感知性阅读。初读课文时，要求学生把课文读正确，不添字，不漏字，不读错字，知道课文里讲了些什么；二是理解性阅读。即让学生通过反复朗读，把课文重点章节读懂、读畅、读出节奏感；三是欣赏性阅读。即在理解的基础上，让学生有感情地朗读，分角色朗读或者表演式朗读，要求把课文内在的感情读出来，把文章的韵味读出来。

学生不仅读得多，而且"议论纷纷"，课堂上学生的发言声不绝于耳，教师方式多样，灵活多变地组织说话训练，使课堂上人人参与，个个活跃，"言之有序、言之有理、言之有情。"

为了让学生的思维、情绪、状态进入非常活跃的阶段，达到"高潮迭起"，孙双金在三个方面进行了探索。一是紧扣文眼掀高潮，文眼是文章的灵魂，抓住了文眼组织教学，往往会收到事半功倍的效果。在教王安石《泊船瓜洲》时，孙双金紧扣诗眼"还"字来组织教学。指出"京口瓜洲一水间，钟山只隔数重山"说明诗人"靠家近，应该还"。"春风又绿江南岸"说明诗人"离家久，更应还"。"明月何时照我还"说明诗人"思家切"，但却"不能还"。这样，紧扣"还"字，步步深入，层层挖掘，高潮迭起。

二是平淡出奇掀高潮。《跳水》一文开头说："有一艘轮船环游了世界，正往回航行。这一天风平浪静，水手们都站在甲板上……"这段文字看似平淡，但对文章情节的展开却是至关重要的一笔。学生往往一眼扫过去，不会引起重视。而孙双金问学生："风平浪静"这个环境描写和跳水故事的展开有什么联系？启发学生回答：正因为"风平浪静"，水手们才能都聚集在甲板上，才有兴趣拿猴子取乐，猴子和孩子爬桅杆才能又快捷又顺利，那帽子才能挂到桅杆横木的一端而不被风刮下，船长才有兴致打海鸥，也才能叫孩子跳到水里去，水手们才能在 40 秒钟内把孩子救出来……

三是层层剥笋掀高潮。即紧扣语言文字，从一点切入，然后逐层展开，直至揭示文章主旨。这种教学方法特别有利于训练学生的逻辑思维和语感的敏锐度。《落花生》中有这样一句关键句"做人要做有用的人，不要做只讲体面，而对别人没有好处的人。"在教学时，孙双金采用了层层剥笋法，掀起了教学高潮。他问学生："体面"是什么意思？讲"体面"是什么意思？我们要不要讲"体面"？只讲"体面"是什么意思？我们能不能只讲"体面"？我们应该做什么样的人？不该做什么样的人？通过这样的发问，层层逼近，帮助学生理解了"体面""讲体面""只讲体面"的差别，为准确把握《落花生》的主旨铺平了道路。

在语文阅读教学中，一些教师往往只注重听、说、读，而忽视了学生的写。针对当前课堂教学讲风太盛的通病，孙双金提出"写写练练"的主张，他认为倾盆大雨式的满堂问、满堂讲，容易造成学生大脑的疲劳，练习是知识转化为能力的重要途径。因此，孙双金总是在语文教学中精心策划学生的写，练得得当，练得巧妙，练得及时，充分调动了学生的多种感觉器官，使学生对学习内容留下深刻的印象，将教学的重点内化为素质与能力。

孙双金的课看起来轻松、洒脱而活泼，然而又不失厚重、深邃和凝练，不给人以表面的热闹和虚华，这是因为，他在加强语文基本功训练的同时，追求的是一种境界，而不是外在的形式和技巧。当你听完他的课，便会发现，整堂课看似没有什么技巧，但却有很多值得回味的东西，这就是别人所说的"大道无痕"。

孙双金教育教学艺术系列报道之四

上课如领学生登山

《中国教育报》记者　李建平

在多年的语文教学中，孙双金越来越深刻地体会到："一堂课要保持思维的强度，要有紧张的智力生活，要不断闪现思维的火花，引导学生深入思考，刨根问底，穷追不舍，不水落石出、拨云见日决不罢休。同时，要引导学生求异思维，鼓励学生标新立异，与众不同，'横看成岭侧成峰，远近高低各不同'，让学生创造思维的火花不断闪现。"

孙双金曾形象地比喻好的课像登山，登山的乐趣在过程中，虽然登山艰辛，但乐在其中。课堂中让学生经历"山脚——山腰——山顶"的过程，经历由不知到知的过程，经历由不会到会的过程，经历由不能到能的过程。引领他们登上思维的高山、情感的高山、文化的高山，老师带着孩子们从山脚一步步向上攀登，眼界变得开阔，情感得到陶冶，智力得到发展，自己建构起对知识的理解。如果每堂课都能经历这样的过程，学生就会得到很好的发展。

在《黄河的主人》的教学中，孙老师按照"黄河——黄河中的羊皮筏子——黄河的主人"这样一条线索，引导学生抓住"胆战心惊""如履平地"等关键词以及"艄公才是黄河的主人""羊皮筏子上的艄公啊，我敬仰你"等重点句……一气贯通，顺流而下，完成了一个完整的心理认知和情感体验的过程。而在讲授《林冲棒打洪教头》时，孙老师抓住"什么样的林冲""什么样的洪教头"，以最主要的问题拉动最丰富的语言材料，学生从文章的细节出发，从形式到内容，从现象到本质，思维的触角深入到文本的核心。

在教《二泉映月》时，一上课，孙双金问学生："你对阿炳有些什么了解？"学生回答："阿炳是个盲人，他的身世很悲惨。"孙双金又说："阿炳是个苦难的人，是一个民间音乐家，《二泉映月》代表了他的最高水平，你们想听吗？"教室里响起《二泉映月》的曲子，凄苦、悲哀的旋律回荡在教室里，大屏幕上出示了一幅幅阿炳卖艺的场景。曲终，孙双金问学生："说一说，你们看到了怎样的情景？"学生谈了自己的了解，初步感知后，孙双金让学生再听，思考"阿炳在二泉旁听到了什么？"学生说听到了"优美"，听到了"苦难"……孙老师把"优美""苦难""悲惨""哭泣"写在黑板上，又问学生"这些词到底表达了什么"，引导学生理解阿炳的情怀。第三次听《二泉映月》，孙双金问学生："阿炳在二泉旁听到了哭泣声、叹息声、呐喊声，可为什么师傅说长大了就能听到奇妙的声音？难道师傅在骗他？"第四次听《二泉映月》，孙双金问学生："为什么小泽征尔要跪下来听这支曲子？他究竟要跪阿炳什么？"在老师的不断启发下，学生懂了，比苦难更能打动人的是对命运的抗争，对光明的向往，对美好人生的追求，这才是人性中最美的东西，也是《二泉映月》的灵魂，这才是小泽征尔要跪下来听的原因。

最后，学生怀着敬仰的心情又听了一次《二泉映月》，教室里响起孙老师那浑厚低沉的男中音："苦难给人们带来了什么？对于有些人来说可能是悲痛、哭泣、叹息，但是对一个命运的强者，对于敢于和命运抗争的人来说，苦难则是一笔巨大的财富。让我们勇敢地面对苦难吧！"伴着委婉动人的《二泉映月》，孙双金老师宣布："下课！"可是，不仅是孩子们，在座的众多听课者也沉浸在这动人的音乐里，不忍离去。

在整个教学过程中，孙双金紧扣"叹息、哭泣、倾诉、呐喊"，饱含深情地反复引读回诵，步步为营，层层推进，在他的感染下，孩子们的情感逐渐与作者产生共鸣，走进了阿炳的内心世界。

在执教古诗《泊船瓜洲》时，孙双金没有采用通常的以"绿"字统领全文的做法，而是把着眼点放在充满人文情怀的"还"字上，在通读全诗的基础上，他让学生找出一个可以概括全诗思想内容的字。于是"明月何时照我还"的"还"就凸现出来了，然后便顺着"还"的线索，从第一、二句"京口瓜洲一水间，钟山只隔数重山，"让学生看到离家之近，要想回家看看是很容易的事。从第三句"春风又绿江南岸"读懂了离家虽近只因来去匆匆，仍难以实现回家的心愿。从第四句"明月何时照我还"，学生不难明白，明月高照，月儿已圆，但阖家却难以团圆的蕴意，领悟了北宋重臣王安石"舍小家，为大家"的精神。

这节课，孙双金扣住"还"字导读全诗，"离家近——应该还""离家久——更该还""思家切——不得还"，一"还"而统领全文，使学生的情感和认知步步升华。

孙双金教育教学艺术系列报道之五

与孩子心灵融会贯通

有人说，孙双金只要一提起语文教学，便会立刻激动起来，全身热血沸腾，两眼发光，滔滔不绝……冬日的一个下午，记者在南京市北京东路小学一间不大的会议室里，与孙双金畅谈语文教学改革，观看他的教学录像，亲身感受了孙双金老师"天堂般"的课堂。

孙双金的语文课，最显著的特点是关注学生的学习兴趣、学习方法和学习品质。他常常在心中问自己：他们喜欢语文吗？他们会学语文吗？他们能持之以恒地学习语文吗？

近两年，孙双金又发展了他的好课观，他认为随着学生主体地位的重新确立，看一堂课首先要看学生在课堂上的表现，一堂好课要上得儿童"小脸通红，小眼发光，小手直举，小嘴常开"。也就是说，一堂好课要能激发学生的学习欲望和兴趣，调动学生参与学习活动的积极性，点燃他们智慧的火花，打开他们情感的闸门，让学生争先恐后地把小手高高举起，充分表达自己的所思、所想、所疑、所问、所感。总而言之为儿童的生命成长而教学，应当作为语文教学的真正追求。

孙双金常说："我们的教育对象是儿童，我们的教学要面向儿童，贴近儿童，唤醒儿童，释放儿童。"为了体现以学生为主体，让课堂充满生命的活力的理念，课堂教学中不应当刻意追求更好地展示教师的才华和自己所谓的教学艺术，或者产生"先声夺人"的效果，而应当关注学习者———学生。学生的思考是宝贵的课堂教学资源，这是他始终坚持的教学信念。他在备课时不再是闭门造车，而是走近学生，倾听学生的见解，倾听学生的问题。在课堂上，对于学生的发言，他总是认真地听，不住地点头，从不随意打断学生，让学生在课堂上找到被尊重的感觉，找到自己是课堂的主人的感觉。正因为如此，他的教学才走入了一个新的天地。

课前，孙双金总是和孩子们随意地聊天，让孩子们亮出嗓门说出自己的名字，这看似与课无关的开场，却一下子打开了学生的话匣子，拉近了教师与学生之间的距离，他那幽默的话语不时把孩子们逗乐。教学中，他不断地鼓励大家："谁来说一说，说对了表扬，说错了也表扬，表扬你的勇气。"面对孩子错误的解释，他给予肯定的评价："因为你的错误，才使我们全班都能正确，失败乃成功之母。"面对孩子出色的回答，他更是毫不吝啬夸奖和赞美之辞："真好，你有发现的眼睛。"当孩子不够自信而不敢举手时，他鼓励学生："举起手来就是英雄，就是高手！"在他的鼓励下，越来越多的小手高高地举了起来。整个教学过程，孙双金一会儿跷起大拇指，一会儿鼓掌，一会儿与学生握手，一会儿轻拍学生的肩膀，让每一个孩子都尝到被肯定的喜悦。所有这些，都是为了激发每个孩子内心最强烈的信念——"我是最棒的"！让每个孩子都能圆"我是好孩子"的梦，这何尝不是孩子们最大的幸福。

一句句动情的话语，似春风、如春雨，催开了学生心灵的花朵。在平等对话的氛围中，处处可见学生的"尊严""个性""自由""活力"。课堂真正成为师生精神的天堂，学生在课堂上是自由的、充实的、幸福的。

孙双金这些充满魅力的语言虽产生于即兴，却植根于他扎实的教学功底、深厚的文化底蕴和先进的教育理念，而不是刻意营造的结果。

请看片段：师：（板书：押解）谁能换个词来读？生1：解决。师：通吗？放到句子中读一读！生2：关押。师：关押还要送去沧州吗？生3：押送。师：对了！我们中国的文字就是这样，不理解的时候可以猜一猜，换个词。不过你也很了不起（对第一位学生说），如果没有你的"解决"，就没有后来的"押送"，你是成功的"母亲"啊！

这位学生心花怒放地坐下了。整整两堂课，孙老师都面带微笑，他幸福的神态，灵动的语言，感染着每一个孩子，让所有的孩子都觉得——上课，是一件多么幸福的事情啊！

孙双金教育教学艺术系列报道之六

把自己巧妙"藏"起来

孙双金认为，语文课堂的主角永远都是学生，在教学中，应当努力做到问题由学生来提，答案由学生来找，让学生在阅读中探究、发现、感悟。用孙双金的话说，就是把自己巧妙地"藏"起来，但这种"隐藏"并不意味着老师退出课堂活动，反而是要更好地扮演组织者、引导者的角色。

在执教《落花生》时，孙双金请学生读书，然后找出自己不理解的问题。没想到，学生目光茫然，竟无一人举手。孙双金微笑着对学生说："有没有不理解的词语呀？有就找出来，我最喜欢勇敢的学生，谁第一个举手？""上孙老师的课不要拘谨。""大胆说，老师喜欢不同的声音。""把你的问题写在黑板上，后面写上你的大名，这是你的知识产权。"这些鼓励的话语，营造了一种宽松的学习氛围。

一个男孩轻声说："老师，'茅亭'是什么意思？"

"你是班上最勇敢、最聪明的孩子，你找了第一个问题，了不起，请大家掌声鼓励。"热烈的掌声中，其他孩子的眼中流露出羡慕的目光。

第二位学生站起来提问："老师，'新花生'是什么意思？"

第三位同学问："老师，'开辟'是什么意思？"

又一位同学举起了小手……

小学生具有从众心理，全都停留在就词语含义发问的水平。这时，孙双金启发道："你们有没有不理解的句子呢？"

不一会儿，一位女生说："'那天晚上天色不大好，可是父亲也来了，实在很难得。'这句话我不懂。"

"你真能干，一下子找到了这么重要的问题。"孙双金充分肯定，大加赞赏。

孩子们的目光一下子全都集中到这句话上。突然，一个男孩子举起了手："那天晚上为什么天色不大好呢？"他的问题引得大家全笑了起来。课堂气氛更轻松了。

"老师，在我们家，父亲和我们一起吃饭是经常的事，为什么这家却很难得呢？"

孙双金喜出望外："真聪明，他能联系自己家的生活实际提出有价值的问题。"就这样，在孙双金的鼓励下，学生提问的积极性被调动起来，提问的水平也越来越高。

为了加深学生的认识，孙双金把学生分成"苹果组"和"花生组"，让同学们辩论"我们是做一个像苹果、石榴那样的人，"还是"做一个像花生那样的人"。一时间，课堂上唇枪舌剑，高潮迭起，呈现出一派师生合作、生生合作、平等参与、自由争辩的景象。在这种气氛下，学生无拘无束地表达了自己的观点，以及对课文的理解和体会。结果，学生在老师的指导下，通过辩论，得出了"不要做一个只讲体面的人，而要做一个有用的人，对别人有好处的人"的结论。这时，忽然有一名学生离开座位，走到两派同学中间，大声说："两派的观点我都同意，因为在当今充满竞争的社会里，你不讲体面，不会包装，根本走不出去；同样，只讲体面，没有实力也不行。"此言一出，引起在场听课老师雷鸣般的掌声。

《落花生》一课，就像油锅里撒了一把盐——炸开了。一位老师不解地问孙双金："你这堂课的风格怎么和以前大不相同了？"孙双金反问："有什么不同呢？"他说："你以前的课最大的特点是严谨，而今天的课却十分洒脱。"孙双金笑了，他说："洒脱也是一种境界呀！那是教师从关注预设的教案，走向关注生成的课堂。"

一节课，孙双金并没有提多少问题，却让学生提了很多问题。正如他自己所说的，学生解决了多少问题并不重要，关键在于培养他们思考、发现问题的能力。这样，在以后的学习生活中，他们就会带着问题去摸索、探究。

在教《林冲棒打洪教头》时，孙老师先请学生猜《水浒传》离我们有多少年了，再提出离我们几百年的人说的话我们可能读不懂，学生的兴趣马上就提起来了，产生了一探究竟的欲望。在课将要结束时，孙老师又问学生："《水浒传》中还有什么英雄故事？"并要求学生回去读一读少儿版《水浒传》，一个月后进行讲故事比赛，学生兴奋得不得了。也许，老师并没有督促检查，然而学生已经自觉地想去了解更多的故事。

在教学《赠汪伦》时，孙双金让学生大胆提问题，结果，学生提出："'踏歌声'是什么意思？""李白和汪伦的感情为什么这么深呢？""汪伦为什么用踏歌的形式送李白？"话音刚落，孙双金大声赞扬："这个问题提得好。"学生又提："为什么早不送晚不送，偏偏在李白踏上小船将要走的时候送？"孙双金激动地说："这个问题提得太好了！老师也不知道答案，你们讨论一下。"孙双金就是这样把自己"藏"起来，巧妙地引导学生去探究的。

在新加坡上课与校长和孩子们合影

独特教学风格源于文化底蕴

江苏省教科所　成尚荣

孙双金有自己鲜明的教学艺术和风格，比如洒脱、灵活、睿智、生动。透过孙双金的教学艺术和风格，我们又可以触摸和体悟到他的教育理念，以及在此基础上逐步形成的教育主张。

教学艺术：在教育主张中生成与生长

艺术问题不容小觑。哲学家尼采在论述艺术时说："……我们发现它（指艺术——译者）是对生命最强的刺激……"海德格尔根据尼采的思想，指出"艺术是所有存在者的出场方式"。当然，教学艺术不能等同于艺术，但是在本质上二者应是一致的。可见，教师不能忽略教学艺术，甚至不能轻视教学技艺。孙双金的语文课堂，学生之所以"小脸通红，小眼发光，小手直举，小嘴常开"，不能不说是他的教学艺术刺激着孩子们的生命，激发着孩子们的创造力。一个优秀的教师应当追求自己的教学艺术，逐步形成自己的教学风格。

必须指出的是，教学艺术是教师的"出场方式"，它离不开教师的思想和观念，也离不开教师的文化修养与精神品格。支撑引领"方式"的应是教育理念和价值思想。其实，海德格尔早就非常深刻地阐述了一个观点："艺术的本质就是存在者的真理自行置入作品。"我们不妨把课堂看作师生共同创作的艺术作品，其间必然有教师"真理"的置入。我以为，从某种角度讲，教师的"真理"就是教师的教育主张。如果教学艺术是葱郁的枝叶，那么教育主张则是树木深远的根系；如果教学艺术是清澈的溪水和跳动的浪花，那么教育主张则是溪流的源头，喷涌不息，汩汩流淌。教育主张提供着教学艺术的源头活水，支撑着教学艺术的生长，引领着教学艺术的指向，增厚着教学艺术的底蕴。没有教育理念和教育主张，教学艺术之花可能会失去光泽和芳香，甚至枯萎衰败。没有教师教育主张"置入"的课，必定会失之深刻而浅薄，失之厚重而轻浮。因此，语文教师需要苦苦追寻自己的教育主张。

孙双金有自己的教育主张，就是推行情智教育。他说："我心目中理想的语文教学是情智语文"。这一教学主张不是臆想的，也不是灵机一动冒出来的，当然也不是生拼硬凑而成的。在与孙双金的接触、交谈与讨论中，我具体地感受到，情智语文的形成与提出，有其基础和背景。一是孙双金对自己长期致力于语文教学改革经验的积累、提炼和概括。实践经验的积淀让他有了思考的资源。二是他总是让自己处于学习的状态。学习赋予了他文化的积淀和丰厚的知识背景，而教育主张总会在文化中透出新缘。三是不断向自己提问。他常常问自己："好课是什么？""好课是登山吗？""好课是精神的天堂吗？"……追问让孙双金对语文教学有了深度的理解和独特的视角。总之，教学艺术，尤其是教育主张，是通向教育专家和教育家的起跳板。

情智：语文教学内在生成和支撑的力量

形成教育主张的过程是一个不断和自己对话、深入阐释的过程。教育主张要站得住，首先要说得清。

情与智，是教育、是语文教学的两个基本命题，是教育、是语文教学所寻求的两种力量，这种力量不是来自外部，而是源于内部；不是一般性力量，而是生长性、支撑性、引领性力量。

情感：情感在人的发展中处于十分重要的地位，在人格系统中更是处于核心位置。其一，情感是人格特质之一。诺尔曼·丹森在《情感论》中指出："一个真正意义上的人，应该是一个有情感的人。"当下由于"应试教育"的侵袭，情感在教育中丧失了应有的位置，被挤压、被轻慢，被逐步边缘化，代之以科学的符号以及分数，导致学生精神的贫乏化，人格的不健全，学生作为人的真正意义正在流失。重视和加强情感教育正是为了把学生培养成完整的人、健康的人。其二，情感是人发展的动力机制。马克思曾指出："情感是一个精神饱满为自己目标而奋斗的人的本质力量。"情感像是一部发动机，给人以发展动力。它推动学生向着健康、崇高和伟大前行，进而精神饱满地去奋斗和创造。其三，情感是表达人的精神发育的外部特征。让学生快乐活泼、朝气蓬勃，就是让学生表达自己内心的追求，表达自己对生活、对社会、对人类积极的态度。透过学生的情绪、情感，我们可以触摸到他的整体精神面貌，进而通过教育去赋予精神价值。所以，快乐的情绪、幸福的体味绝不是可有可无的。其四，情感是一个完整的概念，它包含道德感、理智感、审美感。情感绝不只是热情和激情，绝不是只有"温度"而没有深度。情感教育说到底，是让学生向着真、善、美迈进的教育。

智慧：智慧实质上是人综合素质和整体品质的集中体现，教育的智慧主旨在于提升学生的整体品质。智慧概念的未完成性，给我们理解智慧留下了极大的空间。其一，智慧高于知识。英国哲学家怀特海说："虽然智力教育的一个主要目的是传授知识，但智力教育还有另一个要素，比较模糊却更加伟大，因而也具有更重要的意义：古人称之为'智慧'。你不掌握某些基本知识就不可能聪明；但你可以很容易地获得知识却仍然没有智慧。"其二，智慧附属于能力。亚里士多德说，智慧是一种对人类有益或有害的事情采取行动的真实的伴随着理性的能力状态。能力是智慧的结果和表现。增长学生的智慧要在培养能力的过程中进行。其三，智慧关涉道德。道德是智慧的方向，增长智慧必须培育人的道德；智慧关涉到人生态度和人生理想。智慧教育的目的就在于培养学生的价值观、人生观以及处理生活、创造生活的心智。强调智慧教育，就是帮助学生寻找人自身发展的另一种内在性力量。教育要警惕和防止智慧的衰退和迷失，而从本质上说，智慧的释放就是人的释放。

情智教育：孙双金基于对情与智的理解，提出了情智教育主张，不仅指出了情感教育和智慧教育的加强这两个重要命题，更把情与智结合在一起，让其相互融合、补充、促进，在情智的共生中促进学生的全面而自由的发展，其观点不可不说是有远见的。孙双金认为，情感为智慧的生长提供动力支持，并且把握着智慧的方向，智慧则为情感寻找到深刻的内涵，并且提供了价值判断和选择；情感与智慧的结合，从某种意义上说是感性与理性的结合，推动着学生的全面发展和个性成长，关乎着学生精神价值的提升；情与智的共生，激发了学生内在的力量，支撑着、鼓励着学生创造性发展。孙双金见解的深刻和独到，使我们感受到思想的力量。

情智语文：语文本位的坚持与突破

从情智教育的主张，孙双金进一步提出了情智语文的概念。但情智语文会不会是语文性质的异化？会不会窄化了语文的内涵？如此提醒虽则有益，实则不必。

我以为提出情智语文，正是对语文课程本质和内涵的深刻认识和深度开发。可以说，语文中的情与智，正揭示了语文的本质特征。无情无智的语文不是好语文，甚至不是语文。情与智的结合，实质上是工具性与人文性结合的具体化、个性化。情与智的结合内涵如此丰富，针对性如此之强，当然不会把语文窄化，更不是语文的异化。如果孙双金没有对语文的深刻认识和准确把握，就不可能形成他的教学艺术和教学风格；如果大家对语文只是一种"标准化"的统一认识，就不可能有真正的语文教学个性，也就很难有不同样态的教学艺术和风格。孙双金正是从这一教育主张出发寻求着语文教学的艺术、风格，探究着语文教学的个性，期待着语文教学的突破。

从情智语文的探索来看，孙双金的教学艺术和风格，至少表现在大气、底气。庄子说："大智闲闲""大言炎炎"，是说人要有大智慧。大智慧的人才能闲适、自由，着眼宏观，着力整体，说话有气势，鼓舞人，激励人。孙双金在课堂上显得从容、轻松、洒脱，大气，正是有智慧的表现。教学要有知识和文化的支撑，底蕴深厚，教师要能举一反三，左右逢源。孙双金的从容与轻松，正是文化积淀赋予他的底气所致，有底气的人才可能去创造教学艺术和风格。当然，孙双金的语文课堂也充溢着灵气，学生回答问题的声调，朗读课文中的字词跳跃，言说与表达中的细微神情，课文中的词语排列、音乐的播放设计、教学线索的安排，问题群的形成、思维河的流动、想象力的激发，都被孙双金当作情感与智慧的资源去开发。

我们期待着孙双金的教育主张更为成熟和完善，期待着情智语文情感与智慧并蒂绽放，并结出耐人寻味的果实。

链接：孙双金教育教学艺术报道回放

之一：文一情一道：一个新的教学骨架（2006 年 3 月 21 日）

三、语文教学"情""智"共建的哲学意义与现世价值

浙江特级教师　周一贯

（浙江省绍兴市鲁迅小学教育集团顾问室）

宋人胡瑗有言："致天下之治者在人才，成天下之才者在教化，教化之所本者在学校"（《松滋县学记》）。如果可以再接上一句，那应当是"成教化之业者在教师"。由此瞻观教育大业，靠的是名师辈出，恰如滔滔大江，浪浪相接，才支撑起今日的教育大厦。我们赞颂老一代名师的垂范和承传，也倍加欣喜于新生代名师雨后春笋般的力量，但更会注目于中生代名师的承前启后、继往开来，恰如中流砥柱的不一般意义。在小语界的中生代名师中，孙双金无疑是一位佼佼者，他不仅是全国著名的语文特级教师，还是全国教育系统先进个人、全国师德先进个人、全国十大明星校长、南京市基础教育专家、江苏省人教育家培养对象……江苏省首批名校长、著名语文教育专家袁浩先生曾这样评价："潇洒不失严谨，灵活而又扎实，把教学活动成功地引入艺术殿堂，引人入胜，拨人情弦，独辟蹊径，这就是孙双金。"苏教版小学语文课本主编朱家珑则这样描述孙双金的语文课堂："孙双金老师在讲台上，风度翩翩，光彩照人，他出众的才华、缜密的思维以及和学生之间特有的默契，把教学活动引入了艺术殿堂。""语文课堂竟能如此美丽"则是《小学语文教师》资深编辑杨文华采访孙双金时发出的由衷赞叹。

确实，孙双金老师的语文课能修炼得如此严谨而不失潇洒、灵动而兼得高效，究其根源就在于他对情智语文的倡导和追求，以及他在语文教学"情智融通"中所显示出的魅力和张力。正如他自己所诠释的："情智教学是着眼于发展学生情感潜能和智慧潜能的教学，它着力于唤起学生沉睡的感情，点燃学生智慧的火花，让学生

情感更丰富、更高尚，让学生智慧更灵动、更丰厚。"是的，语文的"本体"有了情感和智慧这"两翼"的舞动，又怎会不"鲲鹏展翅九万里""巡天遥看一千河"呢？

一方面，语文是一门富有情感的学科。马克思说："情感是一个精神饱满为自己目标而奋斗的人的本质力量"。语文教育只有引向情感，才可以在深入理解的基础上赋予文本以丰富的色彩、确切的分量，显示出灵魂的活力、艺术的魅力，发挥巨大的感染力。所以，罗丹的话是对的——"艺术就是情感"，尽管这句话的表述有失全面，却从根本上抓住了艺术的要义，也抓住了情感的真谛。联系著名语文教育家于漪的观点"通俗地说语言文字是'表情达意'的，'表''达'与'情''意'割裂开来，或厚此薄彼，厚彼薄此乃至只承认此不承认彼，又怎能说是语文呢？"这也就不难理解"课标"为什么要把"重视语义的熏陶感染作用"作为语文教育的特点加以强调了。

另一方面，英国哲学怀特海认为，教育的"全部的目的就是使人具有活跃的智慧"。语文教学是智慧的训练也就成了应有之义。这里的"智"，显然是"智力""智慧"之谓。语文基础知识和基本能力的掌握和培养，是"智力"的重要内容。"智慧"是"个体面对现实情境解决问题，以求得更好的生存、发展和享受的机智听和策略"（肖川：《信息、知识、经验与智慧》）。在希腊语中，"智慧"指"聪明与谨慎""敏于技艺""学问与机智"。"智慧"中引申出这三种德行：很好地思想，很好地说话，很好地行动。显然，"智慧"同时包含了道义和良知的内涵。因此，正如肖川先生所认为的信息、知识、经验与智慧是教学过程中的四个基本元素，成果教学则以发展学生的智慧为目的。因此我们就不难意会作为"最重要的交际工具""人类文化的重要组成部分""工具性与人文性相互统一"的语文学科，在发展智慧上所具有的特殊地位和重要作用了。

那么，何以要提倡"情"与"智"的融通？孙双金是从语文教学的现状提出的。他说："我们常常看到有些课堂情味很浓，甚至让教师和学生感动得热泪盈眶，有人甚至提出语文课要'将煽情进行到底'，有些观摩课的组织者甚至广而告之要带上擦泪的纸巾走进课堂……这显然有失偏颇。语文课，我们既要有浓浓的情，也要有深深的思；既要激情澎湃，也要思绪万千；既要有情真意切的流淌，也要有智慧火花的迸发。所以，有情有智应该是语文学科的鲜明特征和必然要求；情智共生是儿童发展的需求。"

我们不难发现"'情''智'共建说"与工具性人文性的统一，有其内在的密切联系，但"情智语文"的提法似乎更通俗化、更生活化，更具有可操作性，也更易于为广大教师所理解。老子说："大道至简"，在课改进程中，我们为那些"虚""闹""繁""杂"的乱象似乎透支了太多的精力，也蒙蔽了我们的灵性，而"有情有智，情智共生"正如一阵清新的春风，让我们感受到了另一种澄澈和简明。

于此可见，孙双金的"情智语文"正是他对语文教学现状的哲学思考。这里既有"形而上"的对语文教学本原问题及一般意义的终极性思考。也有"形而下"的为了维持语文教学操作层面的现象思考。虽然，"形而上者谓之道，形而下者谓之器"，只有那些"形而上"的抽象思考才可称作哲学思考，但作为教学实践工作者也往往会从教学的现象界出发而上升为哲思的。总观他对语文教学的本质特征，先从一个大众的视角，进行了"一分为二"，分出了"情"与"智"；又进而"合二为一"上升为"情智共建"，形成了有别于情与智的"三"，遂成"一分为三"的境界。由此对照老子的"道生一，一生二，二生三，三生万物"，可以说是概括了大千世界万事万物生生不息、对立统一的基本法则。孙双金的情智语文所倡导的正是由"情"与"智"和谐融通所构成的那个"三"，它既派生于"二"，又不是"二"，是优于"二"的那个全新的"三"。以国学大师庞朴的语来话来说是"二分法见异忘同（只见对立不见同一），志在两边（两极两端），而三分法则兼见规定着两个绝对。绝对者，可以说是三分法的第三者。"（参见《浅说一分为二》新华出版社，2004 年版）。显然，情智融通的语文是语文教学的一种新境界。"有境界自成高格"，这便是孙双金语文教育哲思的"高格"。

对语文教学的哲学思考，使教师超越了个体与现象中的某些偏见，对语文教学的本原有了更为透彻的理解。所以，名师或教育家的成长有一个共同特征，即能够超越自我的个别性，获得一种普遍性存在，并将这种存在感化于心，与自身的经历、体验融为一体，成为个体健全人格和专业修养的一部分。孙双金正是将通过所获的普遍性哲理提升了自我的经验，进而形为了"情智语文"的教学体系，得到了大家的认同。这本身就是一种智慧，且不同于知识体系的哲学，正是归属于智慧的一门学问。这正如高清海同志所认为的哲学是"人类自我理解、自我反思、自我意识的一种理论形态。"（《哲学的创新》，吉林人民出版社）。

新中国 60 年来的语文教学改革，一直困惑于文于道、师与生、教与学、讲与练对立斗争的困惑之中，不断地"纠偏"使我们耗尽精力。由此审视情智共建的穿透力，正在于可以从生命发展的层面，以哲学思考的方式，来融通语文教学的种种对立，而趋于统一和谐的境界。这应当是孙双金情智语文的价值所在。下文拟从这一视角略作阐述。

（一）"情""智"共用于教育原点，构成"人"之两笔

孙双金情智语文的思考是以语文教育为最终目的的：将对学生生命发展的终极关怀作为着眼点。也就是说，他的"一分为三"之"三"是皈依于对生命发展之关爱这一根本点上的。在这一方面，他有一段颇为生动、贴切的话，即"我们教育最终止是培养情智和谐的人，这'人'的一撇上写着五个大字'高尚的情感'，一捺上写着五个大字'丰富的智慧'，和谐的情智既是目的，也是手段和途径。为了造就情智和谐的全人，而不是唯智、唯情、唯理的半人，我提出了情智语文的教学主张。"

这种情智共建的哲思，使他的语文课堂得以充分体现精彩滋生于"情感"与"智慧"的和谐融合、互促互补、相得益彰之中，这样也才有了语文教育的效率、效果和效益，才有了学生语文素养的积累、形成和发展。孙老师意在敏锐地发现情智的结合点，奋力地追寻情智的生长点。请看孙老师执教古诗《赠汪伦》的一段实录。

师：孙老师不讲，同学们基本上已经读懂了。但这还不够，读诗最可贵的是发现问题，"学贵有疑，小疑则小进，大疑则大进。"你们轻声读，看看能提出什么问题？

（生读诗）

生1：汪伦为什么用踏歌的形式送李白？

师：这个问题好啊！

生2：为什么汪伦早不送，晚不送，偏偏在李白上了小船将要走的时候才送呢？

师：为什么"李白乘舟将欲行"时汪伦才来送，这个问题太好了！苏州小朋友真厉害，孙老师也不知道答案。你们讨论一下，汪伦这时才来送有哪些可能的原因呢？

（生讨论）

生：如果汪伦提前知道李白要走，可能要准备一份厚礼。李白不希望汪伦这样破费。

生： 可能李白怕汪伦伤心，就悄悄地走了。汪伦见李白不见了，就匆匆赶来。

师： 这也是有可能的。

生： 李白可能已告别过了，但汪伦还想见李白一面，所以又来了。

师： 一送再送，这是你的理解，大家来点掌声。

（生热烈鼓掌）

生： 一开始汪伦可能用普通的形式话别，现在又来踏歌送别。

师： 还有不同的理解吗？

生： 可能汪伦开始是故意不来，这时再来送，想要给李白一个惊喜。

生： 汪伦是个农民，李白看到他很忙，就不让他送。汪伦不忍心看李白这样离开，就来送别。

师： 归纳起来，是两人的情意太深了。李白不愿汪伦破费，悄悄地走了，而汪伦为了这份深情厚谊，又来为李白踏歌送行。再把前两句读一读。

（生齐读）

师： 现在讨论第二个问题：汪伦为什么要用踏歌的形式送别李白？

生： 李白性情豪放，汪伦深知李白的性格，所以要踏歌送行。

生： 踏歌是当时当地的送行风俗。

生： 汪伦不想让离别时心情沉重，所以唱着轻快的歌来送李白。

师： 真是知心朋友啊，他们彼此了解对方。汪伦不希望李白伤心，就用踏歌来道别。

这个课例生动地说明了孙双金是从学生动情趣处质疑，在学生全面参与的探疑过程中启智，教师在对话中注重的是激发学生之情，调动他们的积极参与；启学生之智，以促进他们学有所得。为此，老师只在一旁作简要的激励点拨而决不代劳。于是，在情智共建中学生自己发现并且解决了阅读过程中的问题，实现了语文素养的提高和切切实实的生命发展。

（二）"情""智"共生于"言语"与"思想"的同构

在语文教学中"言语"与"思想"，或者说"工具"与"人文"，一直都是困扰着语文教师的矛盾。在极"左"思潮的长期束缚下，我们总是以对立斗争的观点看问题。当我们在刻意纠正某偏向时，往往只会看到它的不好，它的对立，然后予以彻底否定，这就很容易从一个极端跳到另一个极端，结果就出现了另一种新偏向。这就使语文教学一直在批判、纠偏中左右摇摆、动辄得咎。当我们强调要重视语文教学中的言语因素时，并不意味着思想内容不重要；而注重语文教学的人文情怀，又丝毫不能忽视了工具的本质意义。说到底，"言语"与"思想"或者"工具"与"人文"本来就是一回事，把它们分开来说，也许只是为了研究之便的人为分解。而孙老师提出情智共建的依据正如他在一篇文章中所认为的，是哲学家和心理学家告诉我们的，教学过程是一个教师和学生在理性与情感方面的动态的人际交往过程。所以，'情能促智''智能生情'是一种源于生命自然的状态，它正可以从生命活动层面最本质地促成'言语'与'思想'或'工具'与'人文'的统一。他借班执教《落花生》一课时，要求学生初读课文之后再默读全文，把自己不理解的地方画出来，大胆地提出问题。可是五分钟后学生仍一脸茫然，竟提不出什么。孙老师笑了笑，启发道："那么，你们有没有不太理解的词语，也可以提呀！"

终于有一个男生小心翼翼地举起了小手："老师，'茅亭'是什么意思？"孙老师称赞他的勇敢和认真，请大家给他以掌声鼓励。

"老师，'新花生'是什么意思？"

"老师，'开辟'是什么意思？"

由于被激励，许多学生开始有了属于自己的问题。但都还停留在就词问词的水平上。而孙老师则决定打破他们的思维定势。

"你们有没有不理解的句子呢？"

学生不再像刚才那样茫然了，而是陷入了思考。

"'那天晚上天色不大好，可是父亲也来了，实在很难得'这句话我不懂。"一个女生说。

"你真能干，一下子就找到一个重要的问题。"孙老师立即把课文的这句话投影出来，并提示"就这句话我们起码还可以再提三个问题，你们动脑筋想想看。我相信你们一定可以提出来。"

有了明确的"攻击"目标，大家脑筋开动起来了。

"那天晚上为什么天色不大好呢？"一个男孩问了一个不着边际的问题，引得全班哄堂大笑。

"老师，在我们家里父亲和我们在一起吃饭是经常的事，为什么这家却'很难得'呢?"

"真聪明,你联系自己的家庭生活实际提出了有价值的问题。"孙老师鼓励说。

"那天晚上天色不大好,父亲为什么也来了呢?"又一个有价值的问题被提了出来。

"'可是父亲也来了'为什么要用上'也'呢?学生开始咬文嚼字了。

"父亲来就是为了吃花生吗?他还有什么别的用意呢?"

……

一个个精彩的问题了产生了,一个个脑袋里的智慧被唤醒了,学生情感的大门也就完全敞开。

……

这是一个十分生动的案例,孙双金以情智共建生的意念驱动,在解除学生受情绪束缚的同时,逐步开启了他们智性的大门。于是言语和思想同构的局面便自然展开了,学生从只问一些词意到提出很有价值的问题,似乎一点也无须担心"言语"与"思想"是贴不拢的"两层皮"。"那天晚上天色不大好,可是父亲也来了,实在很难得。"这是一句多么普通的句子,在那样平常的文句中却蕴含了极为丰富的思想内涵,"天色不太好"与"可是";"实在"与"难得","为什么要用个'也'"……直指父亲对这次家庭聚会之重视背后的丰盈含意。"思想"就这样凭借着这些极为平常的言语呈现着、表达着,而且深深地感动着我们。

(三)"情""智"共存于"认识"与"实践"的互补

语文教学必然要关注认识的提高,对必要的语文基础知识的掌握是认识,对生活、事理的正确感受也是认识。但语文教学也离不开实践,《课标》明确指出"语文是实践性很强的课程,应着重培养学生的语文实践能力",而多读多写的习惯实践,又是学习汉语文最重要、也是最根本的经验。清朝的颜元早就提出"讲之功有限,习之功无忌已","使为学为教,用力于讲读者一二,加功于习行者八九,则生命幸甚,吾道幸甚",强调的便是语文教学贵在践行。孙双金的"情智共建"奉行的正是将认识与实践的合力作为基础。他在《好课如登山》一文中把好课的经营和形成比喻为"登山"活动,提出了"登什么山"(明确的教学目的),"登山的路径谁选择"

（坚定的生本理念），"怎么登山"（凭借认识与实践的合力）。他说"登山"？可由学生走着上，也可由别人抬着上，还可以坐着缆车上。由别人指路或坐着缆车都脱离了让学生自己去认识和实践的理念，学生在这样的过程中享受不到"动脑子""动手脚"的乐趣。只有让学生爬着登山，才能使其从自己的认识和实践过程中收获多多。他执教古诗《泊船瓜洲》，不采用惯用以"绿"字为诗眼统领全文的做法，而是把着眼点放在了情智交融、充满了人文情怀的"还"字上。寻找了一个新的提升学生认知水平的落脚点。随着学生解读的深入，教师相机写下了学生讨论后的发现，概括而成的合理认识。待学生对全诗的解读告一段落时，一幅思路清楚、透析入理的板书也就自然形成了：

泊船瓜洲

句面义	句中义	句外义
京口瓜洲一之间，		
钟山之隔数重山。	靠家近→	应该还
春风又绿江南岸	离家久→	更该还
明月何时照我还？	思家切→	不能还

从而概括出了中国文学史上永恒的"回家"主题，最终提炼了王安石作为北宋重臣、政治改革家"舍小家，为大家"的精神。

在下半节课上里，孙老师又以"绿"字为中心，引出了"炼字"的情趣训练，从王安石对"绿"字的妙用，引用"红杏枝头春意（　　）""风乍起，吹（　　）池春水"等，让学生猜想句意，填上其认为合适的字。这样的实践训练，不仅深化了学生对"绿"之意象的认识，而且触类旁通，让学生有了推敲炼字的实践机会。这种练中见"情"、细处显"智"的炼字探讨，将学生的情智不断推向纵深，充分显示了认识与实践并举的有效语文教学策略，使古诗学习成为学生对人生情感、生命智慧的智意享受。

在课堂上，孙双金总是千方百计让学生去主动地认识和实践。他总是鼓励学生提问题。他认为问题产生智慧也强化着情感，"小疑则小进"，认知提升了还有"小乐"；"大疑则大进"认识收获多多还必然有"大喜"。学生不仅要有问题，还要把问题敞开，在参与中解疑。由此引发冲突、碰撞、争辩、梳理的复杂矛盾运动，在教学中实现学生的"有我教育"，绽放智慧的花朵，收获耕耘的果实。为了让学生充分享有实践的机会，他常常要求学生把自己提出 的问题写到黑板上，并说"还要在问题后面写上你的名字，这可是你的知识产权"……

在语文充分的习练实践中，丰富和提升认识，不仅是对语文课堂的本真追求，无疑也是情智得以依托的基本载体和过程。

（四）"情""智 "共处于"本体"与"主导"的互动

什么是"教学"？"教学"是"教师教，学生学"，还是"教师，教学生学"这里的一"点"（逗）点之差，却反映了两种不同的教学理念。让学生爱学、会学、自学、乐学，应当是课堂教学的主旋律。"教"是为"学"服务的，学生是学习的主体，而教师则要起到"导"的作用，"导者，乃千方百计地让生自求得之，最终是不待教师授之谓也"（叶圣陶语）。孙双金认为"教师不仅要有'少林硬功'，还要有'太极内功'，那就是'四两拨千斤'的功夫。教师的点拨、引导、启发要不着痕迹，点石成金"。在这里他把教师的学识修养比喻为"少林硬功"，把"引而不发"比喻为"太极内功"是十分妥帖的。在课堂上老师绝不能反把自己学识博闻和盘托出，这样必然会剥夺了学生主体习得发展的空间，而只能是"引而不发，跃如也"，把学习的时间和机会归还给儿童。学生具有丰富的情感潜质和深厚的智慧潜能，关键在于教师的唤起和激发。他曾经十分形象地描绘过情智语文课堂的外显特征，这也充分体现了他对学生主体的倾情关注，那正是儿童情智潜质得到唤醒和激发的生动表现：

"小脸通红"指向学生的情感体悟。只有当教学触及学生情感的琴弦，激发了学生的学习欲望学习兴趣时，学生才会"小脸通红"。

"小眼发光"指向学生的智慧生成。只有当学生智慧火花被点燃、思维的闸门被开启时，学生才会"小眼发光"。

"小手直举"显示学生的参与意识。只有当学生真正把自己视为学习的主人，有了积极参与课堂活动的强烈愿望时，才会争先恐后地把小手举得高高，去主动争取每一次展示自我的机会。

"小嘴常开"体现学生的表达欲望。只有在学生能够敢陈己见、畅所欲言，真正做到"我口表我心"时，他们才能大胆发言，表达自己的见解。

　　他在教学《天游峰的扫路人》一文时，从学生的视角建构出"问题群"，学生一堂课提了无数问题：扫路人是谁？天游峰的好山好水不写，为什么去写那个不起眼的扫路人呢？游人感到累，为什么老人却说不累呢？为什么一杯茶就沟通了作者和老人的心灵？作者是两次写老人的外貌，为什么不合在一起写呢？作者为什么要说30年后再去看望老人？老人能活到100岁吗？……面对这么多问题，孙老师并不急于表达，而进行了巧妙地处理。

师： 老师遇到难题了。同学提了这么多问题，接下来的课该怎么上呢？谁帮我想个金点子？

生： 我觉得可以先让同学们自己解释，然后您再讲评一下。

师： 一个接一个的解释，那十个问题下来——你们说这是什么点子。

生： 银点子。

生： 我觉得您可以和我们一起学，一起来解开这些谜团。

师： 这是什么点子？

生： 馊点子。（笑声）

师： 一个接一个地解决太费时。谁能用比较少的时间把这篇课文学好？

生： 我觉得应该先进行小组讨论，不懂的问题再向老师请教，这样可以节省时间。

师： 这是什么点子？

生： 铜点子。

生： 可以把这些问题中的几个合在一起，然后再读书解答。

师： 把一些相近的问题在一起，把问题归类来学习，这是什么点子？

生：（齐）这是金点子。

　　……

　　通过寻找问题的"相似点"，师生把上述问题合成了两个问题：①游人爬天游峰感到十分累，为什么70岁的老人却说不累呢？②作者是为什么不写3年后去看老人，而说30年后再去看老人？老人能活到100岁吗？

　　显然，这一案例充分说明了在以情启智，借智激情的过程中，可以有效地实现主体与主导的互动相生。师以"导"本，使学生拥有了很大的自由度，不仅问题由学生提，而且让学生在众多问题中归纳出"主问题"；另一方面，生处"主"位，也不影响教师的"导"亦有方，教师让学生"出点子"，比优劣，使大家体会到了课文中"思想的眼睛""情感的聚集",从而形成一种欲罢不能的冲动。这无疑是一种"大教无痕""润物无声"的教学境界。

(五)"情""智"共兴于"理念"与"操作"一体

孙双金老师提出的情智语文是一种自成体系的语文教学理念。著名教育专家成尚荣先生称之为"孙双金的教育主张"(参见《孙双金的主张:情智教育的核心元素》,《教育家》2007年第6期)。何谓教育主张?成先生认为这是"教育思想的具体化,是教育观点的梳理、整合、概括和提升,是理论指导下,在实验研究中逐步形成的教育理念、理想、价值、立场的'合金'"。笔者认为,一种正确的教学理念总是源于教学实践或在实验操作过程中的探索;而一种成熟的教学理念,又必然会具有相应的操作机制,以实现理论与实践的结合,从而对教学实践产生现实的指导意义。孙双金的"情智语文"正具备了这样的特征。

他的情智共建理念是以课堂操作为实验基础,又极富创造性的。如古诗教学因现代言语、生活背景的阻隔,容易流于单调。可孙双金古诗教学却独树一帜,十分灵动,可谓出新意于法度之中,寄妙理于洒脱之外。他教《泊船瓜洲》启发学生另辟蹊径找诗眼(见本文案例),是一种极具个性化的思路;他教杜甫的《春望》时便与略读《闻官军收河南河北》进行对比导学,前者饱含沉郁顿挫的忧国忧民之情怀,与后者胜利还乡写出的"平生第一快诗",一悲一喜,一忧一乐,无疑是一场强烈的情智碰撞;他还把主题相似的多首诗组合起来导读,又是另一种课堂,如把李白的《黄鹤楼送孟浩然之广陵》《赠汪伦》、王维的《送元二使安西》、高适的《别董大》组合为"送别",在一起进行教学。同样是送别友人,同样是抒发依依惜别之情,但表达的方式迥然不同。有的是以"目"相送——"孤帆远影碧空尽,惟见长江天际流";有的是以"歌"相送——"李白乘舟将欲行,忽闻岸上踏歌声";有的以"酒"相送——"劝君更尽一杯酒,西出阳关无故人";有的则以"话"相送——"莫愁前路无知己,天下谁人不识君"!这正如著名特级教师于永正所评价:"这种组合的本身不就是一种创造吗?没有独特的思维触角,怎么会有这种独特的发现呢?"另外,他还以一名著名诗人的多首诗组成一课来评论该诗人,如《走近李白》就是他在这方面的代表作。这一课分三教时完成:第一教时的主题为"李白是仙",第二教时的主题为"李白是人"，第三教时的主题为"李白是侠"。课堂上经教师的巧编妙接，把李白的诗歌（适合儿童学习的代表作），诗风、故事、佚事组合成活色生香的教学内容。

丰富而扎实的课堂操作经验，使他在探索中形成了易于迁移借鉴的"情智语文"课堂模式：

1. 入境——启动情智。即引发情感共鸣以至心灵震撼的过程，让学生迅速进入学习情景，以良好的心境体验文章情感，形成愉悦情绪。

2. 感悟——生成情智。学生在兴趣盎然的情境中感悟丰富多彩的语言，并以此开启心智之门，在言语品尝和人文熏陶中生成情智。

3. 交流——发展情智。学生个体形成的情智还有其局限性，这就必须充分发挥群体合作的优势，利用好班级授课制的优势，在交流中以情激情，以智促智，实现个体情智的增值。

4. 表达——展现情智。这里的表达是在群体交流之后的个体表达，此时个体的情智已得到了很好的发展，宣泄已成了学生的学习需求，必然会更好地实现情智的共建。

孙双金的情智语文不仅在操作层面上有模式、有方法，而且还有课程系统的构建设想。他在《人民教育》2009年第一期上发表的文章《十三岁以前的语文》对小学的语文教学体系提出了"重构"的设想，根据13岁前儿童的生理、心理特点，对小学语文如何以儿童为本实现全面改革提出了很好的构思。认为13岁前语文应是"儿童语文，积累的语文，种子的语文，经典的语文，综合的语文，是暂时不求甚解、逐步反刍的语文，是为一辈子奠基的语文"。引起了强烈的反响，博得了小语界同仁的赞许。他在全国第八届青年教师阅读教学大赛上的点评讲话，以《追问语文教学》为题，提出了"白话文到底应该怎么教学"等问题，直指当下语文教学的诸多顽症痼疾，催生着新的语文教材体系……从所有这些研究成果中我们不难发现孙双金对情智语文的求索，已从理念到操作已自成一体了。

教育最值得反思的是教育本体价值的缺失，也就是教育中学生的淡出，生命的被屏蔽。如果人的情感萎缩了，慧心泯灭了，创造性也就丧失了。美国著名心理学家威廉·詹姆士说得在理："我们这一代最大的革命，是发现经由改变心智的内在态度，人类可以改变其生命的外在。"在当今世纪进入又一个新十年之时，我们对教育改革发展的期待之一，正是希望小学语文教学能给儿童带来更多的情感温暖，迸发出更多的智慧火花，尽显新一代生命的光彩。正是从这样的视角看，孙双金"情智语文"探索的哲学意义和现世价值，才更应当得到重视。

在全国首届"12岁以前的语文"教育论坛做大会发言

四、一切为了儿童精神的生长

——孙双金"情智教育"流派思想与实践评述

南京市第十三中学 洪劬颉

每个流派都有些与众不同之处。

南京市北京东路小学"情智教育"流派在全国著名特级教师、全国著名校长孙双金的领导下，从人的情智全面、和谐发展出发，倡导并实践了"情智教育"，依托情智课程的开发与实践，以情智课程框架的建构为基础，以情智教材序列的研发为抓手，以情智课程的有序实践为突破口，十年如一日地默默探索与研究，并最终让情智课程在南京、江苏乃至全国绽放出了绚丽的光芒，获得了教育及社会各界所广泛关注与赞誉。

现在，我们就从情智教育的传统开始谈起。教育传统是一个教学流派形成的基础，作为一个教学流派的教育传统离不开这个流派领袖的教育主张、教育探索与实践，以及在这一漫长过程中形成的教学个性与教学风格。孙双金作为情智教育流派的领袖，他的教学主张和教学风格是植根于他三十余年的教育实践之中，并不断流觞于小学学习的学科建设、课程建设之中的。

把梳孙双金三十年的卓越而恢宏坦荡的语文教育历程，他的语文探索之路有明显的"分水岭"，以1985年、1999年、2009年为转捩，以《春望》《落花生》《儿童论语》为典型，实现语文教育一次又一次堪称华丽的转型。

（一）

1985年，以《春望》为代表，孙双金完成了由"平淡"向"教学艺术"的第一次转型。

1981年，初出茅庐的孙双金由于优异成绩，被留在母校附小任教。由于其毕业于正规师范院校，很多公开课教学的担子就自然压在了他的身上。试教时，老教师们对他课的评价是"教学语言平淡，没有起伏和高潮，不能激发学生的情感，拨不动学生的心弦。"他对现实始终充满反思与自我批评。从一个人优秀教师的自身素养出发，严格要求和锻炼自己：优秀的教师语言应该充满魅力，应该有深厚的文化底蕴，应该有丰富的人文情怀，应当具备扎实的教学基本功。他从这四点要求出发，勤练教师的"童子功"—诵读与练字；探索教育的真谛与奥妙，他不仅熟读古今中外的文学名著，而且也熟读古今中外的教育名著。前者锻炼了他作为一个语文教师必需的文学修养，后者锻炼了他作为一个教师必需的教育素养。

1985年秋天，他为省内教学骨干开设的全省公开课《春望》一课打响。来自省内的500多位语文老师深深地为他的课堂教学艺术所震惊：古诗教学竟然如此细腻，字词教学竟能如此落实，情感的挖掘竟会如此自然，浓浓的情意从字词的缝隙间汩汩流出。从17年后的今天看来，该课仍然不失为小学语文教学艺术的典范之作。主要体现在：（1）内容有"物"，课堂容量饱满。一堂课，教学了两首格律诗，《春望》和《闻官军收河南河北》。《春望》重在讲解，品词品句，传授方法，《闻官军收河南河北》重在引导，品悟情感，以诵读为主。（2）指导有"法"，挖掘奇巧。紧扣诗眼，厘清思路，如对"国破"之"国""感时"之"时"的理解，令人怦然心动，使人充满发现的快乐。（3）设问有"巧"，衔接自然。孙双金以探究字词涵义、吟咏诵读、感悟诗境为主，这得力于教师的巧问，加以串联，带领学生层层深入，一起走进杜甫的情感世界。（4）延伸有"度"，旨在"立人"。在教学的最后环节，孙双金竟然通过两首诗的对比中，与学生一同探讨："这两首诗为什么能千古流传呢?"是因为"他是把自己个人的命运和祖国、人民的命运紧紧地联系在一起。诗人的诗写出了人民的心声，他是怀着和人民同呼吸、共命运的情感来写这两首诗的"。以此自然而然地引导学生养成正确的人生观、世界观，达致润物细无声的境界。（5）引导有"情"，以情激情。整堂课，孙老师都是充满深情的，用自己的感情去激发学生的感情。无论是课前的导语，还是课中教师的语言，还是课末教师的结语，都饱含激情，他用诗一般的语言来打动学生，引导学生语言表达的准确与优雅。1988年底，江苏省举办首届青年语文教师大赛，孙双金作为镇江大市的代表参加比赛，执教《小溪流的歌》，无可争议地获得了一等奖第一名，《江苏教育》在封面上如此评价这一节课："孙双金老师在讲台前风度翩翩，光彩照人。他出众的才技、缜密的思维和学生间特有的默契把教学活动引入了艺术的殿堂，听他的课是一种艺术享受。"1989年11月，孙双金作为江苏省唯一代表去成都参加全国首届中青年教师教学大赛，执教《白杨》，又荣获了一等奖，可以说将小学语文教学艺术推上登峰造极的境界。

课堂教学艺术也成为他这一阶段教育研究的主要方向，他认为：语文教学艺术是一门综合艺术，语文教学也是一门永远带有遗憾的艺术。他创造性地提出了语文教学的艺术特征，即形象性、情感性和独创性；对语文教学"留白艺术"的研究和运用，填补了语文教学艺术研究的一个空白；"主线贯穿始终，结构张弛有度，训练疏密有间，效果先声夺人，营造绵远意境"的理念与实践，则进一步丰富了语文教学的设计艺术；讲究逐层递进、层层剥笋、众星拱月、跌宕起伏等思想又突出了语文教学的"高潮艺术"。此外，他在此阶段提出的语文好课观："书声琅琅，议论纷纷，高潮迭起，写写练练"，则是对他这一阶段语文教学与研究的最好总结。

在我拾笔行文时，正值中学语文届争论"才子型教师"孰是孰非的话题，几位朋友致电给我，让我也来谈一谈对"才子型教师"的看法，我淡然一笑：如果有兴趣的话，可以好好看看孙双金的语文教育之路，他就是最典型的"才子型教师"，也是"才子型教师"发展路径的最佳代表，代表了"才子型教师"成长的高峰体验，不愧为全国最著名的特级教师之一；但是，我们更要关注这样的一位"才子型教师"是如何自觉地反思教师之"才"的，又是如何本能地去己之"才"而去展生之"才"的。

（二）

1999年，以《落花生》为代表，孙双金完成了由"艺术"向"自主学习"的第二次转型。

可以说孙双金的教学艺术研究与实践，已经使他跻身全国一流名师之列，并能借此称"霸"一方，开宗立派，然而，难能可贵的是，孙双金从不满足于自己已取得的成就，总是朝向语文学习的本质进发，探寻语文教学的规律。

"潜心研究教学艺术的结果使我在1989年参加全国首届中青年教师教学大赛又荣获一等奖，使我这个县城的青年教师从此走向了全国语文教学的大舞台。"① 但是，功成名就的孙双金却开始反思自己取得的成就：为什么同一篇课文的教学设计，在此地上课很生动、甚至很轰动，而在彼地可能却上得很沉闷、甚至很吃力？反思的结果是："我发现原来我追求的是教师自己所谓的教学艺术，忽略了对学生这一学习主体的研究。"这一发现令他几乎全盘否定了自己取得的成就："学生心中有什么疑问我没有去问，而去琢磨如何用设计高明的问题；学生学习的兴趣如何激发不去研究，而去琢磨如何先声夺人的效果；学生学习方法不去考虑，而去琢磨教师如何用巧妙的教法让学生学得有趣……"他看到袁振国先生《反思科学教育》一文中的关于中美两国衡量教育成功的标准的文字："中国衡量教育成功的标准是，将有问题的学生教得没有问题，'全都懂了'，所以中国的学生年龄越大，年级越高，问题越少。美国衡量教育成功的标准是将没问题的学生教成有问题。如果学生提的问题教师都回答不了，那算是非常成功，所以美国的学生年级越高，越富有创意，越会突发奇想。"他陷入了深思，认识到目前教学中值得反思的是："我们的学校为什么只教'学答'，而不教'学问'？我们考试的内容为什么用'答'代替'问'？我们的考试

---

① 孙双金《孙双金与情智教育》[M] 北京师范大学出版社，2006年1月。

标准为什么只有'答'的标准，而没有'问'的标准？我们的教育为什么不引发学生'问'的兴趣，教给学生'问'的方法？"①

问题教学法源远流长，随着新课程改革的开展和实施，问题教学法的优势已日渐凸显，它是革除传统教学弊端的手段之一，也是激发学生学习的内在动力源泉。在20世纪末的语文教学大讨论中，如何培养学生的创新精神和实践意识成为争论的焦点。诸多方家也在积极探索一种行之有效的方法，而传统的问题教学法也在争论之中逐渐转型。放在十年后的今天来看，令学生为发现问题、解决问题的问题教学法已经比较普遍，而在十年前，这种做法还在萌蘖之中。我也曾在2001年前后对"问题教学"产生过强烈的兴趣，相继写下《"想问"的道理》《问题教学应该注意的问题》《问题教学的误区分析》等一系列文章，而在小语界，孙双金先生已经提前多年对此进行了思考，并不断进行着实践，取得了丰硕的成果。

1999年秋季开学的第一周，孙双金应学校老师之邀，教授《落花生》一课。我所看到的课堂实录是之后两个月在无锡剧场上的一堂示范课。② 初读文章之后，孙先生话锋一转，"学贵有疑，小疑则小进，大疑则大进。学习最可贵的是要能发现问题，发现小问题一定有小进步，发现大问题一定有大进步，下面我要看同学们能不能发现问题，谁发现的问题小？谁发现的问题大？拿出笔来，在你发现问题的地方都注上记号。"在第一课时中，孙老师聆听了学生提出的五个问题：（1）"爱慕是什么意思？"（2）"那晚上天色不大好，可是父亲也来了，实在很难。"如何理解？（3）什么叫"落花生"？为什么以"落花生"为题？（4）第7节为什么把花生和桃子、苹果、石榴进行比较？说明了什么？这些问题都是学生在教师启迪下，随机生成的。问题由学生提出，由学生解决，这也是后来新课程标准中强调的学习方法的转变。爱因斯坦曾说："提出一个问题比解决一个问题更重要。"

这是一节"问题教学""自主学习"的典范之作。主要体现在：（1）让学生真正成为学习的主人。问题由学生提出，由学生尝试解决，方法由学生归纳。他在此阶段提出的好课观："小脸通红，小眼发光，小手直举，小嘴常开"是"以生为本"观念具象化的阐述。吸引每一个、关注每一个、关怀每一个学生，一切都是为了学生的成长。可以说是陶行知先生"一切为了学生，为了学生的一切"在世纪之交的新

---

① ② 孙双金《孙双金与情智教育》[M] 北京师范大学出版社，2006。

的诠释。（2）教师角色发生了变化，由主席退居次席（其实也是更重要的位置），侧重于激励学生质疑问难。在"那晚上天色不大好，可是父亲也来了，实在很难的"文意理解上，孙老师循循善诱，步步激励，带领学生问出了 7 个问题，而且都是文本理解的重点、难点所在，实在高明。（3）关注学生学习兴趣的激发，尤其是对提出问题的兴趣的激发。（4）侧重于学生自主学习、合作学习、探究学习的能力以及创新意识的培养。（5）注重学生"表达"能力的培养。当堂组织学生对做"像落花生那样不讲体面、默默奉献"的人，还是做"像桃子、苹果、石榴"那样的人进行辩论，鼓励学生各抒己见，"你想做什么？你的理由是什么？"胡适说："有几分证据，说几分话。有一分证据，只可说一分话。有七分证据，只可说七分话，不可说八分话，更不可说十分话。"让学生唇枪舌剑之间，仍然不忘沉潜笃实的学风，试想多年之后，"活"到极致，"实"也到极致，这便是孩子的福祉所在，为孩子一生成长打下的精神底色。

孙双金此次转身意义重大，尤其是他带领他的团队对"自主学习"研究可以说是领先了十多年，而这也是他从传统教育观向现代教育观的一次重要转身，对他的教学观、学生观、教师观、好课观都有本质的转变。这些在新课改实施之前的探索为新课改的顺利实施提供了可供借鉴的标本，也确立了孙双金课改之后小学语文界领军人物的地位。

（三）

2009 年，以《儿童论语》为代表，孙双金完成了由"学科"向"课程教学"的第三次转型。

必须要交代的是，新世纪以降，孙双金先生总结了自己从教 20 年的探索、实践，旗帜鲜明地提出了"情智教育"的教学主张，着力开发与实践情智课程，并有序实践着。他认为："13 岁以前的语文是童年的语文，积累的语文，种子的语文，经典的语文，综合的语文；是暂时不求甚解、逐步反刍的语文，是为一辈子奠基的语文。"[①]

在语文方面，他提出并重构了小学语文教学体系——"13 岁以前的语文"，提

---

① 孙双金：《13 岁以前的语文——重构小学语文教学体系》北京：《人民教育》，2009（21）。

出在小学阶段增加语文教育的"三块大石块"：第一是以《三字经》《百家姓》《千字文》《弟子规》《论语》《大学》《中庸》《孟子》《声律启蒙》《增广贤文》为重要组成的国学经典；第二是以中国古代诗词为主，以现代诗歌为辅约 300 首左右的诗歌经典；第三是以绘本、童话和儿童小说为主的经典儿童文学。这是一次重要的课程资源开发的尝试，它的价值将随着时间的推移而更加彰显。"教什么"明确了，然而，"怎么教"就成为这个充满创新精神的团队的最大困惑。于是，孙双金老师开设了一堂《儿童论语》课。孙双金认为，从小诵读经典诗文，把优秀传统文化的种子播撒到孩子幼小的心田，让孩子成长的根深深扎在民族文化的沃土里，有利于培育其民族精神，提高其文化品位，塑造其美好心灵。"与经典同行，与圣人为伍。历史的长河中，流传着很多经典。它们是这个民族的魂。'半部论语治天下'，作为一个中国人，应该找到自己的文化根源。"孙双金说，"在不增加负担的前提下，适时引导孩子诵读适合的经典，不仅能拓宽语文学习的天地，还能为孩子的终身发展打好底色"。

　　我研"看"《儿童论语》的录像，这堂课具有鲜明的"孙氏风格"，是"孙氏语文"教学风格的集大成之作。特别需要指出的是，这一堂课更在于它所具有的课程价值：（1）以儿童的方式亲近国学经典，通过设计"开学典礼""开学第一课"的情景，让碎片化的孔子语录缀连成有情节、有起伏的"故事"；（2）课程资源开发的价值超越了课堂教学的技术层面，将构成中华民族精神传统的国学经典引入课堂，让儿童在对经典文化的体认之中，思悟要做一个什么样的人，怎样才能成为自己想要成为的人；（3）引入子禽这个人物，作为观点对立面出现，让学生在情境复现中，进行思维碰撞，深化对文本的理解，提升与孔子的对话热情和深度；（4）提出了一个重要的概念："教师的文化担当。"孙先生一直认为"应该做有思想、有文化、有情感、有艺术的教师"，"教育的一个很主要的功能是向下一代传承人类几千年光辉灿烂的文化"，[①] 这一节课最值得称道的地方就在于教师对自身职业价值的角色定位，对传道授业解惑这一教师传统价值理念的坚守，以及在世界多元化进程语境下对优秀传统文化的珍视，发扬光大之的使命和担当。

　　试想一下，因为一节课，而知道了《论语》，走进了孔子，走近了国学，走入了传统，孩子们怀揣着这一块大石头，在以后的人生历程之中，不断地吸纳"小石

---

① 孙双金《孙双金与情智教育》［M］北京：北京师范大学出版社，2006。

头"、经受风雨灌溉渗入，会创造怎样的丰富而有意义的人生？更何况，还有其他"两块大石头"呢！

　　孙双金先生具有这样一个宏阔的视野，全面提出了他的"语文教育观"：课堂观、教学观和课程观。这里先要论及的是孙双金的好课观以新的表述呈现出的发展态势。（1）"好课像登山"的"登山理论"。这一观点体现了"教学过程观"，他说："上课的过程是智力得到开发，能力得到培养，情感得到陶冶，人格得到提升的过程。""上课的乐趣也在过程中。"① 他从"攀登什么山？""路径由谁选择？""怎么登山？"等三个维度细细考量了"学什么""怎么学"以及"教师在学生学习过程中应该发挥的作用"这三个问题，"好课像登山，是因为学习者是登山的主人，是因为学习者经历了发展的过程，是因为学习者体悟了学习的快乐"。（2）让课堂成为师生精神的天堂。孙先生认为："让课堂成为学生的天堂，那么学生在课堂应该是自由的、快乐的、充实的、美好的。""让课堂成为教师的天堂，那教师应该是仁者和智者的结合。"② （3）让语文课堂充满生命活力。这也是他自 20 世纪 90 年代开始追求，历经十余年的探索所臻至的课堂至境。他认为，目前语文课上多了三"气"——死气、呆气、暮气，少了三"气"——生气、灵气、朝气，语文课堂应该是"生气勃勃，充满活力，充满魅力"的。可以说，孙双金先生关于课堂教学的探索揭示出语文教学的本质规律和应然的价值追求，"多读、多背、多讲是语文学习的规律"，③ "语文作业的'三字经'是'读、背、写'"，④ 学生在读、写熏陶中自然而然语文素养便提高了，也能真正享受到语文学习的快乐。

（四）

　　是什么促成了孙双金的三次华丽转型，从而登上语文教育的巅峰呢？
　　是他对梦牵梦萦的课堂的坚守，对语文教育规律的探寻，也是他对孩子内心世

---

① 孙双金《孙双金与情智教育》［M］北京：北京师范大学出版社，2006。
② 孙双金《精神的天堂》［M］太原：《语文教学通讯》2004（7）。
③ 孙双金《大师在小学读什么》山西太原《语文教学通讯》［J］2011 年 15 期
④ 孙双金《13 岁以前的语文——重构小学语文教学体系》北京《人民教育》2009（21）。

界的尊重……成尚荣先生把语文名师作为一个课题进行了深入研究，他发现，大凡语文名师都有如下基质："对事业的执着、对生活意义的探寻、对职业价值的追求"；"他们的内心都长住着一个不满足的苏格拉底"；"他们安静与不安分同在"；"他们都有着深厚的文化底蕴与自然流露的才情"；"他们敏感、丰富，感悟思维发达，因而灵感跃动，见解独特".① 可以说，孙双金先生的成长历程正是此论断的生动写照。孙双金，是有强大气场的。他一旦进入教育情境，便散发出巨大的人格魅力。他的人格魅力，可以用四个词来概括。

1. 热爱。这一切都是源自"爱"。孙双金对教育有一种近乎宗教般情怀，对母语的热爱，对儿童的挚爱，对教育的痴爱。正因为他对祖国文字、文化的热爱，所以自觉担当起文化传承的自觉，在培养学生语文能力的同时，把民族情结、民族文化和民族精神撒播到学生心中，从精神心灵的维度塑造人类共同的核心价值观，打好儿童"做人"的基础，而不只是简单地满足于知识传授。他反复强调：教育的最大技巧是"爱"，教育的最终目的是促进学生的最优化发展。② 纵观他三十年有余的教书育人的经历，我深深地体会到：从儿童出发，才能想出办法；从儿童出发，才能符合规律。从儿童出发，才是真心爱儿童。心理学家霍尔说："儿童是成人之父。"人类学家泰勒说："儿童是未来的人的父亲。"而当下，作为学生的儿童，必须要走进他的世界，让他用丰富多彩的内心世界来体悟丰富多彩的现实生活、学习生活，从而指向他们的未来！因为爱，所以才有人文关怀，才会充满赏识，充满尊重，充满激励。因为爱，所以才会有"学生可畏""学生，老师永远读不完的书"这样的论断。泰戈尔在散文诗《孩子天使》中说："我的孩子，让他们望着你的脸，因此能够知道一切事物的意义；让他们爱你，因此他们能够相爱。"在孙双金先生的教育生活中，始终充满着爱；同时也让儿童感受着爱！这份"爱"用成尚荣先生的话来说，是"对事业的执着、对生活意义的探寻、对职业价值的追求".③

2. 自由。自由是智慧的源泉。雅斯贝尔斯认为："哲学思想永远只能根源于自由的创造，并且每个人都必须完成他的哲学创造。"④ 孙双金特别重视学生身心自由

---

① 成尚荣《名师的基质》，[J] 北京《人民教育》2008 (8)。
② 孙双金《孙双金与情智教育》，[M] 北京：北京师范大学出版社，2006。
③ 成尚荣《名师的基质》，[J] 北京《人民教育》2008 (8)。
④ [德]卡尔·雅斯贝尔斯《智慧之路》柯锦华等译，中国国际广播出版社，1988。

的状态。他说："他们能说自己想说的话，能充分表达自己的思想和见解。"① 在他的课堂上，没有情感的桎梏、传统的约束、思维的条框、思想的绳索，有的是激励、鼓舞、真率、坦诚，一切都是在自由的状态中流淌，因为"当人处在平等、民主、宽松的学习氛围中思维会更加灵动，智慧的火花才能不断闪现。尤其是当人处在兴奋状态之下，往往会灵感涌动，妙思联翩，奇思妙想，层叠不穷。相反，人如处在压抑、恐惧的学习状态下，往往会紧闭思维之门，大脑一片空白，茫然不知所措。"② 在孙先生看来，课堂永远都要遵循的不二法则就是恩格斯说的一句话："思维自由，思维自由，是人世间最美丽的花朵。"在学校管理之中，他宣称："自由是名校生长的土壤。"③"万类霜天竞自由，就是让每一位教师在自由的环境里和谐地生长。和而不同，就是君子共事的理想境界。"④ 情智管理也充满着自由而和谐的气息，强调"三重"——重发现、重关怀、重激励——从而营造出具有浓郁人情味的、高效的集体氛围。这也是情智教育流派很重要的一个特点。

3. 开放。故步自封是愚蠢，改革开放是智慧。孙双金有着强烈的开放意识、开放情怀、开放视野、开放思维和开放境界，这给他的情智教育带来了勃勃生机。他曾尝试"构建开放的新课堂"，⑤ 走出"封闭式教学"，以适应当今改革与开放的知识经济社会，从而培养出具有创新精神与实践能力的新型人才来。作为全国最著名的小学校长，他认为：对学校的管理首先应是教育思想的管理，其次才是行政管理；一个校长的办学主张和办学追求要做到三个"基于"：基于本校的传统文化，基于校长本人对教育本质的个性化理解，基于21世纪教育发展的趋势和走向。他构建"13岁以前的语文"小学语文教学体系时，也是以开放的眼光从历史发展、国际教育趋势的宏大背景上加以仔细考量。他从生命哲学出发，从而逐步确立了以学生反应为主的好课标准——小脸通红，小眼发光，小手直举，小嘴常开；这种尊重儿童主体地位的鲜活思想、以新的思维方式与认识角度去透视语文教育活动、现象的实践建立了小学语文教学的新秩序，建立起开放的、可操作的、可复制的——入境：启动情智，

---

① 孙双金《精神的天堂》[J] 太原《语文教学通讯》2004（7）。
② 孙双金《孙双金与情智教育》[M] 北京：北京师范大学出版社，2006。
③ 孙双金《自由是名校生长的土壤》[J]《江苏教育》2010（2）。
④ 孙双金《万类霜天竞自由》[J]《中国教育报》2010年3月23日
⑤ 孙双金《孙双金与情智教育》[M] 北京：北京师范大学出版社，2006。

感悟：生成情智，交流：发展情智，表达：展现情智——小学语文教育模型。

4. 智慧。大智慧的人表现为自由、闲适、从容、轻松，气度不凡。孙双金是智慧型教师的杰出代表。孙双金的智慧首先表现为不唯书，不唯上，不媚俗的人格格调；敏感，情感丰富而内心充实的人格底色；实事求是、敢于担当的人格精神；善于选择和裁减的教学机智；善于激励和点拨的教育智慧。他可以安静地读书，他的"三闲读书"可谓享誉教育界，"教学之闲跑阅览室，晚上之闲就读书，节假日之闲还是读书"。但他又是不安分的，不断否定自己，不断超越自己，在引导学生质疑之前他已经开始了质疑，在引导学生发现问题之前他已经不断提出问题。但他坚定一点："什么是素质教育？我认为让每一个学生内在的潜能得到充分、生动发展的教育就是素质教育。"① 咬定青山不放松，所谓实事求是的"实"是学生的"充分发展""生动发展"，要将之放在首要的位置上，"是"，则是学生充分发展、生动发展的规律，可以说，孙双金先生不断否定自己、超越自己，以殉道者的探索精神追问着语文教育的终极价值，尤其是人文性价值，赋予了语文教学与课程改革以新的意义，从而不断丰富自己的教学个性，谱写出美丽的语文教学智慧新篇章。

"情感"与"智慧"是教育世界之所以精彩和奇妙的基因。它既是教育主体（师生）的情智状态，也是教育本身的重要内容。科学研究与教育实践告诉我们：没有感情与智慧的互动，理论思维将会极其有限；感情与智慧要在教育决策中一同发挥作用，感情指导智慧解决问题；非控制的感情妨碍理论思维，但缺乏感情与智慧的互动也不利于理论思维。② 孙双金课堂教学呈现的特点：1. 智随情兴，将情智生成默会于教学过程之中；2. 情因智善，将做人教育渗透在教学过程之中；3. 注重体验，将教学目标生成于教学过程之中。

（五）

孙双金是"不一样"的。

犹如他在课堂上始终喜欢问："你有什么不一样的问题吗？孙老师就喜欢不一样

---

① 孙双金《孙双金与情智教育》[M] 北京：北京师范大学出版社，2006。
② P. A. Schutz 等《教育的感情世界》赵鑫等译，上海：华东师范大学出版社，2010。

的。""同是这一句话，你有什么不同的理解吗?"且不论"还有什么不一样"塑造了孩子怎样的发散性思维、创新性思维，单看看喜欢塑造学生"不一样"的孙先生，也就成为"不一样"的、独特的"这一个"。这也构成了孙双金先生的教学风格和学术品质。我曾在《苏派教学：活实和谐，祛魅归真》中以孙双金等核心人物为样本对苏派教学特征"活实和谐，祛魅归真"进行概析。著名教育家袁浩先生曾指出孙双金的教学风格是"潇洒不失严谨，灵活而又扎实，把教学活动成功地引入艺术殿堂，引人入胜、拨人情弦，独辟蹊径"。苏教版小学语文教材主编朱家珑先生也曾将孙双金老师的教学风格概括为"读导结合，读中有悟；教贵质疑，学贵有疑；欣赏激励，充满关怀；切磋砥砺，功底扎实"。王松盛先生指出孙双金先生的教学风格主要突出表现在以下三个方面：1. 语感强、语味浓，是孙双金阅读教学的基本点；2. 为学而教，抓准导学的焦点，是孙双金的阅读教学具有艺术性的根本所在；3. 不拘一格，不限一法，把课上活，使孙双金的课具有强大的教学生命力。著名教育家成尚荣先生也曾指出孙双金有自己鲜明的教学艺术和风格，"洒脱、灵活、睿智、生动"。[①] 可以说，这些论述都指出了孙双金教学风格"活实和谐，祛魅归真"的教学价值和风格追求。

我也在《苏派教学：活实和谐，祛魅归真》中提到：苏派教学追求的是"活""实"和谐之境。与京派的厚重大气、海派的前卫创新、浙派的飘逸灵动、粤派的简洁柔美相比，苏派教学追求和实现了"活实和谐"的教学境界。"实"体现为教师"教育思想朴实、教学过程老实、教学手段踏实、教学效果结实"之"实"，也体现为学生"日有所得"之"实"，"实实在在地提高"之"实"，同样地"不回避成绩提高"之"实"；"活"是"生动有趣"的教学情境，是师生"互动、对话"的思维活动，是智慧碰撞的情感交流。苏派教学核心人物几乎都很注重对教学过程观的论述。苏派教学中的"实""活"、和谐不是简单的并列和对等，而更多体现为"活"中见"实"，"活"中有"法"，"活"中有"度"，"活"中成"效"，该"活"则"活"，该"实"则"实"，该采取什么样的策略来实现其教学目标则就用什么样的教学策略。孙双金的情智教育，把情感和智慧紧密结合，提出了三个教育命题——情感教育、智慧教育、情智共生的教育；强调"三重"——重发现，重关怀，重激励；以情换

---

① 成尚荣《独特教学风格源于文化底蕴》[J]《中国教育报》2006。

情，以智启智，转识成慧，构建起"一主三性"的课堂学习模式，即设计一条教学主线，在整个教学过程中体现形象性、情感性和创造性，达致"书声琅琅，议论纷纷，高潮迭起，写写练练"的课堂境界，要上得学生"小脸通红，小眼发光，小手直举，小嘴常开"，让课堂充满生命的活力，点燃学生智慧的火花，"课堂应成为师生精神的天堂，师生在课堂上应该是自由的，快乐的，充实的，美好的，成长的，幸福的！"①

　　然而，"大浪淘沙始见金"。我这一年来，阅读孙先生的论述，研摩他授课的实况，越发感受到莫洛亚所说的"风格即自身"的分量：孙双金就是孙双金！他是有苏派教学的总体价值追求，但更有属于他自己的个性风格，这也使其最终成为苏派教学阵营中的独特的"这一个"。名师的专业品质和风格总是与他的成长经历、人格修养、阅读品质、精神情怀紧密相连的。莫洛亚在《艺术和生活》中说："风格即自身。"他进一步阐释说，"风格"是艺术作品中"强烈的情感撞在语言的屏障上爆发出来的特性。"而孙双金的学术品质和风格则是以他对教育教学的热爱、对学生的无私大爱、对生活尤其是教育生活的酷爱，这样"强烈的情感"撞击在师生共同营造的"故事"上所表现出来的独特的智慧、品质、韵致、格调。

　　1. 雄浑之象。"象"是中国传统哲学中的重要概念，重视"象教"是孙双金的教学思维特点。何谓"象教"？就是"以象教人"。"圣人立象以尽意"，往往会在作品中借助自然社会的物象、事象、意象表达对生活的认识和对人生的理解，教师则要引导学生去感受、体验、认识作品中参差多态的"象"，同时，课堂教学本身也是一个"象"，让它们活在学生的心里、口头和笔下，培养学生关注语言与表达形式的敏感，以及从中感受意味与意韵的习惯。每一个做过学生的人在若干年之后回忆某一位老师，即便那位老师再有名也肯定回忆不出完整的一节课所学的内容、流程，反而会对这个老师的某一个神情、语言、腔调、细节等留下清晰的印象。孙双金的"象教"之"象"呈现出豪放而又不失细腻、粗犷而不失细节、凛然而不失幽默的"雄浑"之美。该刚健时则刚健，该柔弱处则柔弱。一切都是遵循了课堂教学的合理性。这个"理"就是学生的"学"。如此灵肉一体，孙双金的情智语文课方可销魂。

　　2. 磅礴之势。"山雨欲来风满楼"。雄浑是孙双金课堂的气场，是他教学的力量

----

① 洪劬颉《苏派教学：活实和谐，祛魅归真》[J]《江苏教育》2010（5）。

源泉，在他的课堂的时间流上，表现为大气而磅礴之势。情境的设置是孙双金课堂之"象"，而师生对话而产生的"势"则是课堂教学中诸多要素之间的天衣无缝、浑然为一，裹挟着师生的思维、情感和参与。为什么孙双金的课程"小脸通红，小眼发光，小手直举，小嘴常开"？是因为在他的课堂上，所有讨论的核心话题都叩击在学生的心灵之门上，触发了学生参与的热情，引发了学生的奔放、豪迈、兴奋的参与度，即使存在些微的和少数怖惧之情的学生，往往也会在孙双金的激励鼓舞、循循善诱下进入课堂之"境"、雄浑之"象"中。孙双金课堂之势的磅礴气象，并不是一味地风卷残云，强势推进，而是在思维的困顿处，该停顿处则停顿，该留白处则留白，让学生充分思考，充分表达。孙双金先生对学生"思考"和"表达"的重要性，与我心有戚戚也。

3. 灵动之气。"每只蝴蝶都有她自己想去的地方。"智慧的本质是"适应"，一切生命要生存和发展，它就必然通过自我调节和环境达成平衡。这个过程就是适应。儿童对这个世界的适应需求更大，如何激发孩子对这个世界的兴趣值得深思。知识只有经过他们自己头脑的思考、批判和过滤，才会成为他们的人生识见、成为他们的思维方式，也唯有这样的知识才是活的知识，而不是让儿童成为盛放被成人咀嚼过的繁重知识的容器。如马克斯·范梅南断言："有人可能学了所有课程开发的方法和所有教学技术却仍然是一个拙劣的教师。"[①] 而孙双金情智课堂所呈现出来的气场强大，气韵生动，霞光流彩，像一幅色彩丰富协调的画，又像一首情韵饱满的诗，在如诗如画之间，灵气流淌，流淌着的是师生之间的生命活力，所表现出来的是儿童学习语文的本质规律，也就是语文之道。孙双金教学风格上所体现出来的灵动之美是师生生命流动在课堂上的节奏和韵律中的展现，他的课堂教学设计、流程安排、师生对话、生生互动充满了和谐的韵律，如一曲旋律生动的歌。

4. 创变之智。为什么孙双金课堂教学风格呈现出雄浑之象、磅礴之势、灵动之气？是因为他那种创新求变的智慧；而创变之智本身也成为课堂的有机呈现，所以也是他教学风格的重要组成。现代课堂的本质属性在于非预设性，精彩的课堂总是师生生成和创造的。而精彩的课堂之所以精彩，之所以能够脱颖而出，脱庸成彩，关键也

---

① ［加］马克斯·范梅南《教学机智——教育智慧的意蕴》李树英 译［M］北京：教育科学出版社，2001。

正是因为教师或师生把握住了课堂诸多变化中的一个或多个"节点",这一点把握住了就精彩,把握不住就平庸。我举一个例子,如《落花生》一课,"父亲为什么不常回来吃饭?"按照一般的深度备课得出的结论为父母当时离婚了。如果告知学生这个"正确的结论",味同嚼蜡,甚至会给学生的世界观、人生观、价值观埋下一颗不良的种子。但孙老师却鼓励学生更多的发现,使之成为对多元解答可能的一个尝试。孙双金的创变之智还体现在他对学生的"楦"功上。他不断总结学生的所得,让学生不断自我体验到成功的乐趣;不断追问"还有什么不一样""孙老师就喜欢喜欢问问题的学生",等等,让学生不断陷入思考之中,思考有价值的问题,从而不断提高思维的深度。

5. 不刻之意。雁过留声,雪泥鸿爪,教育往往拥有强势的、刻意的教育目的,希望在孩子成长中留下鲜明的烙印。然而,如"雪泥鸿爪"般,在无常的人生中,充满偶然与未知,就如飞鸿落在雪面上留下的爪迹,怎么能凭借这偶尔为之的爪迹,而推断鸿飞向何处呢?孩子在课堂上因被告知、被说教而形成的痕迹,又怎能成为推断孩子以后成长方向呢?苏霍姆林斯基《给教师的一百条建议》中的最后一条建议是"保密……",他说:"我在本书中所提出的一切建议,仅供教师知道,不必让学生知道。学生了解教育,懂得教育,一般说来,是有害而无益的。这是因为,在自然而然的气氛中对学生施加教育影响,是使这种影响产生高度效果的条件之一。换句话说,学生不必在每个具体情况下知道教师是在教育他。教育意图要隐蔽在友好和无拘无束的相互关系气氛中。"[①] 教育当然有鲜明的目的性和功利性,但是这些教育目标没有必要时时挂在嘴边,唯恐学生不知而去刻意强化。苏霍姆林斯基建议要在"自然而然的气氛中对学生施加教育",大道无痕,润物无声,潜移默化,默会知识……孙双金说:"我尽量将自己隐藏起来,把课堂还给学生。"[②] 问题由学生提出,答案由学生来找,整个课堂都是学生自己在探究、在发现、在解读。教育不要刻意,也不要随意,这种"隐藏"并不意味着教师要退出课堂活动的过程,"相反,却是要更好地扮演组织者和引导者的角色,将更多的精力用在创造性地设计教学环节,唤醒学生的学习热情,点燃学生的思维火花方面来。"[③] 孙双金的教学不动声

---

① [苏] 苏霍姆林斯基《给教师的一百条建议》
②③ 孙双金《情智语文》[J]《江苏教育·小学教学》2010 年 7—8 合刊

色，不知不觉，自然而然，在幽默与游戏之中，在点拨与反问之间，即使那些声情并茂、慷慨激昂、震撼心灵、催人泪下的"告白"，也深深地震撼了学生的心灵，唤醒了学生情感，激发了学生的共鸣。正如苏霍姆林斯基所说："我坚信，把自己的教育意图隐蔽起来，是教育艺术十分重要的因素之一。"①

教育的全部奥秘在于智慧，教育的真谛在于启迪情感，唤醒智慧。只有智慧的教育才能培养出智慧的人，缺乏智慧的教育只能是僵死的教育，压抑儿童灵性和智慧。孙双金说：情智教育，以情换情，以智启智，情智共生。这揭示了教育在本质上蕴含的丰富的情感品格和深刻的智慧品性，从而探索出一种和谐、开放和创造的教育哲学和教育智慧。

（六）

一切为了儿童精神的生长！

面对儿童的存在，当如何思量，又当有什么样的思量？孙双金和他的情智教育流派的教育价值究竟在哪里？在惊鸿一瞥的教育长河中将会占据怎样的地位，发挥怎样的作用？孙双金是儿童教育家，往前是语文教学专家，那么往后又会发生什么样的转型？当我看到孙双金新近发表的一段文字，一下豁然开朗，我目之为中国的"儿童宣言"，内容如下：②

儿童是什么？儿童是蒙童，是被遮蔽的学子，懵懵懂懂、混混沌沌，是未开化的世界。

儿童是什么？儿童是睁着一双大眼睛看世界的孩子，他们充满好奇，满脑子装满了问题，一肚子的"为什么"？

儿童是什么？儿童是充满了无限可能性的世界，他们有无限的潜能，有无限的空间，有无限的生长力。

儿童需要什么？儿童需要故事，故事仿佛有一双魔手紧紧抓住孩子的心灵。因为故事里有幻想、有神奇、有知识、有营养。

---

① ［苏］苏霍姆林斯基《给教师的一百条建议》
② 孙双金《"亲近〈论语〉"教学实录》[J]《语文教学通讯》2009（33）。

儿童需要什么？儿童需要情境，情境中有画面、有场景、有人物、有真善美的启迪，有假丑恶的反衬。

儿童需要什么？儿童需要对话，对话中有教师的循循善诱，有教师的点石成金，有师生的智慧碰撞，还有柳暗花明的豁然开朗。

孙双金的"儿童宣言"揭示了他独特的儿童观以及教育观，对我们把握情智教育的哲学基础大有裨益。儿童是什么？儿童需要什么？做教师意味着什么？你与你所教的儿童是什么关系？儿童对你意味着什么？你对孩子意味着什么？什么可以使教学成为它本质意义上的东西？"是什么"是对儿童世界的重新体认，"需要什么"则是对教育行为加以反思。这构成了情智教育的哲学基础，也彰显了情智教育的价值追求。

孙双金情智教育的价值之一，是对儿童有敬畏之心，重新认识儿童，建构起一种科学的儿童伦理观。儿童是充满了无限可能性的世界。这种信念令孙双金对童年所具有的价值充满敬意。他在《学生，老师永远读不完的书》中反思道：学生可畏。可畏之一：他们能发现教师发现不了的问题。可畏之二：他们不迷信教材，不迷信权威，不惧怕师威，敢于向书本和教师挑战。可畏之三：他们不仅能提出教师提不出的问题，更能回答教师回答不了的问题，谁说学生不如师？青出于蓝胜于蓝！他意识到：儿童身上蕴含着巨大的潜能，教师一定要相信学生、尊重学生，充分调动学生学习的主动性，开发他们的创新潜能；要放下师道尊严的架子，虚心地向学生学习，这样才能真正"教学相长"。[①] "学生啊，是我们老师永远读不尽的无字书啊！"所以，情智语文根据儿童的特点来组织课程、教材、教法，让教育的时代光辉聚焦在儿童身上，严肃地体会儿童精神世界的本体价值，了解儿童的精神世界，关心儿童的精神生活，按照儿童的本性实施儿童喜爱的，并能够有效促使儿童健康成长的教育，一改过去那种以教师为中心的教育压迫儿童的状况。

孙双金情智教育的价值之二，在于尊重儿童世界的特点，探寻儿童成长的规律，建构起儿童教育哲学观。毕加索说过："每一个儿童都是艺术家。"[②] 苏霍姆林斯基

---

① 孙双金《学生，老师永远读不完的书》[J]《江苏教育》2008 年第 Z1 期
② 刘晓东《儿童精神哲学》[M] 南京：南京师范大学出版社，2011。

说："儿童就其天性来讲，是富有探求精神的探索者，是世界的发现者。"① 孙双金情智教育遵循了这一特质，通过绘画、音乐、演讲、质疑等有效地保护了孩子的好奇心、探究欲，培养了孩子很好的表达能力，鼓励了儿童对"优越感和成功的追求"，② 有效地遏制了学生的"自卑情结"。由于儿童初临人世，无先入之见，而周围的一切又是那样陌生、新奇、不可思议，这很容易使他对这一切产生惊奇和疑问。孙双金先生运用"问题教学法"，养护了儿童对世界本身就充满的新鲜感、好奇心和困惑，以及更可贵的探究欲，因为哲学的本质并不在于对真理的掌握，而在于对真理的探究。"对于哲学来说，问题比答案更为重要，并且每个答案本身又成为一个新的问题。"③

　　孙双金情智教育的价值之三，在于建构起开放的、互动的学校课程，探索出与之适应的教学策略，实现了学校优质发展的价值追求。学校就是一段旅程，校园生活其实是人一生中最美好的时光，在最美好的时光里，要做最美好的事情。孙双金认为："校园是学生学习的乐园，成长的家园，精神的伊甸园，情智校园就是为学生打造一片净土，营造一片天空，提供一块乐园。"情智校园是怎样的校园呢？"书香校园""畅想校园""文化校园""创造乐园"，我曾多次进入到北小，感受学生的活动，听孩子们讲述发生在校园里的故事。《情智教育——讲述我们自己的故事》《情智课堂——我们的精彩瞬间》，尽管这些"故事"无法囊括所有的学生，所有的时间，但我在研读中，强烈感受到这就是中国的"华德福教师手记"，可以管窥到孙双金和他的团队记录和分享他们与学生之间的故事，审视个体的教育实践，反思自己的教育行为，探索教育孩子的最佳方式。在这里，学生不是被成人咀嚼过的繁重知识喂出的"填鸭"，而是新鲜、灵感、智慧的源泉。

　　孙双金情智教育的价值之四，表现为回到儿童本身，以儿童喜爱的方式，建立起"故事，情境和对话"的教育策略观。儿童认识世界的逻辑"是诗性的逻辑，是充满生机与活力的逻辑。诗性逻辑使得儿童向外界的自我展示成为一种性情化的展

---

① ［苏］苏霍姆林斯基《把这个心灵献给孩子》［M］唐其慈等译，天津：天津教育出版社，1981。
② ［奥］阿尔弗雷德·阿德勒《儿童的人格教育》彭正梅、彭莉莉，译，上海：上海人民出版社，2011。
③ ［德］卡尔·雅斯贝尔斯《智慧之路》柯锦华等译，北京：中国国际广播出版社，1988。

示，儿童对于外界的接纳成为一种人文式的接纳。"① 儿童的成长必须是从感性的、直接的经验积累再到理性的、间接的经验学习的过渡。孙双金情智教育发现并遵循了这一点，回到儿童认知世界的原初，并重新出发，以儿童喜爱的、可接受的方式施教，点石成金，出神入化，在情境的体验中帮助儿童感受自己的创造力、想象力和表达力。

孙双金情智教育的价值之五，在于围绕儿童的日常生活，回到常识体验学习，从而获得生命的最优化发展。尊重学生的历史生活，扣准学生的现实生活，引领学生的未来生活，尊重教育的功利但又超越功利，为学生的现实成长和未来生存打下坚实的基础。孙双金说，"我们的教育应该着眼于孩子的未来 60 年，培养一个个大写的'人'。那'人'字的一撇上写着'高尚的情感'，一捺上写着'丰富的智慧'"。开展"体验教育"活动，学生在"校长助理岗""小小厨师岗""节电岗""导演岗""编辑岗""记者岗""摄像岗""交通岗""家政岗"上体验不同角色，感悟人生，学生变得更懂事、更有情、更能体谅亲人和他者的艰辛。孙双金先生特别注重对孩子自信心的培养，让学生在课前说说自己的理想，谈谈与自己同姓的有哪些名人……闲笔不闲，意蕴深远。在孙双金看来，学生是鲜活的生命体，生命是教育的起点，也是教育的终点。点化和润泽生命是教育之本。教育的核心是人格心灵的唤醒。教育的最终目的不是传授已有的东西，而是要诱发人的创造力，唤醒人的生命感、价值感，"促进学生的最优化发展"。② 质疑，孙双金也是从学生的认知水平出发，鼓励学生提出有价值的问题，但是对那些问错了的同学也要表扬。真正地质疑某一事物也就是从我们日常生活的中心出发去探讨这一问题，孙双金不是简单的提出问题之后就迅速丢弃，而是不断激发学生提出更多、更有价值的问题，在"体验"与"对话"中，尝试解决这个问题，反复回到儿童的日常生活世界和语文的本身来探求问题的多元可能解答，直到逼近问题的本质。课堂生活是儿童日常生活的有机组成部分。但课堂又是特殊的日常生活，是师生和谐共生的地方，孙双金先生对教师课堂语言曾进行过深入研究，提出"三化一性"的要求，即"口语化""儿童化""生活化"和"启发性"。他说："我觉得我们好多老师现在目中无人，即没有儿童。儿童喜欢儿童化的语言，儿童化的语言要顺应儿童好玩、好奇、好问、好动的几个特

---

① 丁海东《儿童精神：一种人文的表达》[M] 北京：教育科学出版社，2009。
② 孙双金《孙双金与情智教育》[M] 北京：北京师范大学出版社，2006。

点。我们要有一颗童心，要了解儿童，我们的语言一定要趣味化，能吸引孩子，激发孩子的思维……为此，教师就要学会倾听。"

江苏省副省长为学校校庆题词

附录

孙双金论文、论著发表情况登记表

序号	发表时间	作品题目	杂志名
1	1988	小学生怕作文的原因调查	《小学教学改革与实验》
2	1989.5	要不断提高自身的素质	《江苏教育》
3	1990.1	白杨教案 遵路、入境、领悟	《小学语文教学》
4	1990.3	白杨第二课时教学实录 我对白杨的理解及教学处理	《福建教育》
5	1990.5	博采众长，不拘一法 ——孙双金答本刊记者问	《山东教育》
6	1990.7	关于画鸡蛋一课的理解和处理	《小学语文教学》
7	1990.7	白杨教学设计	《江苏教育》
8	1990.8	"课"似看山不喜平	《湖南教育》
9	1991.2	追求无止境	《江苏教育》
10	1991.5	试谈"教学空白"	《小学教学》
11	1991.7	试谈课堂教学的艺术	《小学语文教学》
12	1991.7	读书笔记五法	《导读报》
13	1991.10	我的战友邱少云教案实录	《小学教学》
14	1991.11	教学评价语言的特点	《宁夏教育》
15	1991.12	试谈教学评价语言的特点	《小学教学》
16	1991.12	让学生感受邱少云的崇高精神	《江苏教育》
17	1992	语文教学应该轻装上阵	《小学教学改革与实验》
18	1992.7	紧扣语言，层层剥笋	《小学语文教学》
19	1992.8	落花生重点句子教学例谈	《江苏教育》
20	1992.9	要重视教学细节	《小学教学》
21	1992.10	在"深入"上下功夫，在"浅出"上做文章	《江苏教育》
22	1992.11	优化课堂教学，提高教学质量	《小学语文教学》
23	1992.12	阅读教学要引导学生咬文嚼字	《小学教学》
24	1993.4	当前课堂教学的弊端及其对策	《小学教师培训》
25	1993.5	设计课堂教学主线方法谈	《小学教学》
26	1993.6	教出味道来	《师范教育》
27	1993.10	阅读教学要加强语言训练	《江苏教育》
28	1993.11	把复习课上出趣味来	《江苏教育》
29	1993.11	第七册语文复习提要	《江苏教育》

续表

序号	发表时间	作品题目	杂志名
30	1994.1	小议"读书百遍，其义自见"	《继续教育》
31	1995.6	构建学生自主学习新模式	《江苏教育研究》
32	1995.6	我的好课观	《江苏教育》
33	1995.8	对语文阅读教学好课的认识	《小学教学》
34	1995.9	要用心体会句子的内涵	《小学生学习报》
35	1995.10	抓住重点句子理解课文内容	《小学生学习报》
36	1995.11	要重视过渡段的作用	《小学生学习报》
37	1995.12	要注意比喻句的作用	《小学生学习报》
38	1996.6	泊船瓜洲炼字教学说谈	《小学教学》
39	1997.1	强化学生自主意识，探索自主学习新路	《继续教育》
40	2000.2	为了将小学语文教学引入艺术的殿堂	《江苏教育》
41	2000.10.2	"情感教学"初探	《新教育》
42	2000.11	运用全新观念，改革课堂教学	《福建教育》
43	2001.1	构建开放式的课堂教学模式	《继续教育》
44	2001.4	教海探航立潮头 ——记"江苏省十大杰出青年"孙双金	《世纪风采》
45	2001.6	用智慧去开启智慧	《小学语文研究》
46	2001.6	做研究型校长，不断提高管理水平	《学校管理》
47	2002.1	学生可畏	《湖北教育》
48	2002.3	引导学生学会质疑	《小学青年教师》
49	2002.4	注重开发潜能，走内涵发展的道路	《中小学校长》
50	2002.4.24	孙双金：从课堂淘金到点石成金	《成长导报》
51	2002.10	语文课究竟怎么上	《小学教育科研论坛》
52	2002.11	"构建开放式教学模式开发学生潜能"的研究	《江苏教育研究》
53	2002.12	对语文课的解读	《中外教坛》
54	2003.1	漫谈学校特色	《中小学校长》
55	2003.1	对语文课堂教学的几点思考	《江苏教育》
56	2003.4	优质教育论	《教育论坛》
57	2003.4	新课程呼唤"隐形教育"	《学校管理》
58	2003.5	新课程呼唤新课堂	《中国小学语文教学论坛》
59	2003.9	孙双金教学艺术管窥	《小学青年教师》
60	2004.1	为有源头活水来——特级教师孙双金课堂教学与生活相联系的艺术	《小学教育科研论坛》

序号	发表时间	作品题目	杂志名
61	2004.3	课堂竟能如此美丽 ——特级教师孙双金采访记	《小学语文教师》
62	2004.3	让语文课堂充满情感和智慧的魅力 ——孙双金老师教学风格浅谈	《小学语文教师》
63	2004.3	温馨的回忆——怀念斯霞老师	《小学语文研究》
64	2004.3	好学不倦，不懈追求 ——特级教师孙双金访谈	《小学教师培训》
64	2004.3	精神天堂（卷首语）	《中国小学语文教学论坛》
65	2004.3—4	啊，我魂牵梦萦的课堂	《人民教育》
66	2004.4	情智教学的实践与经验	《学校管理》
67	2004.4	小学生是否应该提倡研究性学习	《中国小学语文教学论坛》
68	2004.4	让课堂成为师生精神的天堂	《小学教学参考》（语文）
69	2004.5	情智校园的建设与思考	《学校管理》
70	2004.7—8	只拣儿童多处行教学设计 林冲棒打洪教头教学设计	《小学语文教师》
71	2004.10	好课像登山	《小学语文教学论坛》
72	2004.11	孙双金的好课观	《教师博览》
73	2004.12	只拣儿童多处行教学实录	《小学语文教师》
74	2004.22	情智管理的实践与探索	《人民教育》
75	2004.12	尝试情智管理	《中小学校长》
76	2005.1.4.	走自己的路方能形成特色	《中国教育报》
77	2005.2	拥有自己的课程	《学校管理》
78		林冲棒打洪教头教学实录	《新语文学习》（教师）
79		让语文充满情感和智慧的——我的教学反思	《听名师讲课》（语文卷）
80	2005.4	情智校园的建设与思考	《成才导报》
81	2005.5	给校长的建议101	南京师范大学出版社参编
82	2005.5	名校长名教师集体个案研究	江苏人民出版社　　参编
83	2005.7	我拿什么奉献给你？	《江苏教育》
84	2005.7	孙双金教学思想与经典课堂	山西教育出版社　　专著
85	2005.10	新课程名师精彩课堂实录	中国科技出版社　　参编
86	2005.11	小学语文课堂诊断	教育科学出版社　　参编
87	2005.11	我与教师同教同评	《中国教育报》
88	2005.11	全国小语名师最新课堂教学	南京师范大学出版社 参编
89	2006	孙双金的情智课堂	《语文教学通讯》

序号	发表时间	作品题目	杂志名
90	2006.1	孙双金与情智教育	北京师范大学出版社 专著
91	2006.1	我的梦我的追求	《江苏教育》
92		二泉映月课堂实录	
93	2006.1	情智语文——我的教学主张	《小学青年教师》
94		"循循善诱"教育至高境界	
95	2006.4	教师要做文本与学生的知音	《语文教学通讯》小学刊
96	2006.9	向情感与思维的高山攀登	《人民教育》
97	2006.11	上出地地道道的语文味	《小学语文教师》
98	2006.12	"情智语文"理论与实践的研究	《语文教学通讯》
99		孙双金经典课堂片段赏析	
100	2007.1—2	站在讲台上，老师就是语文	《小学教学研究》
101	2007.1—2	寻梦——我的成长之路	《教育家》
102		课堂竟能如此美丽	
103	2007.2	情智共生，和谐发展	《江苏教育》
104	2007.3	追求简约而丰满的课堂	《小学教学研究》
105	2007.3	开展班级公民实践活动的探索与思考	《小学德育》
106	2007.4	情感，课堂中流淌的血脉	《小学教学研究》
107	2007.4	课堂教学的魅力在哪里	《语文教学通讯》
108		走进李白课堂实录	
109	2007.4	让课堂成为师生精神的天堂	《江西教育》
110	2007.5	紧扣文眼，以简驭繁	《小学教学研究》
111	2007.5	追寻心中的梦想	《小学语文教学》
112	2007.5	情智课堂——我们精彩瞬间	江苏人民出版社　主编
113	2007.6	在提问中彰显教学	《小学语文研究》
114	2007.6	孙双金：俊朗旷达	《四川教育》
115	2007.7—8	让学生做阅读的主人	《小学语文研究》
116	2007.9	让语文课充满浓浓的语文味	《小学语文研究》
117	2007.9	研究，校长成长的必由之路	《江苏教育》
118	2007.10	放慢语言品味的脚步	《语文教学通讯》
119	2007.10	"公开课"让老师接纳了我	《中国教育报》
120	2007.11	让学生快乐的倾吐	《小学语文研究》
121	2007.12	善教者善导也	《小学语文研究》
122	2008.1	我的教学风格形成之路	《福建教育》

序号	发表时间	作品题目	杂志名
123		孙双金：情智共生	
124		追求心心相印，情智共生的境界	
125	2008.2	老师，你让我感动	《江苏教育》
126		和魏老师同上一堂课	
127		让学生在童话世界里飞翔	
128	2008.2	校长走出课堂	《学校管理》
129	2008.4	教师，请站直了教书（卷首语）	《语文教学论坛》
130	2008.7－8	学生可畏	《江苏教育》
131	2008.11	我有一个强大的祖国课堂实录	《七彩语文 教师论坛》
132	2008.11	发表思乡组诗实录（一）	《小学教学参考》
133	2008.12	思乡组诗实录（二）及教学反思	《小学教学参考》
134	2009.1	教师要做文本和学生的知音	《福建论坛》
135	2009.1	学生情感和智慧生长的地方	《江苏教育》
136	2009.2	观察作文：一砖敲开天地宽	《小学语文教师》
137	2009.3	悟其奥妙，取其精髓	《江苏教育》
138	2009.3	别再做"定时限讲"这样的蠢事了	《中国教育报》
139	2009.3	横看成岭侧成峰	《江苏教育》
140	2009.3	教学三境界	《小学语文教学》
141	2009.4	孙双金：教育追梦人	《长三角教育》
142	2009.4	三问孙双金	《江苏教育》
143		好课像登山	
144	2009.5	我心中的好课	《小学语文教学人物》
145		天游峰的扫路人教学实录	
146		林冲棒打洪教头教学设计	
147		只拣儿童多处行教学设计	
148		黄河的主人教学设计	
149		二泉映月教学设计	
150	2009.5	烟花三月下扬州	《小学语文教学人物》
151		让学生追求优美与崇高——我备只拣儿童多处行	
152		保卫童年	
153		追寻心中的梦想	
154		感悟"教育的七条箴言"	

续表

序号	发表时间	作品题目	杂志名
155	2009.7	寻求最适合学生的教育	《教育文摘周报》
156	2009.10	成功就是比别人多读一本书	《学校管理》
157	2009.11	"亲近论语"教学实录	语文教学通讯
158	2009.11	童年的语文——重构小学语文教学体系	《小学语文教师》
159	2009.21	13岁以前的语文——重构小学语文教学体系	《人民教育》
160	2010.1	自由是名校长的土壤	《江苏教育》
161	2010.2	做最好的自己	《江苏教育研究》
162		头顶爱国主义的天 脚踏语言实践的地	
163	2010.3	课堂文化重建	教育科学出版社　　主编
164	2010.3	语文教育的几点思考	《语文教学通讯》
165	2010.3	万类霜天竞自由——教师队伍建设思考与实践	《中国教育报》
166	2010.3	校长进课堂,是文化的召唤	《江苏教育》
167	2010.3	情智语文的追求	《基础教育参考》
168	2010.3	万类霜天竞自由	《中国教育报》
169	2010.3	情智教育 一颗童心纳百川	《现代教育报》
170	2010.6	再谈"不求甚解"	《语文教学通讯》
171	2010.9	孙双金:让孩子"有情有智"	《扬子晚报》
172	2010.10	语文之道	《小学语文教学会刊》
173	2010.10	人性与教育	《福建教育》
174	2010.10	叩问心灵 感悟幸福	《小学教学》
175	2010.11	开启心扉 爱我所爱	《小学教学》
176	2010.12	"不求甚解"新说	《七彩语文 教师论坛》
177	2011.1	校长进课堂,是文化的召唤	《江苏教育》
178	2011.1	四问语文教学	《小学语文教学》
179	2011.1	我看第一课时	《小学教学设计》
180	2011.2.15	走课是一种有效的教学管理	《中国教育报》
181	2011.4	"多"的迷惑	《福建教育》
182	2011.4	我的语文教育观	《语文世界》
183	2011.4	情智语文:我的教学主张	《江苏教育研究》
184	2011.4	儿童论语课堂实录	《江苏教育研究》
185	2011.5	大自然:智慧的源头活水	《福建教育》
186	2011.5	大师在小学读什么	《语文教学通讯》

序号	发表时间	作品题目	杂志名
187	2011.6	"情智语文"的追求	《课程 教材 教法》
188	2011.7—8	孙双金：情智语文	《江苏教育》
189	2011.7—8	众星拱月 一唱三叹——林冲棒打洪教头教学实录及评析	《小学教学》
190	2011.7—8	与幸福有个约会	《语文教学通讯》
191	2011.9	教育最应该给孩子什么	《教师论坛》
192	2011.9	推敲课堂实录	《教师论坛》
193	2011.9	语文之问	《江苏教育》
194	2011.10.25	孙双金：找到人文教育的"大石块"	《中国教育报》
195	2012.3	办一所我们的"魔法学校"	《扬子晚报》
196		让每位教师拥有一根"魔棒"	
197	2012.4	我们的"魔法材料"	《扬子晚报》
198	2012.4	做最好的自己	《教育》
199	2012.6	魔力课堂"魔"在哪里？	《扬子晚报》
200	2012.7	情智教育：我的办学主张与追求	《江苏教育》
201	2012.7	大师在小学读什么	《辽宁教育》
202	2012.9	老师请站直了教书	《小学语文教师》
203		泊船瓜洲教学设计	
204		观察作文教学设计	
205	2012.9	追寻"心心相印"文化境界的情智教育	《南京教育》
206	2012.9	做一个教育追梦人 ——对话孙双金老师	《校长》
207	2012.10	让课外阅读有本可依	《语文教学通讯》
208	2013.1	也谈以学定教	《湖北教育》
209	2013.1	公开课，到底为了谁	《小学语文教育》
210	2013.1	儿童论语阅读教学	《小学教学设计》
211	2013.1	学生启而不发怎么办	《语文教学通讯》
212	2013.1	好的语文课有哪些特点	《新课程研究》
213	2013.2	站着读苏格拉底	《小学语文教学》
214	2013.3	我喜欢追问	《湖北教育》
215	2013.3	练好语文"童子功"	《小学语文教学》
216	2013.7	君子务本，本立而生到	《江苏教育》
217	2013.7	小偷罢工课堂实录	《小学教学》
218	2013.9	名师成长的最佳路径是什么	《江苏教育》

续表

序号	发表时间	作品题目	杂志名
219	2013.10	和青年教师对话梦想人生	《福建教育》
220	2014.01	情智教育十日谈	华东师范大学出版社 合著
221	2014.08	听孙双金老师讲语文	华东师范大学出版社 专著
222	2014.02	"送别组诗"教学	《小学语文教学》
223	2014.5.8	校长应该读哪些书	《中国教育报》
224	2014.6	创新教师的魅力	《江苏教育》
225	2014.7	自选文本小偷罢工教学	《语文教学通讯》
226	2014.8	语文教学的五点主张	《小学语文教学》